国家出版基金项目
NATIONAL PUBLICATION FOUNDATION

"后发国家政治发展研究"丛书

谭融 主编

东南亚国家政治发展研究

常士闿 等著

Study on the Political Development
in Southeast Asia

天津出版传媒集团

天津人民出版社

图书在版编目(CIP)数据

东南亚国家政治发展研究 / 常士闇等著. -- 天津：
天津人民出版社, 2023.11
　("后发国家政治发展研究"丛书 / 谭融主编)
　ISBN 978-7-201-19819-4

　Ⅰ.①东… Ⅱ.①常… Ⅲ.①政治制度—研究—东南
亚 Ⅳ.①D733.021

中国国家版本馆 CIP 数据核字(2023)第 184434 号

东南亚国家政治发展研究
DONGNANYA GUOJIA ZHENGZHI FAZHAN YANJIU

出　　版	天津人民出版社
出 版 人	刘　庆
地　　址	天津市和平区西康路35号康岳大厦
邮政编码	300051
邮购电话	(022)23332469
电子信箱	reader@tjrmcbs.com
策划编辑	王　康
责任编辑	林　雨　武建臣
封面设计	汤　磊
印　　刷	天津海顺印业包装有限公司
经　　销	新华书店
开　　本	710毫米×1000毫米 1/16
印　　张	18.75
插　　页	4
字　　数	300千字
版次印次	2023年11月第1版　2023年11月第1次印刷
定　　价	88.00元

总　序

　　由天津人民出版社出版的"后发国家政治发展研究"丛书是由本人作为首席专家于 2015 年获批的国家社科基金重大项目"非西方国家政治发展道路研究"（15ZDA033）的成果，包括《后发国家政治转型与政治发展的理论和实践》《东南亚国家政治发展研究》和《中东国家政治发展研究》三部著作。本丛书经天津人民出版社推荐申请，以及国内政治学专家谭君久教授和高建教授的大力支持和推荐，于 2022 年 4 月获批"国家出版基金资助项目"。

　　本丛书的研究设计受到学术界"非西方中心论"思想的影响，意即后发国家基于历史文化传统和社会经济条件的不同，不可能走完全相同于早发国家的政治发展道路，后发国家在政治发展过程中，会经历各种曲折，显现出自身特色。系列著作涉及东南亚、南亚、非洲和中东地区各国，覆盖面广，研究颇具复杂性。通过追溯不同国家和地区政治发展的历史与现实，分析其特有的政治转型及政治发展路径，揭示不同国家和地区政治发展中的诸方面问题，总结其内在规律。

　　本丛书属于比较政治研究范畴，兼有历史政治学内涵，在政治学研究的基础上采行历史学研究方法。从地区国别入手，采用比较分析和类型学的方法对研究所得出的结论进行解释性归纳，力求通过对后发国家的政治转型与政治发展的经验性研究和质性分析，提出与后发国家政治发展历史与现实相适应的理论观点。

　　本丛书的第一部为南开大学谭融教授等著的《后发国家政治转型与政治发展的理论和实践》，此著作由两部分组成。

　　上篇为"后发国家政治转型与政治发展的理论"，对后发国家政治转型与政治发展的相关理论加以阐述。具体分为三章,第一章选取具有代表性的学者,对其相关理论进行系统阐释。包括:①阿尔蒙德的理论方法,即将系统理论引入比较研究,运用结构功能的理论方法,通过设定若干变量,将之引入发展中国家的政治研究。②白鲁恂基于对东南亚国家政治发展的研究,提出有关转型社会的理论,从政治文化的角度,分析东南亚国家转型中面临的威权主义政治危机及合法性风险。③亨廷顿对后发国家政治发展的研究,通过对 20 世纪后期世界第三次民主化浪潮的研究分析,对后发国家民主转型中出现的军人政治问题、政治不稳定乃至民主崩溃的原因,以及有效政府与政治秩序间的关系进行理论与现实分析。④威亚尔达有关民主本土化的研究,主张重构西方传统民主理论,认为基于后发国家历史文化传统不同,其民主形式、制度与实践均会发生与西方国家不同的变化。⑤福山的"三要件"论,分析后发国家国家能力、法治和负责制三个制度要件的平衡关系,以及与民主之间的关系。

第二章在介绍代表性学者理论的基础上,针对后发国家政治转型与政治发展中遭遇的突出问题,提取相关理论加以解析,包括:政治转型理论、威权主义政治理论、社会异质性及精英政治理论和军人政治理论。阐释后发国家在政治转型中政治体系所面临的政治文化与政治结构等诸方面的挑战。政治学者在分析中提出,威权主义处于极权主义与民主主义的中间状态,是当代后发国家政治发展中普遍存在的政治形态。在后发国家政治转型与政治发展过程中,政治精英既要体现广大民众的意志,又要努力保持政治社会秩序,在发展路径上面临两难困境。一些后发国家在其政治发展过程中显现出军事威权主义的特征,东南亚国家、拉丁美洲国家和非洲国家中都有此类案例。这些国家的军人干政中又显现出一种特有的军队自主性和"军事职业主义"特征,意即在国家面临危机、政治系统发生断裂时,军队以一种"中立"的面目出现,承担起维护国家安宁和推动社会经济发展的职责。后发国家政治进程中出现的此类现象值得关注。

基于对后发国家特有的关切,第三章对国家与社会关系理论进行了梳理,探讨国家在后发国家政治发展中的地位和作用,涉及国家自主性、国家能力和国家建构问题,分析国家建构与民主化之间的关系,提出现代国家的建构将伴随后发国家民主体制的建立、运行及治理。

对后发国家政治转型与政治发展的理论阐释成为系列著作的理论框架及地区国别案例分析的支撑。

下篇为"后发国家政治转型与政治发展的实践"，从国别入手，选取了亚洲地区的印度和泰国、非洲地区的南非，以及拉丁美洲地区的墨西哥和智利，对各国政治转型与政治发展进行案例研究。通过对这些国家的深入研究，总结经验，索取对我国政治转型与政治发展的有益启示。

其中，南亚国家中最具代表性的印度，因实行多党制并定期举行竞争性选举而被西方学界普遍认定为民主国家。本部著作中通过对印度历史及现实发展的经验性研究提出，印度的民主体制具有移植性，多年来，在民主体制的外壳下，显现出其国家能力和社会治理水平的低下，表明印度移植的民主并没有跟本国土壤很好地结合为一体。印度发展的案例表明：对于后发国家而言，不能仅仅以政体形态去衡量其政治发展的质量，还需根据其国家治理的实效加以评判，以寻求民主制度的内化。

泰国的政治发展呈现出另一个层面的特点，即与其根深蒂固的佛教文化紧紧联系在一起。在泰国的政治发展过程中，政治精英的作用明显，同时突出地显现出其政党政治的不稳定、不成熟，导致政治、社会动荡。泰国政治中军人干政的反复出现，成为其特色，呈现出其政治过程的断裂性。

本著作选取了非洲地区颇具代表性的南非作为案例，进行经验性研究。南非曾经是一个典型的种族主义威权政治国家，尽管在白人范围内秉承竞争性代议民主，但80%以上的黑人和有色人种被排除在政治体制之外，其种族隔离程度极为残酷，被一些学者称为南非本国内"白人的殖民统治"。20世纪后期，在多种因素的推动下，经过长期的奋争，南非最终实现了和平转型，表现出政治精英的政治智慧、包容性和妥协性，为多民族、多族群国家的政治转型和政治发展提供了有益的启示。

墨西哥地处北美，与美国毗邻，是拉丁美洲颇具特色的国家。20世纪以来经历了两次政治转型：由考迪罗军人独裁统治转向文人宪政体制；再由一党主导型威权体制转向多党竞争轮替的民主体制。政党政治的发展发挥了重要作用。对墨西哥的研究表明，在政治转型与政治发展过程中，政党的政治纲领及政治引领极为重要。墨西哥 2000 年转型后的政治实践表明,仅仅维系"竞争性选举"及政党"轮替",并不能保持一个国家的长治久安,还需要有效的社会治理,使广大民众感到满意,方能保持政治稳定,使国家政权立于不败之地。

智利地处南美,是一个具有长期民主传统的国家,20 世纪 70 年代建立了强军人统治下的威权体制,在政治上实行高度专制。20 世纪 90 年代以来,智利的政治转型经历了两个阶段:由军人政权转为文人政权,再由威权体制转向民主体制。当代智利政治经济发展的经验表明,任何一个国家都需要保持经济的平衡发展,同时在经济发展进程中保持利益的相对平衡性。利益分配的失衡,有可能出现政治社会危机,最终导致政治体制的变更。

本丛书的第二部是天津师范大学常士闇教授等著的《东南亚国家政治发展研究》。此著作中明确阐述了"合宜机制"理念,成为研究的理论预设。常士闇教授提出,所谓合宜机制是指一种合于内外发展实际状况,能够包容不同制度因素的适应性安排,一种减震的结构安排。此种结构安排在制度结构上具有混合性,是一种治理形态,体现为民主的本土化,即在政治民主的发展进程中,通过不断磨合,使外来的先进文化与本土文化和秩序相协调。常士闇教授认为,受世界发展变化的影响,东南亚国家独立前后渗入了不少西方的因素,成为东南亚国家政治生活的重要内容。尽管如此,东南亚国家有其自身的文化品格及政治发展路径,形成了有其个性的政治发展道路。

《东南亚国家政治发展研究》著作中,将东南亚国家的政治发展归纳为三种类型:①增量型政治发展,以新加坡和马来西亚为样板。新加坡选择了世俗的威权政治道路,将英国的法治与东方特有的集体主义结合在一起。马来西亚则汲取了西方的多党政治和协商民主,将族群政党联合协商与马来人的权威结合在一起,推进政治发展。②起伏型政治发展,指一些国家在实现国家独立和政治进程中,经由西方政治形态与传统政治形态之间的博弈,最终实现民主转型和民主的巩固,如印度尼西亚 20 世纪后期的经历。菲律宾被称为"亚洲的民主之窗",但国内的家族政治与现代民主纠缠在一起,经历了多次军事政变,政治才逐渐稳定。缅甸独立于二战之后,国内军人力量与地方族群力量的博弈导致政治动荡。

进入 21 世纪,军人集团与民主力量的斗争依然左右着缅甸的政治发展进程。柬埔寨独立后长期陷于内忧外患之中,国家基础薄弱,经济发展落后,党争激烈,政局动荡。最终建立君主立宪制,王国与民选政府结合,一定程度上解决了政治稳定问题。③变革型政治发展。如越南,20 世纪 90 年代以来进行政治体制改革,推进民主政治的发展。老挝政治发展起步较晚,国家建构时间短,处于变动中。老挝选择了社会主义,确立了人民革命党的领导地位,使其在遭遇国内外种种挑战时能够有条不紊地推进自身的政治发展。

在总体上,可从以下六个方面对当代东南亚国家的政治发展加以归纳:

第一,自主性状况。所谓自主性,指在国家与社会的关系结构中,国家具有独立于社会、制定具有约束力规则和政策的能力,涉及国家与社会的关系结构。强自主性的国家可以有力推进国家认同和国家建构,提升国家治理能力。如新加坡、印度尼西亚和马来西亚等在政治发展中强调国家的重要地位。反之,国家缺乏自主性或自主性较弱,如菲律宾,国家被家族势力和裙带关系所俘获,不仅难以形成整体性国家认同,在国家制度建设方面难以规避地方寡头势力的左右,还成为强势利益集团掠夺国家资源、侵吞社会财富的工具,甚至蜕变为掠夺型国家。

第二,精英政治发展形态。在东南亚国家政治发展进程中,政治精英发挥着重要作用,政党精英、军人精英、宗教精英、王室精英和商界精英形成不同的关系结构,呈现为一元主导和多元竞争等各种形态,推动或阻遏着各国的政治发展。

第三,军人政治状况。在东南亚地区,军队的政治作用有两种类型:一种是军队大规模地干预政治,如泰国、缅甸、印度尼西亚和菲律宾;另一种是军队对政治的干预较少,如马来西亚、新加坡、越南和东帝汶。东南亚国家军队大多经济独立,与商业界联系紧密,一定程度上能够自给自足。强大的经济基础成为军队保持自主性和独立性的后盾。东南亚大多数国家的军队未真正实现职业化,或走向职业化的时间较晚,使军队更像一种利益集团。尽管如此,对于东南亚大多数国家而言,军队走向专业化和现代化已成为必然趋势。

第四,政治制度化状况。东南亚国家在民族独立运动中,政治制度的变革显现为:①政党制度得以发展,由没有竞争或较少竞争过渡到有较多的竞争，选举自由和公正性得到一定程度的保证。②公民合法参与政治范围扩大，途径增多，公民政治权利的实现状况有所改善。③结社与言论自由方面的限制有所放宽。独立后，东南亚各国的政治体制汲取了他国的内容，也保留了自身的某些传统，显现出不稳定性、不成熟性和多样性的特点。实践表明，作为后发国家，东南亚各国走向民主将经历较为漫长的过程。

第五，族际政治发展状况。东南亚大多数国家是多民族国家，各国有数量不等的族群或种族。与欧洲和中东国家相比，东南亚各国在不同宗教之间表现出较大的包容性，有效地遏制了地区和宗教的分裂性。在族际政治治理体制方面，或采取联邦制，如马来西亚和缅甸，由简单治理走向复合治理；或在单一制下实施民族自治，如印度尼西亚。在治理策略上，采行社群主义，通过专门协调机构保持族际关系的平衡，显现出威权体制下权力的分享与吸纳。

第六，东盟与东南亚国家的政治发展。1967年，泰国、马来西亚、新加坡、印度尼西亚和菲律宾五国在曼谷签订宣言，成立东南亚国家联盟（简称"东盟"）。鉴于东南亚国家处于大国竞争要地，东盟遵循"协商一致""灵活性"和"政府间合作"的原则，以求在东西方冲突中保持中立，通过协商达成谅解，化解内部分歧，为各国发展保持更多"理性选择"空间。

本丛书的第三部为西北大学韩志斌教授等著的《中东国家政治发展研究》。

20世纪以来，中东地区在传统与现代、东西方文明的交织和碰撞中独具一格，在政治发展路径方面与世界其他地区有较大差异。在此期间，这一地区政变频发，族群对抗、部落内斗和教派冲突激烈，政治衰朽，民众抗议，政治面临严重挑战。进入21世纪，特别是出现中东变局后，学界普遍将中东各国的震荡归于经济绩效不佳、政治变革缓慢和社会民主诉求激增等多种因素。当代中东地区的动荡，凸显中东各国政治结构的缺陷和国家建构的失序，采用任何单一视角均难以厘清这一地区政治发展的复杂性和不确定性。

在总体上，可将当代中东各民族国家的建构概括为三种类型：

第一，以埃及、土耳其、伊拉克、利比亚等国为代表的"革命民族主义"类型。此类国家与以往的政治延续性不明显，在制度结构上有很强的创新性，涌现出一批魅力型威权统治者，如纳赛尔、凯末尔、萨达姆和卡扎菲等。

第二，以黎巴嫩、阿尔及利亚、突尼斯等国为代表的"内外力量竞逐协调"类型。二战后此类国家民族运动风起云涌,给委任统治当局极大压力,在英法殖民力量逐渐弱化的情况下,签订协议,建立现代民族国家。但这些国家政治基础薄弱,各派势力矛盾尖锐,致使建国后很长时期充斥着倡导政治变革与反对变革的激烈角逐。

第三,以沙特阿拉伯等海湾君主制国家为代表的"回归传统国家"类型。阿拉伯半岛的酋长国独立时受英国殖民者的影响较小,巴林、卡塔尔、阿联酋等国是在英国颓势无力、主动退出海湾地区的情况下建立的民族国家,独立和建国之路较为平顺,国内没有产生大量具有现代思想的民族主义者,使民族国家建立后得以回归到旧有传统国家的政治形态,体现为王权的集权化及政治、法律的中央集权化和军事化。

可见,中东民族国家的形成,既是各国政治发展的新起点,也包含了其政治体系、制度结构及发展方向的缺陷,制约了这些国家的政治发展。当代中东各民族国家建构过程中所隐含的政治缺陷显现为:首先,在很大程度上受到外部力量的影响,独立前殖民者划定的地理边界给各国此后的政治发展带来问题。其次,中东各国在民族国家建立伊始便忽略了自身政治体系的建构问题,一些国家如埃及、利比亚,在政治发展原则、制度建设和动员手段等方面过于激进,没有妥善解决国家建构中的政治整合和共识问题,未能使国家建构与自身的历史文化较好地连接。另一些国家如黎巴嫩,将新兴民族国家及政治制度建立在脆弱的政治体系之上,政治发展的基础不牢固,致使国家权力弱化,缺乏解决诸种问题的能力。此外,中东地区各国独立后,"阿拉伯民族主义"及"阿拉伯社会主义"思潮广泛传播,自由军官组织的革命形式及此后的政治发展形态与利比亚、伊拉克等国的国情有一定冲突,导致未来存在分裂性隐患。

从国家建构的角度,20世纪初以来,中东各国的政治发展大致经历了四个阶段,不同国家在各阶段的时间点上有所交叉,发展有所不同。

第一阶段:国家机构创设期。中东地区各民族国家从建立前后至20世纪70年代末80年代初,普遍完成了国家机构的创建,包括三种类型:①以黎巴嫩为代表的议会共和制。②以埃及、土耳其、叙利亚为代表的总统共和制。③以沙特阿拉伯等海湾君主国及伊朗为代表的君主制。此时期,大多数国家承接了传统的政治制度,而巴林、科威特、卡塔尔等国由于在建国前便受到英国殖民统治的影响,建立起现代行政体制,使其政治制度的创设早于民族国家的建立,并受到原宗主国理性主义政治体系的影响。又如伊朗,在传统的君主制框架下,其制度结构渗入了现代官僚体制的元素,呈现出一定的世俗性和现代性。

第二阶段:政治制度调整期。从 20 世纪 70 年代至 90 年代初,中东国家的政治发展受自身治理缺陷、内部政治压力、国内经济震荡,以及国际和地区形势的影响,普遍进行了政治制度的调整。以土耳其和埃及两个共和制国家为例,1980 年的土耳其军事政变,终结了 20 世纪 70 年代联合政府更迭频繁、意识形态尖锐对立的混乱局面。在 1983 年宪法框架下,土耳其重塑了政治发展的基本原则和秩序,带有军方监管色彩的多党民主制得以建立。在整个 20 世纪 80 年代,祖国党以绝对优势主宰土耳其政坛,实现了多党民主的良性发展。20 世纪 90 年代,伊斯兰政党异军突起,各党派之间势力相当,意识形态日渐趋同。此后在脆弱的联合政府执政的情况下,土耳其的政治发展再次进入波折期。埃及的情况与土耳其相似,但在相当历史时期形势更为稳定。1970 年,继任总统萨达特面临充满挑战的埃及,国内经济萧条、政治派别林立、军事及外交形势严峻。此时期,为保证法律、制度的稳定,萨达特进行政治改革,由一党制转向多党制。尽管如此,一些学者认为,此种多党制仍然是一党独大下的多党制,与纳赛尔时代没有本质区别,仍然是个人独裁。

这一阶段在政治结构上,土耳其、埃及、叙利亚等共和制国家现代官僚机构得以发展,各国的政治动员水平和政府治理能力有所提升,大部分国家的政治发展处于"独裁—技术型"框架下。

第三阶段:政治体制改革期。这一时期,阿拉伯半岛东海岸的酋长国纷纷建立,并将委任统治时期已经发展起来的政治模式制度化。20 世纪 70 年代末和 90 年代初,中东地区君主制国家的政治发展受到极大冲击,不断进行政治体制及结构调整。20 世纪 70 年代末期,伊朗的伊斯兰革命推翻了巴列维王朝,建立了伊斯兰共和国,使伊朗的政治体制发生了根本性变化。与此同时,伊斯兰复兴思潮席卷中东地区,各君主国的政治合法性受到挑战。20 世纪 90 年代初期,国际层面上的"天鹅绒革命"将民主化推向高潮,中东君主制国家纷纷进行政治变革。沙特阿拉伯、科威特、约旦等君主制国家推行分配型政治改革,颁布宪法或基本法,将协商会议引入政治体制,改革地方治理体系,争取民众的政治支持,增强政治认同。

第四阶段:政治结构变动期。进入 21 世纪,中东国家的政治结构进入了深刻变革时期。"9·11"事件后,美国及西方盟友推翻阿富汗塔利班和伊拉克萨达姆政权,推动"大中东民主改造计划",深刻影响了中东各国的政治进程。埃及、沙特阿拉伯等国家不同程度地向民众开放政治参与渠道,吸纳更多上层精英进入决策领域。伊朗哈塔米上台后开启了"文明对话",强调民众在政治发展中的作用。土耳其政坛中正义与发展党异军突起,逐渐控制了议会,埃尔多安走向前台,政治伊斯兰与土耳其政治发展相交融。叙利亚改革者也在这一时期发起了"大马士革之春"。2011 年,"阿拉伯之春"席卷中东,除君主制国家、土耳其、伊朗基本保持稳定外,埃及等共和制国家受到民众运动的冲击,本阿里、穆巴拉克、卡扎菲等威权人物垮台。中东变局后的十多年中,叙利亚、利比亚、也门等地区战火持续,无法顾及政治体制的调适;土耳其模式的影响力有所增强,埃及在穆尔西被罢黜后重回有军方背景的威权主义领导人塞西的统治;沙特阿拉伯等君主国继续深化改革,以增强其政治合法性。

2021 年 7 月,阿富汗塔利班在美国撤军的背景下入主阿富汗,引发全世界的热切关注。种种政治变动表明中东的地缘政治环境发生重大变化,中东地区再次走到历史的十字路口,中东各国的政治发展进入深刻变革时期。

综上所述,本丛书的研究,有以下特点:

(1)政治精英、宗教领袖、军队和利益群体等政治角色成为关注对象,这些角色对后发国家和地区的政治发展具有推动、阻遏甚或挽救危机的作用。对这些政治角色的研究,成为本系列著作的一个特色。

(2)后发国家和地区社会普遍疲软,凸显出利益分散性乃至社会分裂性的特征,因此深入分析后发国家政治转型与政治发展进程中国家的作用以及国家与社会之间的关系,成为研究的重要维度,包括政治稳定与政治发展的关系、经济发展与政治发展的关系,以及国家在政治发展中的地位和作用等问题。

(3)对后发国家政党制度的研究是一个重要维度。政党具有进行利益综合与社会整合的功能，政党制度发展成熟与否对后发国家的政治转型和政治发展作用显著。政党制度较为成熟，有助于帮助政治系统对社会各阶层及诸种利益进行有效整合，使社会、政治平稳发展；反之，当一个国家的政党体制混乱不堪、政党之间争斗不断时，非但政党的社会整合功能难以实现，还可能导致整个政治系统的动荡不定。

(4)本丛书中涵盖一些国家和地区的种族和部落问题，此类问题既涉及各国的政治体制与相关政策，也涉及社会文化的多样性及族群关系的复杂性，成为本丛书的特色及研究难点。

与本丛书研究相关，并有待于进一步探讨的问题包括：

第一，后发国家的政治发展与其现代化进程的关系问题。在本丛书的设计和研究过程中，研究者有一个基本看法，即后发国家的政治发展与其现代化进程紧密相连。对于大多数后发国家而言，政治、经济和社会发展交织在一起，政治发展伴随着其现代化进程。因此，研究中不可避免地会追溯后发国家的现代化进程，探讨后发国家的现代化进程与其政治发展的关系。与早发国家曾经的经历相似，后发国家的现代化进程中，不可避免地会出现城市化的过程。伴随现代化进程中国民社会教育水平的提高，必然会发生社会流动，使社会结构发生相应变化，由此带来社会、经济、政治的变化。本系列著作中涉及此类问题，也是未来后发国家政治发展研究中有待进一步深入探讨的问题。

第二，后发国家政治发展与现代化进程中的社会整合问题。如上所述，后发国家的现代化进程中，伴随着城市化进程、社会流动和社会结构的变化，国家面临对社会重新加以整合的艰巨任务。基于后发国家的政治、经济、社会基础及文化传统，诸种变动有可能导致原本存在的某些分裂性因素显性化，包括意识形态的分裂性、文化的分裂性以及利益关系的分裂性等。现代化进程导致社会利益分化，必然会出现多种利益诉求，处理不好诸种利益诉求，可能使社会矛盾进一步加剧。凸显出在后发国家快速发展和政治社会结构转换过程中，政治系统通过何种方式去对社会加以重新整合的问题，包括如何通过构建一种主导价值去凝聚国民和各民族，如何调整社会利益分配机制,如何调整政党制度结构、形态与功能等多方面问题。

第三,后发国家政治发展中历史文化传统的作用问题。本系列丛书的研究和论述中,探讨后发国家历史文化传统与其政治发展之间的关系,是一个重要维度。基于东南亚、南亚、非洲、拉丁美洲,以及中东国家和地区特有的历史和文化传统,其现代化及政治发展进程呈现出与早发国家不同的特点。如东南亚国家长期的儒家文化传统,以印度为代表的南亚国家深厚的多元文化传统,西亚、非洲国家独特的历史和宗教文化传统,拉美国家早期殖民地的历史遗迹及复杂多样的文化交织渗透等,对各国的现代化进程及其政治发展有深刻的影响。对此类问题的研究,难度较大,要求研究者有深厚的理论功底、文化底蕴和广阔的视野。

第四,后发国家政治发展过程中政治权力结构的变革问题。对后发国家政治发展的研究,涉及对不同国家政治权力结构、功效和建构调整的探讨。基于后发国家的现实,政治领袖和政治精英在政治权力结构中居于主导地位,民众缺乏充分的政治参与途径,政治改革与政治发展取决于政治领袖和政治精英的意志和能力。此种状况如今在后发国家和地区受到挑战,广大民众政治参与和表达利益的诉求大幅度提升。由此,如何改革和重新建构后发国家的政治权力结构成为亟待探寻的课题。

第五,后发国家军队的地位和作用问题。如前所述,在对后发国家政治发展的研究中,军队成为重要研究对象,后发国家军队成员的构成及其军队在政治发展中的作用成为探讨后发国家政治转型与政治发展的重要方面。在一些后发国家中,尽管军队也秉承职业主义原则,但其职业主义的内涵与早发国家有所不同,显现的是军队的自主性和政治责任。当社会出现严重的分裂性,文人政权无法有效应对,导致持续的政治危机时,军队视维护社会安定为己任,从后台走向前台,承担起维护国家和地区安定的职责。20世纪60年代至80年代的拉美国家、20世纪后期21世纪初期的泰国和埃及都出现过此种现象。对后发国家军队的性质及未来走向,有必要进一步研究探讨。

第六,后发国家国家与社会关系问题。在对后发国家政治转型与政治发展的研究中,国家与社会的关系是一个重要问题。基于此类国家政治、经济与社会发展中问题颇多,百废待兴,加之前述的社会疲软等因素,国家不得不承担相应责任,包括承担起对社会利益予以公平分配的职责等。大多数后发国家社会力量薄弱,社会利益群体不能有效聚合并通过合法渠道表达其诉求,国家作为集合体和执掌政权的一方,需要对诸种利益加以调节。如何通过有效机制处理好国家与社会的关系,保持两者间的平衡,力求在保持社会稳定的前提下,使之有序前行,推进社会公平正义,成为有待进一步研究的问题。

对后发国家政治发展的研究,无论在理论层面还是在实践层面都极具前沿性。一方面,通过经验性研究,探讨和建构适合于后发国家政治发展的理论体系;另一方面,通过挖掘后发国家和地区政治发展的规律,分析其与早发国家政治发展道路的异同及历史与现实原因,探寻符合后发国家和地区自身规律的政治发展路径。此类研究,针对后发国家和地区的特殊环境和特有问题,有利于避免盲目性。

希望本丛书的出版有助于国内政治学与比较政治研究的发展,有助于学术界同人对后发国家政治转型与政治发展的思考。

谭　融

2023 年 3 月

目 录

导　论

　　东南亚地区主要有 11 个国家[①]，即越南、老挝、柬埔寨、泰国、缅甸、新加坡、马来西亚、印度尼西亚、文莱、东帝汶、菲律宾。比起世界上的其他国家和地区，东南亚在世界经济中占有重要地位。先是以儒家文明影响的亚洲"四小龙"（新加坡、中国香港、中国台湾和韩国）创造了二战后的经济奇迹；而后，泰国、马来西亚、印度尼西亚和菲律宾成为亚洲的"四小虎"，各以自己的优势和所选择的道路，实现了国家的复兴和发展。文莱作为亚洲的一个小国，虽然从英国的统治下获得独立地位是在 20 世纪 80 年代，但凭借自身的资源优势，独立后不久便成为亚洲较为富有的国家之一。

　　东南亚国家有着悠久的历史。在相当长的时期中，这些国家都曾经有过自己的"王朝"或"苏丹"国家，但这些历史上的各种政治体都不是现代意义上的国家。随着殖民主义者的到来及殖民势力的划分，不同的族体归入一定的殖民统治者范围，由此奠定了后来东南亚国家的基本空间范围。二战以后，东南亚国家纷纷获得政治上的独立，从此开启了这些国家政治发展的征程。然而独立后的东南亚国家并非孤悬一隅。冷战的发展，大国在此地区的角逐，使得东南亚国家成为热点地区。一方面，二战以后的美国通过对日本、菲律宾和中国台湾的控制，将自己的势力范围延伸到了太平洋西部，并以此为通道进一步延展到印度洋。处于地球北端的苏联不甘寂寞，也将势力向南

　　[①]　澳大利亚学者约翰·芬斯顿在《东南亚政府与政治》一书中主要涉及 10 个国家，书中没有东帝汶。百度百科上提供的东南亚国家数量为 11 个，包括东帝汶。由于课题研究需要，主要以越南、老挝、柬埔寨、泰国、缅甸、马来西亚、新加坡、印度尼西亚、菲律宾等 9 个国家为关注对象。

扩展,进入越南和老挝。受冷战影响,东南亚国家也发生了"一边倒"现象。朝鲜、越南、老挝与中国构成了社会主义阵营,原来英国、美国、葡萄牙、荷兰控制的国家纷纷选择了亲美立场,其政治发展的路径选择更多带有了西方的特点。

东南亚地区绝大多数为多宗教、多族群、多文化的国家。历史上不同宗教、族群、文化共存于一个地区或一个政治体内。他们处于既相互区别又相互包容的共生状态。这些不同族体独立后归于一个国家之中。面对国内多元族体的共生局面,多元何以一体,一体又如何面对多元,构成了东南亚国家政治发展的重要内容。

总之,在一个内部存在多元文化的背景下,如何协调和组织内部的多元因素,在实现经济发展的同时也实现政治发展构成了本书需要回答的问题。

一、相关研究文献综述

自二战以后,伴随越来越多国家的独立,发展的问题成为学界关注的重点。"发展"(development)在英文中表示发展、发育、成长、壮大之意。在诸多的解释中,发展显然是一个事物从内部结构到外部形式的一个复杂的变化、变迁的过程。就政治发展而言,从学术观点的角度看可以分为广义和狭义两个层面:从广义上讲,政治发展是指政治体系向着更高级的形态的变迁过程。政治发展理论的重要代表人物派伊(Lucian W. Pye)曾列举了政治发展的十个方面:政治发展是经济发展的前提,政治发展是工业社会的典型形态,政治发展是政治现代化,政治发展是民族国家的运转,政治发展是行政和法律的发展,政治发展是大众动员和大众参与,政治发展是民主制度的建立,政治发展是一种稳定和有序的变迁,政治发展是动员和权力,政治发展是多元社会变迁过程的一个方面。[1]就狭义而言,政治发展是指政治体系内部结构、体制、功能和运作方式的合理化、制度化和科学化,如从习俗、惯例、传统治理向法律、制度治理的转变,从政治、行政合一的体制向官僚行政体制的变

---

① [美]鲁恂·W.派伊:《政治发展的面面观》,任晓等译,天津人民出版社,2009年,第49~61页。

迁,从全能、集权政府向有限、分权政府的转化,等等。①一般而言,人们对政治发展的研究关注狭义的政治发展。然而由于政治发展从来都是在一定的环境和条件下进行的,学者们的研究阅历和经历各有差异,因而对政治发展的认识和研究也各有重点,即使是对某个地区的研究,同样也表现出各自不同的特点。

(一)国外对东南亚国家政治发展的研究

1.东南亚地区总体状况研究

国外对独立后的东南亚国家政治发展的研究起源于20世纪50年代。在不少对现代化发展理论的研究中涉及对东亚和东南亚国家发展及政治发展方面的研究内容,主要集中在以下几个主题:

(1)现代化与东南亚国家的政治发展

在20世纪50至60年代兴起的经典现代化理论,亦即第一个阶段的现代化理论研究时期,一大批美国学者,如亨廷顿、帕森斯在对发展中国家的发展路径、发展策略、目标模式等一系列问题的研究中涉及对东南亚现代化发展问题的分析和研究。派伊在20世纪60年代阿尔蒙德等著的《发展中地区的政治》第一章中,专门论述了东南亚地区的政治发展。派伊指出:东南亚战后"七个新兴国家的出现,它们的领导人正带领人民努力走出过渡社会,创建现代民族国家,这成了该地区的时代主旋律"。不过他也指出:"在东南亚地区演进的政治和社会制度的架构都还很难看得清晰。失败的可能性是很大的,领导人和公民被自我怀疑所困惑。实践中已普遍倾向更多的威权主义,譬如说,军队开始扮演原来由民主政治家所扮演的角色。"②在对东南亚国家政治发展的分析中,派伊注重文化分析与结构分析。首先,在对东南亚国家历史发展的认识上,他认为,精英与农民的分裂是社会的一个重要特点。其次,传统的宗教提供了一个关于理想的乡土社会的模糊图景,其中涉

---

① 燕继荣:《发展政治学:政治发展研究的概念与理论》,北京大学出版社,2006年,第1页。
② [美]加布里埃尔·A.阿尔蒙德等:《发展中地区的政治》,任晓晋等译,上海人民出版社,2012年,第62页。

及对理想人格的希望。派伊认为,西方影响解构了传统社会的联系纽带,开启了现代社会的进程。从政治结构角度来看,在东南亚国家的政治发展中,政党发挥了重要的作用,政党为其成员提供了一个总体的生活方向,并取得了不同程度的成功,不过各国的政党发展不同。在东南亚国家,官僚和军队发挥着重要的作用,政治整合过程是非连贯的,整个政治体系带有混合体系的特点,其中特别是私人性质的非正式制度发挥了重要的表达、沟通和协调作用;东南亚缺乏关于国家的共同观念,社会化进程缺乏连续性;在东南亚国家中,立法机构不过是一种"工具"或橡皮图章。派伊认为,自独立以来,东南亚国家的国家整合在很大程度上依赖于领导人的魅力,"权威"在政治整合中举足轻重。从派伊对东南亚国家的政治分析可以看出,他的研究重点主要是在东南亚国家的政治结构,而不是政治发展。这种状况实际上反映了东南亚国家刚刚摆脱殖民统治的特点。

在对东南亚的分析上,派伊在 1985 年出版了另一部著作《亚洲的权力与政治:权威的文化维度》(*Asian Power and Politics:The Cultural Dimensions of Authority*)。通过对比西方的现代化和亚洲的现代化进程,作者介绍了马克思所说的亚细亚生产方式。此前和后来的不少学者从亚洲"水利工程"出发论证了"东方专制主义",认为庞大的治水工程需要中央权威来对村落共同体和供水进行管理。派伊在反思亚洲研究的基础上,从政治文化的角度分析了亚洲的特点。如他指出:"本研究关注的中心是,不同时代和不同地点的人对权力的概念有不同的理解,确切地说,这些差异构成了追溯政治发展道路的外在模式。"①基于这种认识,派伊分析了儒家权威的变异、东南亚的神王与个人权力、南亚印度和穆斯林的权力,并指出了在亚洲国家中,正式的结构和非正式的关系的结合对亚洲国家政治发展的影响。

(2)地区主义研究视角

地区主义研究,即从地区的总体研究中涉及东南亚的政治发展。这一研究的最大特点就是冲破阿尔蒙德等人提出的结构功能主义理论,指出了这

---

① Lucian W. Pye, *Asian Power and Politics:The Cultural Dimensions of Authority*, Cambridge: The Belknap Press of Harvard University Press, 1985, p.19.

一理论将复杂多样的发展中国家纳入了一个预设的框架中，带有机械性和不科学性。美国学者霍华德·威亚尔达的《新兴国家的政治发展——第三世界还存在吗？》根据收入情况将目前世界上的国家分为四个档次：低收入国家、中低收入国家、中高收入国家和高收入国家。前三个收入层次，尤其是第一和第二层次的国家主要集中在发展中国家。对于这些国家，"发展"是一种重要的"选择"，"而且这个选择无法做到两全其美"①。在对不同类型的发展中国家进行分析时，作者均从"发展主义"的视角分析了拉丁美洲国家、中东国家、撒哈拉以南的非洲国家，也分析了东南亚国家。在书中，作者认为，亚洲国家"不完全与在拉美观察到的模式相符"②，但它也出现了"官僚-威权主义"。这种权力有力地维护了秩序，促进了发展。在此方面，美国出于战略利益的需要，同样对这种政权持支持态度，因此威权主义也就成为这一时期政治发展的典型代表。在此方面，亚洲的"大老虎"和"四小龙"，即日本、韩国、中国台湾、中国香港和新加坡即为例证。作者也分析了印度尼西亚、马来西亚、印度和中国，认为亚洲在"政治文化、社会结构、儒家价值和大部分地区的工作伦理、所采用的政治和经济模式以及国际环境等"③诸多方面有着不同于拉美国家的特点。

威亚尔达的另一本著作《非西方发展理论——地区模式与全球趋势》主要从"本土主义"角度分析了发展中地区的政治。该书的最大贡献在于突破了西方的普遍主义模式，创立了"地区主义"的历史。作者反对阿尔蒙德的功能主义理论。认为这一理论的最大特点就是把复杂多样的地区和国家塞进预设的"政治功能框架"中。事实上，各个发展中地区和国家各有自己的特点，很难采用一种模式进行分析。运用地区主义的理论框架，作者分析了亚洲国家政治发展的特点，尤其是东亚国家的发展道路，认为东亚国家的发展在于将儒家传统与现代化联系了起来，将"国家自主（当然，不是国家实力）

---

① ［美］霍华德·威亚尔达：《新兴国家的政治发展——第三世界还存在吗？》，刘青等译，北京大学出版社，2005 年，第 4 页。

② ［美］霍华德·威亚尔达：《新兴国家的政治发展——第三世界还存在吗？》，刘青等译，北京大学出版社，2005 年，第 59 页。

③ ［美］霍华德·威亚尔达：《新兴国家的政治发展——第三世界还存在吗？》，刘青等译，北京大学出版社，2005 年，第 89 页。

看作东亚的文化特性"①。在对东亚发展道路进行分析时,作者指出:中国是在共产主义意识形态的影响下发展的,而日本采取了自民党居优的非竞争性民主。亚洲的"四小龙"像日本那样,以土地改革为途径解决了农民的贫困和潜在的不满。

(3)围绕政治发展中的主要问题展开研究

当代这一问题主要集中在诸如自由、民主等问题上。一些作者从东南亚国家本身的特点出发,研究自由民主在东南亚的变异。加拿大学者贝淡宁的《超越自由民主》主要从人权、民主和资本主义三个方面对亚洲国家特色的民主进行了分析。20世纪80年代以来,不少西方学者在对发展中国家的政治发展上将西方的"自由民主"作为了普遍的价值和发展的方向。如书中开头介绍到美国法学家罗纳德·德沃金,指出人权理论是西方的,但它不影响人权概念的普适性。作者从一种政治哲学的角度回答了亚洲国家的人权、民主和资本主义等涉及亚洲政治发展所关切的问题。在作者看来,亚洲和西方在对人的"善"的方面存在不同的理解,因而在对人权的认识上存在很大的差异。西方国家对人的善的理解与自由主义有着密切的联系,以个体为本位构成了人权的基础,由此导致的基本取向是权利具有优先性;东亚国家更多地将人置于一定的群体、文化中,因而人的善的问题及人权的实现离不开人的道德性对社会、群体和他人,特别是对长者的义务,因而人在履行义务中彰显人的权利,并对权利均采取了限制的措施。就民主而言,亚洲国家的民主更多地强调了群体或国家的优先地位,对多元文化的包容主要奠定在国家的基础上。在对多元文化的包容中,尤其注重了对主体民族权力的制约,以满足差异共存的需要。在此方面,新加坡、马来西亚和印度尼西亚均具有代表性。在贝淡宁看来,鉴于这些国家国内存在多个民族群体的情况,实际上是"不那么民主"②的威权民主更适应这些国家的状况。

澳大利亚学者约翰·芬斯顿的《东南亚政府与政治》一书,虽然是带有比较强烈的比较政治研究色彩的专著,但同时也是一部政治发展方面的专著。

---

① [美]霍华德·威亚尔达:《非西方发展理论——地区模式与全球趋势》,董正华等译,北京大学出版社,2006年,第21页。

② [加拿大]贝淡宁:《超越自由民主》,李万全译,上海三联书店,2009年,第175页。

该书作者在介绍亚洲诸多国家基本概况和政治制度特点的同时,围绕"谁掌权"和"谁获益"对东南亚主要国家的政治状况进行了深入研究。尤其重要的是,作者注意吸收了当代社会科学研究的重要成果,在评价政治合法性问题上,超越了韦伯关于传统、魅力和法理三种合法性的论述,将"有效性"作为一个新的内容,同时作者也吸收了世界银行的研究成果,在自己的研究中,把"治理"作为政治发展的又一个新的内容。他认为:"良好的治理一般被描述为以有效的、诚实的、公正的、透明的和负责的方式来行使政府权力。"①从而极大地丰富了对东南亚国家的政治发展研究。

在对东南亚的研究上,丹·斯莱特(Dan Slater)的《调动权力:东南亚的抗争政治与威权利维坦》(*Ordering Power:Contentious Politics and Authoritarian Leviathans in Southeast Asia*)以东南亚的 7 国(马来西亚、新加坡、菲律宾、南越、泰国、印度尼西亚和缅甸)为研究对象,揭示了二战后初期这些国家不同的抗争政治对政治发展的影响。该书受托马斯·霍布斯(Thomas Hobbes)思想的影响,围绕政治学的两个重要话题——国家能力与政权稳定性,阐述了不同国家政治发展的历史,指出有的国家的领导人成功地调动了各类精英手中的权力资源,建立起了强大且稳定的具有威权特点的利维坦,而有的只能从部分精英中暂时获得支持,但最终无法建立高效的国家和稳固的威权体制。

(4)从族际政治角度认识东南亚国家的政治发展

东南亚国家独立,各国多民族、多宗教状况对东南亚国家政治发展构成了重要影响。本杰明·赖利(Benjamin Reilly)的《民主和多样性:亚洲太平洋地区的政治工程》(*Democracy and Diversity:Political Engineering in the Asia-Pacific*)指出,20 世纪的最后十年亚洲地区在政治民主化上发生了前所未有的巨大变化。亚洲地区是一个高度多样化的地区,在这样一个高度复杂的异质性地区推进民主,实现有效的代议民主有着相当的难度。②目前世界上不少具有影响的学者在研究民主转型上,主要以欧洲和美国的经验为依据,忽

---

① [澳大利亚]约翰·芬斯顿:《东南亚政府与政治》,张锡镇等译,北京大学出版社,2007 年,第14 页。

② Benjamin Reilly,*Democracy and Diversity:Political Engineering in the Asia-Pacific*,New York:Oxford University Press,2006,p.1.

视了亚洲国家的实践。令人惊喜的是,目前已经有一些学者开始了这方面的研究。不足的是,这些研究主要放在了单独国家的案例上,而从综合的角度,围绕民主和多样性主题展开的研究依然有限。[①]赖利在他的研究中,回顾了在此领域中具有重要影响的三种理论:

第一,"联盟主义"理论。作者主要分析了利普哈特(Arend Lijphart)的理论,指出利普哈特主要代表作是《多元社会中的民主:一项比较研究》(*Democracy in Plural Societies:A Comparative Exploration*)。在该书中,作者分析了多民族社会中采用威斯敏斯特民主模式的局限,并在此基础上通过"协和民主"设计,实现了多民族国家同样也可以实现民主这一难题。在《民主的模式:36 个国家的政府形式和政府绩效》(*Patterns of Democracy:Government Forms and Performance in Thirty-Six Countries*)一书中,利普哈特通过对 36 个国家经验材料的分析,提出了在多民族国家中,民主可以有效地将不同族群吸纳到一定的政治机制中来。

第二,向心性理论。赖利主要列举了霍洛维茨(Donald L. Horowitz)的理论,指出霍洛维茨在《冲突中的族群》(*Ethnic Groups in Conflict*)一书中提出了一种向心性民主。该理论通过相互投票等跨域民主,设计了一系列减少族群冲突的方式和策略,以实现多民族国家内部不同民族群体的政治整合。

第三,社群主义理论。赖利主要分析了大洋洲国家的一些实践,指出在大洋洲的斐济和萨摩亚(Samoa)体现了社群主义的运用。在这些国家中,某些族群处于少数,但在议会中为这些少数人群体保留了席位。

在对上述三种理论对比的基础上,赖利从代议机制,即选举和选举机制、中介机构,政党和政党体系,以及权力分享,即行政构成、联邦主义三个方面分析了亚洲国家政治的新变革。在对上述三个方面的论述中,作者更倾向于主张一种中心主义的政治安排应该是亚洲国家"政治工程"的中心。如他指出的,亚洲国家的高度异质性并不一定是民主政治的障碍,相反,异质性社会内部的多元因素相互交错,断裂和空间相互作用和影响实际变为一种"碎片化政治",使一些政治精英在选举中注重利用族群政治分野,向执政

---

① Benjamin Reilly,*Democracy and Diversity:Political Engineering in the Asia-Pacific*,New York:Oxford University Press,2006,p.4.

党或对手施加政治压力。正是在族群和庇护关系的交错影响中,各派交互渗透形成了大型同盟和黏合纽带,从而使亚洲国家向心性的、较少比例的选举制度和多数人政治得到了发展。①

在对亚洲国家政治发展的研究上,加拿大学者金利卡(Will Kymlicka)从多元文化主义角度分析了亚洲国家的族际政治变革。在《亚洲的多元文化主义》(Multiculturalism in Asia)一书中,作者分析了东西方多元文化主义的不同模式对政治发展的影响,指出西方国家的多元文化是在民主政治实现以后出现的。此时,加拿大和西欧国家实现了政治一体化,民主政治有了深厚的基础,而后来采取的多元文化主义政策由于得到了自由民主政治的支持而得以运行,并取得了良好的效果。而在亚洲国家,社会内部存在着高度异质性。在这些国家的政治发展进程中,"认同政治"兴起,也即在政治发展的进程中,民众是按照族性、宗教、种族和文化归属被动员起来的,在民主政治中,他们身份的承认、法律权利和历史权利的要求,以及对权力的分享与民主化进程几乎同步。这种状况对这些国家的政治发展产生了重要影响。对亚洲国家而言,人们更多关注"民主化",而对在民主框架内如何管理"多样性"却鲜有前例。②基于对亚洲高度异质性的分析,金利卡更多是从管理的角度分析亚洲的多元文化主义。因此,他选择中国、老挝、柬埔寨、缅甸、泰国、新加坡、马来西亚、印度尼西亚、斯里兰卡和印度作为案例。

高桥一生的《东亚的多元主义与社会:和谐与冲突》一书主要对新加坡、马来西亚、菲律宾等国家的多元文化与国家凝聚力问题展开了讨论。如作者指出,目前亚洲的这些国家进入现代化发展进程中。随着现代化发展,多民族群体被动员起来参与到现代化中去。然而需要看到的是,现代化也带来了诸多的利益和文化上的矛盾,东南亚国家的统一性受到了挑战。

阿西尔等(Willian Ascher et al.)的《亚洲的发展策略、认同和冲突》(Development Strategies, Identities and Conflict in Asia)以印度尼西亚、马来西亚、巴基斯坦等国家现代化进程中出现的冲突为背景,提出了冲突–发展的

---

① Benjamin Reilly, *Democracy and Diversity: Political Engineering in the Asia-Pacific*, New York: Oxford University Press, 2006, pp.176–177.

② Will Kymlicka, *Multiculturalism in Asia*, New York: Oxford University Press, 2005, p.6.

理论,并指出在现代化进程中,社会的各个方面都处于调整的状态下,在此进程中,不同组织与组织之间的利益分化和身份竞争加剧。利益和资源上的分配不公,导致了冲突的云集。因此,现代化并不是一个和平发展的进程,而是一个矛盾和冲突发展的进程,二者之间相互影响。

(5)从东盟和国际政治角度对东南亚国家的政治发展展开研究

在对东盟国家和国际政治的研究中,直接或间接地涉及东南亚国家的政治发展。马凯硕(新加坡)的《东盟奇迹》以国际政治大背景为基础,回答了为何世界上诸多地区出现了冲突,而东盟国家实现了集体崛起这样一个关键问题。全书分析了当代世界,尤其是东南亚经历的四次浪潮:浪潮、中国浪潮、穆斯林浪潮和西方浪潮,作者分析了目前东南亚面临的和平生态和东盟与其他大国之间的联系。在此基础上,作者对东盟11个国家的发展前景进行了描述,其中不少地方对这些国家的政治发展趋势进行了分析,从而将东南亚国家的政治发展与国家政治、东盟国家的背景联系在一起。

2.东南亚国别政治发展研究

美国学者康灿雄(David C. Kang)在《裙带资本主义:韩国和菲律宾的腐败与发展》一书中主要以韩国和菲律宾为背景分析了腐败对经济增长的影响。作者针对腐败少的国家比腐败多的国家经济增长会更快的观点进行了分析。在作者看来,在东亚地区,各种更加复杂的因素相互影响并发挥作用,而且每个国家都是如此。经济增长的必要因素包括强有力的制度、能干的政治领导人,以及勤劳的工人和企业家,但是金钱政治和私人纽带也深深嵌入这些关系中。在该项研究中,作者以发展型国家为视角,分析了政治与资本之间的复杂关系,实际上通过对韩国和菲律宾的个案研究,回答了亚洲国家高速发展背后的"金钱政治"。如作者指出:"发展中国家的制度结构通常比较虚弱。在这种情况下,在一个由政府和商界精英构成的小而稳定的系统中,如果它们之间存在着权力平衡,金钱政治事实上能减少交易成本,并使长期的合作协议和投资行为更富有效率,尽管这也便宜了那些极少数的相互勾结的有钱人。"[①]

---

① [美]康灿雄:《裙带资本主义:韩国和菲律宾的腐败与发展》,李巍等译,上海人民出版社,2017年,第3页。

康诺尔斯（Mihcael Kelly Connors）的《泰国的民主和民族认同》
（*Democracy and National Identity in Thailand*）以专题的形式论述了泰国的民
主与认同之间的关系。在该书中，作者反思了泰国民主的发展进程，认为在
泰国民主发展进程中，经历了从自由民主到泰式民主的进程。在这一进程
中，泰式民主进入基层，认为民主需要将公民忠诚和共同体结合起来。

葛梅兹（Edmund Terence Gomez）的《马来西亚的国家：族性、平等和改
革》（*The State of Malaysia：Ethnicity，Equity and Reform*）主要从族群政治的角
度分析了马来西亚国家的发展历程。作者认为，马来西亚的民主是一种半民
主。在这种民主体制中，马来人和华人等族群处在不平等地位上，然而随着
马来西亚市场的发展，一种超越族性的社会状态正发展起来，网络、私有化
和庇护关系正成为马来西亚民主政治的重要基础。该书选择了电子网络作
为基础，对马来西亚的民主政治发展前景进行了独到分析。

克林科恩（Gerry van Klinken）的《社群暴力与印尼的民主化：小镇战争》
（*Communal Violence and Democratization in Indonesia：Small Town Wars*）主要
是一个案例分析。作者选取了印度尼西亚西部卡里芒坦萨巴斯区（Sambas
District，West Kalimantan）三篙里德（Sanggau Ledo）爆发的冲突，由此扩展到
周边其他小镇去。作者深入分析了秩序党统治的三十余年中给地方带来的
种种不公正，从一个角度暴露了威权政治下的地方政治发展状况。全书指
明，秩序党执政时期给社会带来了极化发展，积累了大量的社会矛盾，当秩
序党退去时，这种极化的力量就会转变为暴力冲突，也就是说，后威权时代
的民主转型是一个暴力产生的过程。

吴图昂（Tuong Vu）的《亚洲发展之路》（*Paths to Development in Asia*）主
要以印度尼西亚、韩国、越南和中国为例，分析了这些国家建构的动力和不
同民族国家建设的路径。作者运用历史叙述的方式分析了上述国家建构的
不同路径。如在对越南国家建构的路径选择上，作者分析了从 1945 年到
1960 年其在国家建构上如何选择了社会主义。在该书的最后一部分中，作者
专门比较了越南和印度尼西亚两国在实现国家独立道路上的差异，认为越
南通过组建同盟政府、统一战线和列宁主义实现了大联合。

日本学者的《越南：政治、经济制度研究》研究了 1986 年越南启动革新

政策的发展进程、内容和效果。该书从越南党和国家机构的关系说起,解读了越南的法律文件、国会结构的变革、司法制度、行政改革、预算编制、地方行政组织和农村组织、国有企业改革等,总体体现了越南的革新已经渗透各个方面,并对越南社会产生了深刻影响。

英国学者埃德蒙·R.利奇的《缅甸高低诸政治体系——对克钦社会结构的一项研究》以缅甸克钦族为背景,运用社会结构方法,考察了缅甸这一具有影响的民族群体特有的政治结构。该书利用人类学和民族学的方法,详细考察了克钦族在地区上的分布、社会内部的人员状况、婚姻关系、财产状况、宗教仪式,以及在此基础上存在的政治结构。

布迪约诺的《历史大变局中的印尼经济》虽是一部经济类的著作,但在该部著作中,对印度尼西亚的政治状况进行了深入透彻的分析。该书以历史为角度,分析了自 17 世纪沦为殖民地开始,印度尼西亚的经济和政治变迁。该书的第二部分侧重于分析独立后印度尼西亚的政治发展和经济状况,作者认为,决定政治和经济均衡的要素是践行建国五基"潘查希拉",这是政治活动空间与经济活动空间保持"平衡"的标尺。

(二)国内对东南亚国家政治发展的研究

中国学者对东南亚国家政治发展的研究大体包括以下方面:

1.东南亚地区模式研究

其主要特点是以东南亚地区的整体状况为背景展开对这一地区的政治发展研究。在这些研究中,既有对整个地区政治发展状况的分析,也有对具体国家的研究,主要有:

(1)东南亚地区总体发展状况研究

研究者主要集中分析了东南亚国家地区的经济发展与政治发展状况。贺胜达等人在《战后东南亚历史发展(1945—1994)》中,系统梳理了二战后东南亚地区的政治发展历程。作者们审视了东南亚各国的政治发展与经济发展的关系,尤其是关注在国家发展中政治民主与国家经济发展的关系,同时该书也探讨了东南亚地区经济发展的成功与失败,此外,该书还提到了领导集团对经济发展的作用。

王彩波的《经济起飞与政治发展:东亚新兴工业化国家与地区政治经济发展》试图弥补以往对"东亚发展模式"解释的不足,超越或过分强调市场作用,或过分强调政府干预的解释。作者认为,东亚的现代化是包含政治、经济、文化、心理、价值等的一项系统工程,东亚的现代化是从经济发展开始,同时与社会领域和政治领域的变化互为条件和基础;东亚地区走出了一条"政治专制—经济发展—政治民主化"的政治经济发展道路。

黄云静的《发展与稳定:反思东南亚国家现代化》分别对越南、新加坡、马来西亚、泰国、缅甸、柬埔寨、菲律宾和印度尼西亚现代化发展中的稳定与变革进行了个案分析。通过对上述 8 个国家的分析和研究,作者认为,东南亚各国普遍存在着族群问题和矛盾,同时东南亚各国先后普遍遭遇"工业冲突"。基于冲突的视角,作者认为在处理社会问题上,东南亚国家普遍采取了法律控制和非法律控制相结合的手段。作者指出,在实现现代化上,对于发展中的东南亚国家而言,稳定是前提。

张锡镇的《东亚:变化中的政治风云》主要以纪实文学的手法,对 20 世纪 90 年代末韩国、日本、越南、柬埔寨、老挝、缅甸、泰国、马来西亚、新加坡、印度尼西亚、菲律宾出现的政治事件及其影响进行了刻画和分析。"转型时刻"的具体事实反映了各国的矛盾、社会问题和政治动荡,这就提醒人们,政治发展不仅要关注过程,也要关注政治发展"关键"时。正是在这些关键时,各国的问题得到了集中反映,同时,也展现了各国新的选择和新的道路的形成。

(2)东南亚地区国家建构研究

研究者主要从宏观的角度,结合一些国家的案例分析了这一地区国家建构和政治发展的内在机制。黄云静等人的《国家·发展·公平:东南亚国家的比较研究》主要分析了东南亚国家的发展观、国家结构形式与现代国家建构、国家能力与发展中的公平问题。在每个专题下,作者选取一些国家,如越南、新加坡、印度尼西亚、马来西亚和菲律宾作为个案分析,主要评价经济、政治与治理三大角度,评价这些国家在解决"公平"问题上的经验教训。作者在研究中提出了"公平发展"的概念,构成了本书的亮点,并围绕这一关键概念,进行了国别方面的比较。以房宁领衔的中国社会科学院政治学研究所专家直接到东南亚和南亚等国家进行实际考察和调查。在此基础上，出版了《自由·威权·多元：东亚政治发展研究报告》《民主与发展：亚洲工业化时代的民主政治研究》和《东亚五国政治发展的权力集团研究》等三部重要著作。作者在对亚洲国家的政治发展研究中提出了"对冲型体制"的观点，所谓的"对冲"即"权利"开放与"权力"封闭。如周方冶分析指出的："一方面，在经济社会领域，一定程度上开放经济社会权利，扩大社会自由，通过保障人民的权利，建立起普遍的发展预期，以刺激全社会的生产积极性、主动性，为国家的工业化和经济发展提供了巨大的动力；另一方面，在政治领域，集中权力于政治精英阶层，强化国家权力，依靠行政权力推动国家工业化的战略性发展。"①

傅景亮的《资本治理与政治转型——东亚地区民主化比较研究》主要从经济的角度分析了东亚地区资本发展状况对民主发展的影响。在该书中，作者认识到资本的发展影响了东亚一些国家的政治发展。在起步阶段，国家发展需要资本，在此基础上推动了威权政治的发展；同时，资本渗透到国家，资本的力量对威权政治又构成了影响，导致了威权政治的衰落和民主的转变。

（3）体制结构分析

研究者主要深入到政治制度的结构中分析政治发展。唐睿的《体制性吸纳与东亚国家政治转型》分析了韩国、新加坡和菲律宾三个东亚及东南亚国家的政治转型。在作者看来，体制性吸纳能力是影响这些国家政治体制维持和政治转型的关键性因素，吸纳能力越强，即越能将政治精英"安排"于体制内，该国的政治体制就越容易维持，政治转型则较难发生。反之，如果大量的政治精英被排斥在体制外，或是主动退出体制，政治体制就会因反对者的增多和社会冲突的加剧而崩溃，并发生通向权威或民主的政治转型。②李文主编的《东亚：宪政与民主》《东南亚：政治变革与社会转型》《东亚社会的结构与变革》《东亚：政党政治与政治参与》等比较全面地论述了东南亚国家政治现代化与政治转型过程中的相关问题，既有宏观论述也有具体分析。如书中

---

① 周方冶等：《东亚五国政治发展的权力集团研究》，中国社会科学出版社，2016年，第6页。
② 唐睿：《体制性吸纳与东亚国家政治转型》，中央编译出版社，2014年，封底。

认为东南亚国家的政治发展大致经历了三个阶段：仿效西方议会民主制时期(战后初期至 20 世纪 60 年代初)；威权主义政治发展时期(从 20 世纪 50 年代末 60 年代初至 80 年代)；政治转型时期(从 20 世纪 80 年代后期，特别是 90 年代开始)。①

(4)民族和宗教视角的分析

东南亚国家基本上都是多民族国家，多民族存在的状况对该地区和国家的政治构成了重要影响。岳蓉的《东南亚地区民族国家研究》主要从民族国家的角度对东南亚地区的民族国家建构做了分析。该书主要以"民族国家"为研究对象，以"主权观念"和"宪政原则"为基本要素②，分别就该地区的民族国家的缘起及其主权建构、东南亚地区民族国家发展的困境与挑战、东南亚地区的主权困境与危机，以及东南亚地区民族国家建设的实践等内容分为四个部分。作者在分析中，既有宏观理论上的把握，也以具体国家为案例，分析了这一地区在民族国家建构上面临的内外多元文化的挑战。

赵海英的《现代化进程中的东南亚国家建构研究——基于族际整合视角》主要分析了现代化进程对东南亚国家建构的影响。作者指出，国家建构和族际整合问题是后发展中国家现代化进程中必须面对的重大现实问题。这一问题处理的好坏关系到后发展中国家的可持续发展，甚至是国家存亡。③作者认为，后发展中国家的国家建构是实现现代化的重要政治保证，多元因素的存在对现代国家建构具有一定的挑战。在国家建构初期，强调同国家一致性的威权主义国家建构模式对多元文化具有重要的整合作用，但随着现代化的发展，一个宽容的国家建构对整合族际关系具有重要的作用。

郑筱筠的《东南亚宗教研究报告：东南亚宗教的转型与创新》主要分析了在当代世界条件下，东南亚国家的宗教发展状况，涉及印度尼西亚和马来西亚的伊斯兰教、新加坡的道教、泰国的佛教、菲律宾的天主教、华人的儒家等，并指出了当代东南亚的政治转型对各国的影响及其发展趋势。如在对缅

① 李文主编：《东南亚：政治变革与社会转型》，中国社会科学出版社，2006 年，第 16 页。
② 岳蓉：《东南亚地区民族国家研究》，中国社会科学出版社，2016 年，第 236 页。
③ 赵海英：《现代化进程中的东南亚国家建构研究——基于族际整合视角》，中国政法大学出版社，2016 年，第 1 页。

甸的佛教分析上,有学者指出了佛教民族主义及其激进化、极端化趋势。东南亚的伊斯兰教总体上保持了温和化特点。

这些研究可以进一步深化对当代东南亚国家政治发展研究的了解。如陈衍德的《全球化进程中的东南亚民族问题研究:以少数民族的边缘化和分离主义运动为中心》《对抗、适应与融合:东南亚的民族主义与族际关系》《多民族共存与民族分离运动——东南亚民族关系的两个侧面》。

徐利平的《亚洲极端势力》以现代化在亚洲的展开为背景,具体分析了宗教极端主义的发展。涉及的国家主要有印度尼西亚、菲律宾、泰国等,并指出了现代化带来的宗教冲突正影响着这些国家的政治稳定和政治发展。

张红云的《东南亚神王文化研究》主要分析了东南亚地区受印度教文化的影响,在印度尼西亚、柬埔寨、泰国、老挝等国家出现的神王文化现象,同时也进一步解释了东南亚国家悠久的权威崇拜的历史,对于理解东南亚国家政治发展的政治文化基础大有裨益。

姜永仁的《东南亚宗教与社会》主要从国别的角度对东南亚 10 个国家的宗教与社会状况进行了研究和分析。作者通过对各国宗教的历史和文化的研究认为,在东南亚国家中,不同宗教具有相互包容性,宗教深深嵌入到人们的精神之中,成为东南亚人民"衡量是非的标准和判断伦理道德的准则"[①],并对各国的政治同样构成重要影响,一些宗教成为调解政治生活中存在的矛盾的重要精神力量。作者从宗教的角度认识东南亚国家的政治,为研究这一地区的政治发展提供了新的视角。

(5)国际政治视角的政治发展研究

东南亚国家的政治发展受到了国际社会和地区政治的影响。研究者在对国际政治的研究中,分析了国际政治和周边国家变化对该地区和国家的政治发展产生的影响。

王正毅的《边缘地带发展论:世界体系与东南亚的发展(第二版)》在吸收沃勒斯坦中心-边缘关系理论的同时,独辟蹊径,从边缘的角度对东南亚国家的政治发展进行了深入分析。该书分析了世界地缘结构的变动对东南

---

① 姜永仁等:《东南亚宗教与社会》,国际文化出版公司,2012 年,第 57 页。

亚国家的影响。其中,对东南亚国家的主权建立中的疆域和疆界问题、社会系统中的民族和民族主义问题进行了分析,并指明,随着全球化的发展,21世纪世界体系正在向东南亚地区转移,东盟国家与东南亚区域的重建将对各国的政治发展产生重要的影响。

范若兰的《东盟十国基本国情及投资风险评估》主要从投资的角度分析了东盟十国的社会、经济、文化和政治状况,可以从现实和未来、国内和国际两大方面,认识东南亚国家的政治发展。如在书中,黎相宜等人在分析到新加坡时指出,经过"改造"后的民主模式是具有新加坡特色的威权政治模式。①在这一模式中,人民行动党执政的新加坡政府提倡政府对于社会的有效管理和控制、秉承"经济先行,民主渐进"的社会经济发展战略、新加坡政府采取依法治国方略,以及新加坡政府对腐败采取零容忍的态度等都鲜明地反映了新加坡政治发展的特点。

董向荣的《"一带一路"视阈下的亚太政治》是一部国家政治方面的著作。书中收录了周方治、李文等诸多学者的论文。虽然讨论的问题偏重在中国周边国家的外交状况上,但其中涉及周边国家,如菲律宾、缅甸、泰国、日本、韩国等国家的政治发展状况。如郭继光《全国民主联盟与缅甸局势的分析》一文指出:"民盟"上台构成了当前缅甸政治舞台的中心,但目前"缅军在国家政治中发挥着领导作用""军队仍然在缅甸政治领域具有强大的影响力"。②这从一个方面揭示了当代缅甸政治发展的特点。此外,在当代缅甸的政治格局中,民族问题一直是困扰缅甸的重要问题。周方治的《20世纪中后期以来泰国发展模式变革的进程、路径与前景》全面总结了泰国1932年民主革命以来的军事政变,从而说明在泰国的政治发展进程中,军队扮演着十分重要的角色,并认为目前军方提出的:"维稳—改革—大选"三步走方案已经得到了泰国社会的认可。③

2.国别专题研究

这种研究主要以东南亚具体国家为基础,围绕一定的专题展开研究,可

---

①　范若兰:《东盟十国基本国情及投资风险评估》,中国社会科学出版社,2016年,第2页。

②　董向荣:《"一带一路"视阈下的亚太政治》,中国社会科学出版社,2018年,第123页。

③　董向荣:《"一带一路"视阈下的亚太政治》,中国社会科学出版社,2018年,第128页。

以进一步从历史和现实的角度,深入分析东南亚国家政治方面的机制。所涉及的国家主要有:

(1)新加坡

如李路曲在《新加坡现代化之路:进程、模式与文化选择》中,"以现代化为线索,以发展为特色,从政治、经济、文化和社会等领域论述了新加坡……的发展历程,对所有的现代化和社会发展有关的重大问题和重大事件进行了论述。本书还进行了大量的实证分析,力图在对新加坡的发展全貌有一个具体而清晰的了解的基础上对那些对现代化具有重大影响的事件、决策和模式进行界定和概括。在研究方法上,还进行了各种形式的比较……"[1]2018年,李路曲出版了另一部代表作《新加坡道路》,该书详细分析了新加坡现代国家建构之路,并对新加坡威权主义之内的民主化与国家建设问题进行了具有创见的论述。

2015年新加坡建国50周年和国会大选之际,孙景峰、刘佳宝分析到2015年大选后启动的新一轮政治体制改革,推动了新加坡政治制度化的进程,关乎新加坡政治稳定的最高领导人代际更替也呈现出了制度化演进的态势。[2]吕元礼、谷志军系统考察了新加坡自2009年以来以制度平衡为导向的政治改革,通过增强政治制度的正当性、适应性来满足民众的新期求和加强政治制度的合法性。[3]

孙景峰、刘佳宝的文章系统阐释了新加坡式民主,认为新加坡政治中宪政体制、政党政治、选举机制、法治等民主元素共同构筑了新加坡民主的基石,建构了"新加坡式民主"的主体框架。"新加坡式民主"的建构和发展是一个渐进的过程,新加坡历代领导人为"新加坡式民主"注入了不同的特色。东西方文化和制度的交融让新加坡在西方代议制民主的基础制度框架中融入了儒家精神的内核,衍生出了"新加坡式民主"的核心内涵体系,主要包括:

---

[1] 李路曲:《新加坡现代化之路:进程、模式与文化选择》,新华出版社,1996年,第3~4页。

[2] 孙景峰、刘佳宝:《2015年国会大选与新加坡政治发展》,《中共浙江省委党校学报》,2016年第3期。

[3] 吕元礼、谷志军:《以制度平衡为导向的新加坡政治改革——基于合法性三重意蕴的分析》,《中共浙江省委党校学报》,2016年第3期。

维系社会共同价值观、建设"君子"执政的"好政府"、政治经济社会发展循序互动以及"为人民服务"的群众民主。[①]

此外,还有刘鹤辉主编的新加坡国家治理体系和治理能力现代化丛书,包括李路曲的《新加坡熔铸共同价值观:"移民国家"的立国之本》,范磊的《新加坡族群和谐机制:实现多元族群社会的"善治"》,新加坡学者吴俊刚的《新加坡政党的基层工作:议员如何联系选民》等书,另外还有卢正涛的《新加坡威权政治研究》,欧树军等人的《小邦大治:新加坡的国家基本制度建设》等,都从不同方面对新加坡的政治和治理进行了全面研究,有助于深入理解新加坡的政治发展。

(2)泰国

任一雄的《东亚模式中的威权政治:泰国个案研究》一书,对泰国的文化进行了分析,指出了素可泰王朝的父—子家长式模式及佛教思想的结合对泰国威权政治的产生具有重要影响,认为泰国威权政治的主要特点是"威权为体,民主为用"[②]。

庞海红的《泰国民族国家的形成及其民族整合进程》主要从历史的角度分析了泰国中部泰族的发展及其对北部、东北部和南部不同族群政治整合的过程,从而指出在泰国历史上,中部泰族在泰国民族国家形成过程中扮演的重要作用。

张锡镇等人在《泰国民主政治论》一书中分析了民主思想进入泰国,并和泰国政治结合的进程。作者以历史叙述的方式,介绍和分析了民主思想进入泰国过程中的几位重要人物,在此基础上分析了民主在泰国不同时期的发展和状态、泰国的民主机制所涉及的内容、泰国民主的困境及其前景。在此基础上作者指出在东南亚一些国家,民主化之所以失灵主要在于这些国家集权政治基础雄厚,且经济发展落后,而比较成功的国家多是通过威权政治实现了现代化,从而为民主化奠定了基础。经过这样的研究,作者认为,政治稳定是民主化起步的第一要务,权威主义是民主化的必经阶段,软着陆是集权政治向民主转型的理想方式。

---

① 孙景峰、刘佳宝:《"新加坡式民主"新论》,《吉林大学社会科学学报》,2016年第5期。

② 任一雄:《东亚模式中的威权政治:泰国个案研究》,北京大学出版社,2002年,第45页。

周方冶在《王权·威权·金权:泰国政治现代化进程》一书中以社会利益集团为切入点,对泰国百余年来的政治发展进程进行了梳理和分析。作者指出泰国在实现工业化、现代化进程中,政治制度及其体制都先后经历了仿效西方政体的"自由民主体制"阶段、"威权体制"阶段和"多元体制"阶段,并将这一进程视为东南亚一些国家政治发展的基本线索和共同规律。

也有的学者对政党政治进行了分析,如《新加坡人民行动党执政形态研究》等专著。此外还有大量的论文涉及东南亚政党政治,如高奇琦关注新加坡人民行动党与社会的关系,认为新加坡人民行动党与社会的关系是一种政党优位的协商模式。这种模式有利于将政党的整合性与发展主义国家紧密地结合起来,并有效地推动了现代化进程,也会造成对社会的多元主义利益考虑相对欠缺,并可能对社会的表达形成一定的限制。[1]在另外一篇文章中,高奇琦关注到泰国的政党制度与政治发展的关系,文章提出自主性、系统性和功能性的衡量政党制度的指标,通过对泰国民主党、泰国发展党及"他信系"政党进行制度化程度的测量,认为泰国政党在发展过程中的低制度化取向严重影响了泰国的政治发展。弱政党无法在泰国国家和社会之间搭建起有效的沟通平台,从而会加剧社会动荡和政治失序。[2]

（3）缅甸

钟贵峰的《缅甸民族国家建设中的族际关系治理研究》一书主要以历史为线索,分析了缅甸独立后不同政府时期对民族关系的处理,指出缅甸对族际关系的治理体现了如下特点:政治整合——从离散到整合;国族建构——从涣散到融集;国家认同兼顾——从弱化到强化;现代国家建设——从停滞到开启。

廖亚辉的《独立以来缅甸政治转型问题研究》一书重点研究了缅甸独立以来的三次政治转型:1962年从议会民主制度到极权政体转型、1988年从极权政体到威权政体的转变,以及2011年从威权政体到民主政体的转变。

---

[1] 高奇琦:《政党优位协商:新加坡人民行动党与社会的互动模式》,《社会主义研究》,2014年第2期。

[2] 高奇琦、张佳威:《试论政党制度化与政治发展的关系:以泰国为例》,《南洋问题研究》,2015年第4期。

三次重大转变反映了合法性危机是缅甸政治转型的动力，军队是缅甸转型的重要力量，以及民族国家挫折影响着缅甸的政治转型。

（4）印度尼西亚

杨晓强的《后苏哈托时期的印尼民主化改革研究》一书主要以印度尼西亚政治转型后的民主发展作为主线索。该书追溯了印度尼西亚独立后民主失败的经验教训，指出苏加诺的失败在于想通过议会的一切要件，利用共产党来抗衡军队势力，认为"有领导的民主在军队与共产党不可调和的矛盾中归于失败。无论是议会民主还是有领导的民主，都没有适应印度尼西亚社会、文化的特点和制度化水平，未能成为推动印度尼西亚政治进步的对症良方"①。作者也分析了苏哈托时代的"集权政治"出现的腐败和经济危机。在金融危机的打击下，苏哈托政权走到了尽头。后苏哈托时代，印度尼西亚民主经历了哈比比、瓦希德、梅加瓦蒂的宪政改革。在这些改革基础上，印度尼西亚在政党政治、伊斯兰与印度尼西亚民主化、地方分权改革和公民社会等方面取得了长足进展，作者认为印度尼西亚已摆脱民主转型的阵痛，新旧势力之间的妥协为印度尼西亚民主奠定了基础，该书对民主转型后的政治发展研究具有开创性。

吴崇伯的《举足轻重的东南亚大国——认识印度尼西亚》是一部全面认识当今印度尼西亚的专著。该书除了从经济、军事和社会文化角度对当代的印度尼西亚进行分析外，也对当代印度尼西亚的民主政治发展进行了梳理。通过该书可以全方位认识当代印度尼西亚的政治发展状况。

温北炎等人的《后苏哈托时代的印度尼西亚》全面介绍了后苏哈托时代的政治、经济、外交、华人社会和伊斯兰教发展状况，从诸多具体事实方面展现了政治发展在经历了威权政治向民主政治转变后，社会和外交等诸多方面出现的新的变革和面临的问题。

王受业的《印度尼西亚》为中国社会科学院《列国志》丛书之一。该书详细地介绍了印度尼西亚的政治、经济、文化、历史、军事、外交等。通读全书可以对印度尼西亚的政治发展有一个基础性了解。

---

① 杨晓强：《后苏哈托时期的印尼民主化改革研究》，厦门大学出版社，2015年，第45页。

（5）越南

陈明凡的《越南政治革新研究》一书分析了越南政治革新的背景和进程，回顾了越南政治革新的理论基础和基本内容，总结了越南政治革新的基本经验。在该书中，作者提出："只有人民选举出来的政府才能够接受人民的监督。通过人民选举产生国家最高权力机关是实现政治民主化的基本要求。"[①]放在今天人们对"选举民主"持怀疑态度的情况下，作者的这一观点值得斟酌。

（6）马来西亚

庞卫东的《新加坡与马来（西）亚的合并与分离研究：1945—1965》主要以历史叙述的方式，分析了马来亚的形成、二战后的新马政治发展及从合并到分裂的进程。该书通过对这一过程的分析，展示了在新加坡和马来西亚的政治发展进程中，族群关系具有重要的影响，即两国在后来的政治建构中，都把族群关系的格局作为了重要的政治内容。在新加坡，鉴于历史的教训更注重了族群之间的平等关系。在马来西亚，马华族群关系呈现出一定的不平等性，并对马来西亚的国家建构构成了重要影响。同时，由于历史上的马华关系，两国在各自国家中又力图从整个国家的整体角度安排国内的政治。

张祖兴在《英国对马来亚政策的演变：1942—1957》一书中从历史的角度详细分析了马来亚独立的过程，从全书的研究中展示了、解释了马来亚从原来的殖民地到民族国家的建立过程，阐释了发展中国家建设与西方之间的"契约"关系对这些国家政治发展路径选择和路径依赖的影响。

马燕冰的《马来西亚》是一部介绍马来西亚国家总体情况的著作。该书介绍了马来西亚的历史、政治、经济、军事、教育、科技、文化、卫生和体育、外交等领域的状况，其中关于政治一章大量涉及了马来西亚的政治发展、宪法、政治制度等。

（7）菲律宾

周东华的《战后菲律宾现代化进程中的威权主义起源研究》从"美式民主"的悖论入手对战后菲律宾威权政治的起源进行了分析，指出在菲律宾战

---

① 陈明凡：《越南政治革新研究》，社会科学文献出版社，2012年，第9页。

后的政治发展进程中,财富占有不公、政治王朝主导下政治结构及天主教革新势力的发展构成了菲律宾威权政治兴起的主要原因。一月革命带来的菲律宾政治变革使菲律宾陷入了激烈的内部冲突之中, 马科斯威权主义政治由此建立。该书为人们提供了一个研究视角和学术信息,即在菲律宾政治发展进程中,现代政治的建立是一个不断磨合的过程。在此过程中,以家族政治为依托的威权政治可以利用政治现代化的"空隙"而兴起,并成为一种维护"稳定"的力量。如作者指出的:"利用'美式民主'毁灭了'美式民主'本身。"①

马燕冰等人的《菲律宾》是一部介绍菲律宾国家总体情况的专著,涉及历史、政治、经济、军事、教育、科学、文艺、卫生、体育、新闻出版、外交等诸多方面内容。其中政治一章,全面介绍了菲律宾国家的建立、国体和政体、宪法、议会、政府、司法机构、政党与团体状况,有助于了解菲律宾的政治发展。

(8)柬埔寨

李晨丽等人的《柬埔寨》是一部专门介绍柬埔寨总体情况的专著,涉及柬埔寨的历史、政治、经济、军事、教育、科学、文艺、卫生、体育、新闻出版、外交等诸多方面内容。其中政治一章专门介绍了柬埔寨独立以来的政治发展进程,以及柬埔寨的宪法、国王、议会、政府、政党、司法制度等的发展状况,为研究柬埔寨的政治发展提供了依据。

(9)老挝

马树洪等人的《老挝》是一部专门介绍老挝总体情况的专著,涉及老挝目前国土和人民、宗教、历史、政治、经济、军事、教育、科学、文艺、卫生、体育、新闻出版、外交等诸多方面内容。其中历史一章专门介绍了老挝独立以来的政治发展进程,以及老挝的宪法、国体和政体、国家机构、立法与司法、政党与团体等,在现代简史中,就老挝的政治发展进程进行了专门的介绍,为研究老挝的政治发展提供了基本线索。

(10)文莱

刘新生等人的《文莱》是一部专门介绍文莱总体情况的专著,涉及文莱

---

① 周东华:《战后菲律宾现代化进程中的威权主义起源研究》,人民出版社,2010年,第3页。

的国土和人民、宗教、历史、政治、经济、军事、教育、科学、文艺、卫生、体育、新闻出版、外交等诸多方面内容。其中历史一章专门介绍了文莱的政治发展进程,目前文莱的政治体制是一种马来伊斯兰君主制,以此为特点,作者介绍了文莱的宪法,并对议会、司法和政党,以及文莱的统治者都有专门的研究,该书为研究文莱的政治发展提供了基本线索。

(三)其他文献

除了上述专题研究和国别研究的著作文献外,目前在一些专著中同样也可以见到对东南亚国家研究方面的学术资料和文献。国外学者主要代表作有:桑贾伊·苏拉马尼亚姆的《葡萄牙帝国在亚洲》,彼得·卡赞斯坦的《地区构成的世界:美国帝权中的亚洲和欧洲》,文安立的《全球冷战:美苏对第三世界的干涉与当代世界的形成》,达龙·阿塞莫格鲁的《政治发展的经济分析:专制和民主的经济起源》,克利福德·格尔茨的《文化的解释》,通猜·威尼差恭的《图绘暹罗:一部国家地缘机体的历史》,罗伯特·E.戈定的《牛津比较政治学手册》,彼得·丹尼尔斯等人的《人文地理学导论:21世纪的议题》,索尔·科恩的《地缘政治学:国际关系的地理学》。在上述文献中,都大量涉及对东南亚国家政治发展的研究,为学者提供了大量学术观点和信息。

国内学者也在一些著作中间接地涉及了东南亚国家的政治发展问题,如梁英明的《东南亚史》,孙学峰的《东亚安全秩序与中国周边政策转型》,曾庆捷的《发展政治学》,赵永胜的《缅甸与泰国跨国民族研究》,上述著作同样也在不同的方面涉及了东南亚国家的政治发展。

(四)研究现状评价

从国外和国内对东南亚国家政治发展的总体研究状况来看,可以从两大方面得出结论:其一,围绕一定的专题和视角展开了对具体国家的政治研究,在对这些具体国家进行不同角度的研究中,可以深入理解不同国家政治发展发生的历史和文化基础、机制、路径选择及其特点。正是这些研究有助于从具体的、经验的事实中进行总结,并从宏观上把握东南亚国家政治发展的总体特点和趋势。其二,就总体状况来看,有这样几个方面:第一,阶级结构的分析,指明了农民和地主及不同的阶级之间的组合对东南亚国家的政治发展结果有不同的影响;第二,偏重从政治文化的角度对东南亚国家政治发展进行研究,认识到亚洲国家存在威权主义、社群主义、中心主义的传统,这些传统对亚洲国家崛起有着重要的影响;第三,也有的从精英的角度研究亚洲的政治发展,认识到精英的组合状况对政治发展有着重要的影响;第四,分析政治转型,指出亚洲国家政治转型后的民主巩固问题;第五,族际政治成为当代不少学者的关注点。上述这些方面都从不同角度展现了目前东南亚国家政治发展的基本特点。

二、基本思路与研究方法

(一)合宜政治机制

东南亚(Southeast Asia,缩写 SEA)位于亚洲东南部,包括中南半岛和马来群岛两大部分。中南半岛因位于中国以南而得名,南部的细长部分叫马来半岛。马来群岛散布在太平洋和印度洋之间的广阔海域,是世界最大的群岛,共有两万多个岛屿,分属印度尼西亚、马来西亚、东帝汶、文莱和菲律宾等国。东南亚地区共有 11 个国家:缅甸、泰国、柬埔寨、老挝、越南、菲律宾、马来西亚、新加坡、文莱、印度尼西亚、东帝汶。上述国家除泰国①外,都曾经是西方国家的殖民地。独立后,这些国家先后按照自己的模式选择了发展道路,出现了如作为亚洲"四小龙"之一的新加坡和亚洲"四小虎"的泰国、印度尼西亚、马来西亚和菲律宾。20 世纪 90 年代以后,中南半岛的越南、老挝和柬埔寨开始改革。进入 21 世纪以来,缅甸也发生了巨大变化,文莱凭借资源优势而成功进入富裕国家之列。与世界上其他地区比较,东南亚国家成为处

---

① 泰国原名为暹罗,1939 年銮披汶·颂堪任总理时将国家名称改为泰国。(泰国国家概况,中华人民共和国外交部)

在太平洋和印度洋之间发展比较快、充满活力的国家群,经济发展促进了政治发展,政治发展反过来又作用于经济发展。在此,东南亚国家形成了自己特色的政治发展模式,这也就构成了本节关注的问题。

1.东南亚合宜机制的学术酝酿

在对东南亚国家政治发展的研究中存在不同的认识和解释,其中有两个流派较为突出:一派是按照西方的观点来认识和评价东南亚国家,比较有代表性的为阿尔蒙德。在解释发展中国家的政治发展上,阿尔蒙德预设了一种结构功能主义理论,在所及的地区分析中涉及东南亚地区,但如果深入分析就会发现有难以令人信服的方面。

东南亚地区在独立前后的时期中,总体上处在农业社会阶段。尽管经过近半个世纪的发展,一些国家的经济发展状况有了巨大的进步,除新加坡可以进入发达国家之列,绝大多数国家依然处在发展中国家之列。不仅如此,历史上的农耕文化的特点,决定了这些国家的社会文化环境并没有得到彻底的改造。20 世纪 70 年代,阿尔蒙德在《比较政治学:体系、过程和政策》一书中推出他的"结构功能主义"理论时,家族政治、裙带关系和庇护关系枝枝蔓蔓渗透到社会和政治生活的诸多领域,作为一种非政治规则影响着政治制度的运行。功能主义理论对东南亚国家的政治发展的解释和理解明显与实际状况不符。东南亚国家尽管存在很多的差异,但它们又存在某种共性,如对群体和血缘关系的关注等,解释和认识东南亚国家的政治发展应该从东南亚本身的特点出发。但阿尔蒙德"将这些地区和国家生硬地塞进这组预设的有限分类"[①]之中。就其本质而言,是以美国的政治制度为标准去衡量和规划东南亚的政治设计,并想使东南亚国家仿效美式制度。西方比较政治学重要代表人物威亚尔达曾评价说,阿尔蒙德设计的一套"功能主义的政治体系模型"与"美国的政治体系"相近,是经过"伪装的美国政治体系的化身,是对美国体系的净化和理想化"。[②]

---

① [美]霍华德·威亚尔达:《新兴国家的政治发展——第三世界还存在吗?》,刘青、牛可译,北京大学出版社,2005 年,第 43 页。

② [美]霍华德·威亚尔达:《新兴国家的政治发展——第三世界还存在吗?》,刘青、牛可译,北京大学出版社,2005 年,第 43 页。

　　另一派侧重在地方或地区或多元现代性的解释上。威亚尔达为地区主义的代表。在他看来,各个地区具有各自的特点,解释各个地区的政治就要从这些地区的现实状况入手。如威亚尔达指出:"一种本土的、地方的或者内生的发展理论的想法无疑是诱人的。20世纪70和80年代,它对第三世界精英和部分政治领袖确实产生了极大的影响,在一些国家至今仍引人注意。"①在阐述这一理论上,威亚尔达从东亚、印度、拉丁美洲、撒哈拉以南的非洲、阿拉伯半岛、东欧、俄罗斯等主要地区和国家中寻求证据,以说明阿尔蒙德预先设计的西方中心主义理论难以解释发展中国家的实际。

　　从经验角度来看,二战以后的非西方国家都曾经照搬过西方经验,但后来这些国家绝大多数沦为了"失败国家"。诺贝尔经济学奖获得者舒尔茨总结道:"近三百年来根据主流社会思潮进行的重要变革绝大多数是失败的。"②二战后发展中国家的经验教训能够说明这一问题。二战后的南美洲照搬西方设计的进口替代战略发展,结果使国家陷入"依附型发展"境地。非洲也是如此,政治制度都是外来的,政治发展是按照西方设计的路径进行的,结果使不少国家陷入困境之中。惨痛的教训打碎了他们对西方政治的幻想,也唤醒了不少学者的民族意识。相反,亚洲的"四小龙""四小虎"都有违当时主流

---

　　①　[美]霍华德·威亚尔达:《非西方发展理论——地区模式与全球趋势》,董正华等译,北京大学出版社,2006年,第9页。

　　②　转引自林毅夫:《中国学术界不能只引进》,FT中文网,http://ftchinese.com/story/001057679,2014-08-13.

思潮,在自身实践的基础上,发明了"亚洲价值"①。这些价值都努力使所建立的价值与本土结合。如新加坡的经验中就含有不少儒家的思想和智慧。同样亚洲的其他国家都注意从本国实际出发,发展和建立了自己的价值观。印度尼西亚的"建国五原则"②即"利用小宇宙—大宇宙的奇想和传统印度尼西亚的调和理论,其目的是要把印尼内部的伊斯兰教、基督教、绅士与农民、民族主义与共产主义、商业与农业、爪哇人与印度尼西亚'岛外'集团的政治利益包容起来——让一个旧复制模型在现代的宪法结构中复兴。在这个模式中,不同的趋势强调原则的不同方面,这就必须在行政与政党斗争的每一个层面上找到暂时妥协"③。

无独有偶,在威亚尔达讲述"地区主义"理论的同时,近代以来出现的一元主义现代化方案也遇到了挑战。

1951 年 6 月,由美国《文化变迁》学术杂志编辑部在芝加哥举办的一次学术会议上,学界达成了一个共识,即用"现代化"来描述从农业社会向工业社会的转变。此后,西方理论界开始出现关于"发展热"和"现代化热"的讨论。结合这个时期的背景来看,西方主流国家已经渐渐从战争带来的衰退中走了出来,经济再次走向繁荣。而在欧美大陆之外的地区,政治和经济格局

---

① 亚洲价值论即亚洲价值观(Asian Values),非指地理意义上亚洲的价值观,而是指亚洲某些国家(主要是新加坡和马来西亚)倡导的以亚洲特有的文化观念、社会秩序信念、社会规范意识等因素为重要内容的官方意识形态。亚洲价值观为 20 世纪 90 年代前后由新加坡总理李光耀和马来西亚首相马哈蒂尔所创。它是以本地区的民族意识和文化为背景,尤其是从亚洲具有广泛影响的儒佛道传统和马来西亚伊斯兰教文化中汲取"有用的"思想文化资源,将西方的发展理性和东方的集体主义结合起来,适应亚洲国家出现的经济"奇迹"和取得的现代化成就而提出的一种混合型的意识形态。作为一种不同于西方的价值观,它包括集体重于个人、家庭和社会本位、义务先于权利、贤能统治与好政府等内容。其不仅在官方文件如新加坡的《共同价值》和马哈蒂尔的公开演讲中得到了集中表达,而且也在这些国家的政治制度、法治实践、管理机制和公民教育体系中得到进一步贯彻。亚洲价值观努力总结和探讨出一个不同于西方价值的东亚现代化发展的文化价值。同时,面对国内存在着多元文化的状态,试图通过创造出一种共同价值为亚洲的多民族国家建构提供一种共同的精神力量。亚洲价值观在 1997—1998 年的亚洲金融危机中遭受种种质疑,"有关亚洲价值观的讨论很快就中断了。不仅西方而且很多亚洲人在此转向西方价值,相信西方价值才可以促成亚洲的可持续发展"。参见郑永年:《中国崛起:重估亚洲价值观》,东方出版社,2016 年,第 24 页。

② 即潘查希拉或"建国五原则":民族主义、国际主义、协商一致、共同繁荣、信仰神道。

③ [美]克利福德·格尔茨:《文化的解释》,韩莉译,译林出版社,2002 年,第 269 页。

处在剧烈的变动之中。因此,基于对这些地区施加意识形态影响的需要,西方理论界提出了以西方发展道路为蓝本的"现代化"概念和现代发展理论。这一理论大致经历了三个时期:分别为 20 世纪 50 至 60 年代经典现代化理论阶段,70 至 80 年代依附论和后现代化阶段,以及 80 至 90 年代的再现代化理论阶段。与现代化研究相对应,也产生了现代性的理论。吉登斯从社会学的角度把"现代性"界定为一种"社会生活组织模式"①,它大体相当于"工业化世界",是在后封建的欧洲建立并在 20 世纪日益成为具有世界历史影响的"行为制度与模式"②。

西方主导的现代性研究也日益暴露出了它的局限:一是传统与现代关系是对立的,现代化即意味着对传统的扬弃;二是结构一致性原则,即认为现代化国家的社会和制度结构都是相同的,只要将社会按照现代社会的蓝图来建设就能实现现代化;三是"西方中心论",即现代化的参照对象是欧美型的社会、经济和政治模式,发展中国家按照欧美模式进行建设就能实现现代化。亚洲国家"四小龙""四小虎"和中国的崛起,说明西方的现代性规划蓝图并不是什么金科玉律。作为被西方质疑的亚洲国家和亚洲价值日益引起了人们的关注。在这种背景下,美国学者艾森斯塔特在《反思现代性》一书中指出,"现代性不等于西化:现代性的西方模式不是唯一'真正的现代性'"③。现代性肇始于西方,但它的实践并不是一种,或现代性就是西方化。在对现代性的分析中,作者吸收了社会学中的分工与交往的理论,指出在实现现代性上,"自主"的主体在经济、政治和文化领域中的探讨不断地发展了自己的结构、组织维度和制度维度。在这种活动中,现代性文明"展开了新的选择和可能性。其结果,从这些反应和持续的互动中,发展出了五花八门的现代社会和正在现代化的社会,这些社会不仅具有许多共同特性,而且展示了内部的巨大差异"④。正是在这种多元的探索中,不同文明在互动、交流和碰撞中

① [英]安东尼·吉登斯:《现代性的后果》,田禾译,译林出版社,2000 年,第 1 页。

② [英]安东尼·吉登斯:《现代性与自我认同》,赵旭东等译,生活·读书·新知三联书店,1998 年,第 16 页。

③ 罗荣渠:《现代化新论》,北京大学出版社,1993 年,第 38 页。

④ [以色列]S.N.艾森斯塔特:《反思现代性》,旷新年、王爱松译,生活·读书·新知三联书店,2006 年,第 21 页。

产生出了"不同的文化议程",由此也就造成了在当代的舞台上"一方面是对现代性的不断重释日益多样化，另一方面是多元的全球趋势和相互参照点的发展"①。

上述的分析集中在对亚洲的认识上，学者们在思考着亚洲的本土特色。本杰明·赖利在《民主和多样性：亚洲太平洋地区的政治工程》一书中进行了探索，指出了亚洲政治和文化的特点："在亚洲政治思想中，古代的先哲们几百年来就一直寻求一个不断涌现的主题，即稳定、平衡与和谐。然而，在以竞争、活力和不确定性为重要特征的代议民主条件下所要回答的问题是，政治稳定何以在民主政治而不是威权政治中得到最好维护。"②实际上，亚洲国家在回答这一问题时都曾经模仿过西方，但惨痛的教训使亚洲国家逐渐认识到，唯有采取适合于本国国情，并有一定合理的制度结构的治理才是最好的选择。

2.合宜机制的含义及其产生的本土基础

一些文献显示，西方古典经济学家亚当·斯密在《道德情操论》中曾对"合宜性"这一关键概念进行过解释，认为它既是其他道德学家所说的"公正""合适"，也有合乎规律性、不偏不倚、中庸的意思。斯密主要从伦理角度进行了论证，认为它是评价人的行为道德和价值判断的伦理尺度。③二战后地区主义和多元现代性的发展，使东南亚国家都根据本国的国情来选择自己的制度和机制，提出了"东南亚价值观"的思想，由此也使一些学者采用了"合宜"概念来修饰"民主"一词。加拿大学者贝淡宁说到亚洲的政治发展时指出："在过去，似乎有一些相当合宜的(decent)非民主政府存在。"④查阅牛津英汉词典，decent 意指："相当不错的，像样的，尚好的，正派的、公平的，合乎理解的，适当的"等意⑤。不过贝淡宁在《东方遭遇西方》一书中并没有对这

① ［以色列］S.N.艾森斯塔特：《反思现代性》，旷新年、王爱松译，生活·读书·新知三联书店，2006年，第34页。

② Benjamin Reilly, *Democracy and Diversity：Political Engineering in the Asia-Pacific*, Oxford：Oxford University Press, 2005, p.6.

③ 周军：《"合宜性"及其伦理意义》，《江苏社会科学》，2005年第6期。

④ ［加拿大］贝淡宁：《东方遭遇西方》，孔新峰等译，上海三联书店，2011年，第99页。

⑤ 《牛津高阶英汉双解词典》，商务印书馆，2004年，第437页。

一用语进行解释，更多地是将其运用于讨论现实的民主政治还是权威政治更适合保护和实现人权这一问题。从基本倾向看，作者更倾向于认为，目前亚洲国家所采取的统治形式，在保护和平、繁荣、平等等方面确实取得一定的成就，显然，作者用 decent 一词，主要是从绩效上称赞亚洲政府的表现。尽管这些政府是"非民主"的，但它带来了繁荣、发展、平等、合作，这样的非民主政府是正当的，并受到了东南亚国家民众的支持。如他在评价东亚和东南亚地区发展绩效时指出的："大多数国家都支持由国家主导的经济发展方式。中产阶级是国家经济家长制管理方式的主要受益人，这使他们在保留威权统治方面有很强的利害关系。"①

　　在笔者看来，"合宜"不仅具有伦理的或是绩效合法性的意义，它也是一种独具东方特色的"机制"。在这里，合宜即合适、恰当的意思，合宜机制指的是存在于一定的政治制度和政策制定之中，以合于国情为基础，以稳定和发展为目的，以促进主体之间相互协调、合作和达成一致为主要环节的一种结构安排和治理活动。

　　东南亚国家位处太平洋和印度洋之中，为东、西、南、北地缘文化交汇处。在历史上，这里出现过不同的政治体，如马来半岛曾出现过羯荼、狼牙修、古柔佛等古国，印度尼西亚岛上的室利佛逝、新柯沙里王国、麻喏巴歇封建帝国，菲律宾群岛上的苏禄苏丹国，柬埔寨的扶南、真腊、吴哥等王朝，泰国素可泰王朝、大城王朝、吞武里王朝和曼谷王朝，缅甸的蒲甘、勃固、东吁和贡榜王朝，老挝曾出现过澜沧王国、琅勃拉邦王国、万象王国和占巴塞王朝，越南的李朝和陈朝。这些不同的王朝存在期间不仅建立了自己的王宫，形成了一个政治体的中心，而且通过政权的作用，推动了语言、宗教和文化的发展，促进了今天东南亚各国主体民族②的建立，不仅铸就了这些国家政治文化的重要基础，而且也为这些国家独立后的道路选择奠定了基础。

　　东南亚国家在历史上都不同程度地受到了中国文化的影响。在各国都

---

　　①　[加拿大]贝淡宁：《东方遭遇西方》，孔新峰等译，上海三联书店，2011年，第120页。

　　②　关于这一问题学界有不同的观点，认为采用"主体民族"的用法显然是对其他民族的一种歧视。实际上，作者这里采用的"主体民族"主要是指人口居多数且在社会生活中拥有较多话语权的族体。这种族体在不少国家的历史上都曾经存在过。

有着华人的存在,不同的政治体也曾派出使者与中国有过较多的联系。在不同民族的接触中,华人秉持的"仁义""礼仪"的好客待人之道影响到了其他民族;除此之外,由于商贸和文化交往关系的发展,这些国家也受到了伊斯兰教、印度教、佛教和儒家思想的影响,从而使这些国家较早地具有了多元文化共存一体的特点。在这些不同的宗教交流中,伊斯兰教和基督教都有较强的竞争性,而佛教由于其"价值取向及其在不同地方的高度适应能力"[1],它"反对暴力和对异教徒的迫害,它没有宗教法庭和对异教徒的审判,没有十字军东征"[2]。虽然这些说法带有一定的夸张性,但它通过"向善""包容宽和""追求和谐"的文化价值取向无论对中南半岛上的信众,还是对东南亚地区的其他宗教均起到了缓和作用,这也就构成了在东南亚半岛上鲜有宗教冲突的原因。[3]近代以来,除泰国外,这些国家先后沦为西方殖民地,西方文化和西方体制在这些国家留下了深刻的痕迹,但由于多元文化的作用和影响,东南亚国家在选择自己的发展道路上有了更多对比性和选择性空间。

东南亚各国独立后选择了不同的政治发展道路。由于东南亚国家独立的时代正是冷战开始和发展的时代,处在东西方各种文化交汇之处的东南亚国家在独立初期政治发展的阶段中,都面临选边站队的问题:或是选择苏联道路,或是倾向西方,或是选择中立。总体上看,存在两大类型,三种政治发展模式:第一种为社会主义政治发展道路方式,其典型代表为越南和老挝。两个国家均在共产党的领导下,利用反对法国殖民统治和争取民族独立时机,将争取国家独立和建立无产阶级政党领导的国家结合起来,摆脱了西方国家的路径依赖,在社会主义制度基础上进行政治发展。在此进程中,两个国家的共产党曾经领导人民进行了长期的艰苦斗争,推翻了殖民主义统治和封建统治。此后通过反对美国侵略战争,建立了统一的国家。两个国家

---

① [德]迪特·森格哈斯:《文明内部的冲突与世界秩序》,张文武等译,新华出版社,2004年,第70页。

② [德]迪特·森格哈斯:《文明内部的冲突与世界秩序》,张文武等译,新华出版社,2004年,第71页。

③ 周娅:《地缘文化及其社会建构:东南亚宗教、民族的政治社会学视野》,中国社会科学出版社,2016年,第189页。

都曾经历了社会主义发展道路的探索，最终进入较为稳定的社会主义改革发展阶段。第二种是在西方国家确立的基本路径内的选择。有两种模式：一种是通过和平渐进方式进行，即在与殖民主义者的谈判和妥协中，在保障私有制、吸收西方国家的政治体制基础上，逐步建立了现代国家政治体制，其典型代表为马来西亚和新加坡。另一种为变革性模式，即在承认和保留西方模式的基础上通过民族独立战争，从殖民统治者手中夺得政权。之后在西方遗留下来的体制中，反复博弈，其间军事政变多发，左翼和右翼、保守的和激进的力量激烈抗争，在此背景下形成了兼有东方文化和西方政治特点的政治体制。这种状况在印度尼西亚、缅甸、菲律宾、柬埔寨的政治发展中均有所体现。泰国是东南亚国家中唯一没有沦为西方殖民地的国家，但在现代国家建构中也依然拜西方为师。

在东南亚国家的政治发展道路的选择上，还有一个不能忽视的因素是东盟国家的重要作用。1967年，泰国、马来西亚、新加坡、印度尼西亚和菲律宾五国在曼谷签订宣言，成立东南亚国家联盟（1984年文莱加入）。鉴于东南亚国家处在大国竞争要地，同时又地处东、南、西、北半球的结合地带，不少大国在此寻求自己的利益和战略落脚点。要在夹缝中求生存，东盟采取了"中立"的立场。正如《曼谷宣言》中体现的：在东西方冲突中寻求中立，以免遭受"形形色色的外来干涉"；"寻求经济上的合作"和"寻求谅解"，在"任何时候都要通过友好磋商来解决它们之间"的争端。[①]东盟的这些政策所蕴含的精神深深影响了东南亚诸多国家合宜机制的形成和建立，对这些国家的政治发展构成了重要影响。

总之，尽管东南亚国家在政治发展上存在不同的政治发展类型，尽管在不同类型中的不同国家各有自己的特点，但总体来看，在政治体制的选择上和在对国内外事务的处理上，东南亚国家并不像西方国家那样追求一种"形而上学"的超越，而是因地制宜，体现出一定的包容和灵活，因而"合宜"政治机制的问题也就凸显出来了。

---

① 王正毅：《边缘地带发展论：世界体系与东南亚的发展》，上海人民出版社，2018年，第89~90页。

3.合宜机制中的政治平衡

在东南亚国家中，合宜机制面对的一个重要问题就是权威和民主的关系，二者构成了东南亚国家推进政治发展和实现政治稳定必须要回答的问题。从东南亚国家的政治发展状况来看，民主的到来和社会中的权威传统存在，两者都难以独善其身。

从现代国家建设和现代化动员角度来看，民主自然是合宜机制的关注点。什么是民主？人们有各种不同的解释。在古希腊时代，民主一词指"人民的统治"。不过这里的"人民"指的是希腊城邦公社中的自由男性公民。所采取的是一种直接民主：城邦公民参与城邦的公共事务、选举执政官员。然而在古希腊，民主与平民政体等同，在亚里士多德的政体分类中，如果与共和政体比较，其并不被看好。进入中世纪和近代以后的一定时期内，民主政体处在被贬的地位上，直到19世纪后半期，自由主义民主才逐渐有了话语权，选举、多党制、议会制等成为政治生活的常项。之后，西方的代议民主逐渐传入殖民地区，进入这些地区一些精英人物的头脑中，东南亚国家也在其中，但这种舶来的民主逐渐变异，具有了本土特点。

在东南亚国家历史上曾经存在过一些原始民主。利普哈特在《多元社会中的民主：一项比较研究》中曾指出："当然亚洲与非洲的社会传统存在巨大差异，而'它们本来的倾向，都普遍是广泛而从容地深思熟虑，并以达成终极共识为目标，其显著特征在于，逐步找到意见一致的部分，而不是以数人头的方式追求快速做出决议的能力'。"[1]他也转引了迈克尔·哈斯的观点：存在一种典型的"亚洲式"决策方法，"它以'穆法凯特'和'穆夏瓦拉'的理念为基石。前者是马来人的术语，意思是'建立在讨论而非投票上的无差异原则'；后者则是印度尼西亚用来达成协议的传统方式，它不是多数人决定，而是通过找到某种像教友派的'会议的判断'的方法"。纳瑞尔也指出："长老们坐在大树底下，一直谈到他们都表示同意为止。"[2]利普哈特所讨论的前殖民社会

---

[1] ［美］阿伦·利普哈特：《多元社会中的民主：一项比较研究》，刘伟译，上海人民出版社，2013年，第139页。

[2] ［美］阿伦·利普哈特：《多元社会中的民主：一项比较研究》，刘伟译，上海人民出版社，2013年，第139~140页。

的"民主"存在于村落之中,既可以是"民众的",也可以是当地"长老"或精英的。它的存在为这些国家留下了宝贵的文化遗产。殖民者到来后,作为殖民地的直接主人是"总督"及支持他的宗主国的国王或议会,但所引进的一些机制是西方的议会制因素。殖民地的一些上层人物得到西方的"培训"后回国发展,成为西方民主在这些国家运转的最初践行者,但不同的是,精英们回到故土后不能不面对国内存在的严酷现实。

东南亚国家都有着较强的权威主义文化,即使在独立后的发展进程中也是同样如此。在权威的运用上力图以一种总体化的方式来处理问题,为政治权力的运用留下空间。派伊讲到东南亚国家的政治领导人时指出:"东南亚国家领导人力图做所有人民的代表而不做综合具体利益的掮客。"[①]他们"会根据各种特殊利益厚此薄彼的利害估计来调整他们的政治态度。他们发现有必要争取相对未分化的听众,说话时要进行最大可能的利益综合"。也就是说,他们和传统社会中的主要领导人一样,"心怀人民的所有利益"。[②]派伊的这些描述所显示的是权威的"包容"精神和人民情怀,带有古代遗留下的伦理政治之风,既体现出某种民主(民本)精神,也显示出治理问题上要留有余地的特点。在此,权威不仅拥有传统风格,即通过自身的德行而获得"合法性",因而其"贤能政治"的风格历历在目。

如果说在西方国家中,民主政治更多地表现出政府权力和民主之间的某种张力,民主的本质就是通过反对政治的方式来防范政府"权力"的扩张;如果说,在中东伊斯兰国家,如伊朗的"真主"高于"民主";也如果说在非洲国家的"民主"更多表现为"部落"之主;而在东南亚国家,民主和"管理"总是结合在一起,如"贤能政治"与"民主"将精英和民主相连在一起。而就威权而言,也表现出接纳"民主",其结果就是"协商的威权";或是民主要有"领导""秩序"和"协商"等限制,或是传统(家族)和"民主"结合。显然,东南亚国家的民主不是西方的"自由主义"民主,而是一种东方的可控民主,采取哪种形

① [美]加布里埃尔·A.阿尔蒙德等:《发展中地区的政治》,任晓晋等译,上海人民出版社,2012年,第107页。

② [美]加布里埃尔·A.阿尔蒙德等:《发展中地区的政治》,任晓晋等译,上海人民出版社,2012年,第107页。

式由各国国情决定。这里主要有两种:第一,协商的威权政治。①在这种政治体制中,威权并不一定要回到传统社会的专制,而是吸收了蕴含于民主中的"协商"原则。因此,东南亚存在的协商传统在新形式下获得了现代组织形式,具体而言,在印度尼西亚不仅上升为建立国家的重要原则之一,而且也形成了人民协商会议这一权威机构。在马来西亚作为多党联盟组织的国民阵线内部,协商构成了不同政党对话的平台。在这种制度安排中,都可以看到一个现实,即一方面存在着一个拥有相当权威的个人或他领导的组织,如印度尼西亚前总统苏哈托领导下的"专业集团"或是东古·拉赫曼领导下的"巫统"。在制度的运行中,采取"协商"原则,不同政党或组织展开对话。这种对话可能形成一定共识,从而影响到最高领导人的决策,也可能出现协商断裂,由此由最高领导人及其直接控制下的政党或集团做出最后的决策,从而使"协商"顺利进行并产生出"一致"结果。显然,协商的威权可能出现两个方面的变化:一种是协商影响政治领导人及其领导下的政党的选择;另一种则是政治领导人影响"协商"。任何一方都不可能单独行动,由此也就形成了政治精英和社会多元力量之间的互动与合作,彼此双方相互协调。这样既避免了西方自由主义民主中出现的所谓的多数人决定,也避免了自由主义民主内部出现的党争和扯皮。最终通过"协商",多元的力量聚合到了一个中心权威的领导下,但不管哪种形式,协商的威权政治是一种重视民意的政治,但它不是"民主",而是统治者要去重视和体恤民意。

第二,混合型民主。东南亚国家基本上都是多民族国家。原生的多元族体(家族的、种族的、语言的、宗教的)构成了东南亚不少国家的现实。不仅如此,从传统社会遗留下来的封建王权因素、贵族因素、部落酋长因素充斥其中。各种因素都力图影响政治、参与政治,并通过在政权组织获得一席之地

---

① 2010 年澳大利亚学者德里泽克(John S. Dryzek)出版了一部重要著作《协商治理基础与前沿》(*Foundations and Frontiers of Deliberative Governance*),清楚反映了协商民主研究向协商治理的转变。在该书中,作者将协商民主理论运用到对威权主义国家的探讨上,从而开辟出威权国家的协商治理问题的讨论,见该书第 135 页;另一个代表人物是澳大利亚迪肯大学华裔学者何包钢教授,在 2012 年 7 月天津师范大学举办的第三届西方政治思想史暑期研讨班发言中,采用了"Authouritarian Deliberation"(威权的协商)概念。

来维护自己的利益。因此,东南亚不少国家的民主并非是"公民"政治发育完全的结果,而是有着各种背景的以"社群"为特点的"民主"。伴随现代国家的发展,这些国家引进了西方的"票决"民主,但选举中的"社群"运动及产生的政府又带有"家族"的特点。在菲律宾、泰国、印度尼西亚选举中的选票往往流向某些"家族",从而使现代的民主形式不能不依靠某些"私人关系"来支持。在新加坡,虽然现代的发展使其议会选举和总统选举面向所有的公民,但在人民行动党控制下的政府再现了英国式的"三位一体",即政党、国会和政府最后都处在了人民行动党的控制和影响下。缅甸作为中南半岛上一个重要的国家,比起上述国家来,其政治发展始终在军人政权和民主政治间徘徊,但面对现代政治发展的压力不得不做出某种调整和平衡。上述种种不同的政治选择都以某种权威的力量为支撑,同时又兼顾了其他力量的作用。各种力量对冲,不同制度重叠。正是这样使得东南亚国家的政治制度有了较强的适应性。加之社会内部存在着佛家因素、非正式规则、庇护关系作用,使东南亚国家的民主在适应复杂的"社群文化"而不是"公民文化"中艰难成长。派伊评价东南亚国家的政治时指出:"东南亚常见的混合体系倾向于生产过时的和冲突的行为模式,譬如说,一面高度依赖民主符号,一面搞威权主义实践;一面不断宣扬民主是所需,一面阻止民众广泛参与决策,等等。"①

显然,在东南亚国家的民主政治运行中,既有"西方民主"的因子,又结合了本土的特点;既认识到了"权威"的重要性,但又把"民主"的因子借用过来,进行合乎于"权威"意志和愿望的改造。究竟民主要素比重高,还是"权威"因素比重大,在不同历史时期,不同国家各有差别,一切都要因地制宜、因时而变。

4.合宜机制中的缓冲结构和设置

(1)减震结构设置

①一定的政治制度安排要反映本国的发展状况,因而合宜机制首先是要合于国情和文化,即与社会实际和发展状况相联结。

---

① 〔美〕加布里埃尔·A.阿尔蒙德等:《发展中地区的政治》,任晓晋等译,上海人民出版社,2012年,第103页。

二战后东南亚的诸多国家虽然获得独立,但在所继承的政治遗产上,印度尼西亚、马来西亚、新加坡、缅甸、菲律宾等有着西方制度烙印的新国家在议会制度、政党制度等诸多方面有着较多的原来宗主国的制度因素。殖民统治者在时,他们主要是作为殖民者的陪衬或工具。殖民主义者走了,这些因素遗留下来,由原来的附属位置演变为新兴国家正式制度的重要环节。在中南半岛上的一些国家,如越南和老挝虽然经历的过程不同,但同样也在反对法国和后来美国的统治中,在汲取苏联的经验基础上根据本国的国情建立了自己的政治制度。然而东南亚国家的这些政治制度安排离不开这些国家现实的社会场域的支持。虽然西方殖民主义也给这些国家的社会场域带来了影响,如新的商业中心、教育等,但农业社会和落后的乡村社会生活并没有得到根本的改造,原生的情感和复杂的原生关系在社会生活中发挥着调节作用。由这一场域培育起来和受其影响的民族政治精英和公职人员,成为驾驭这些制度运行的"议员""官僚"或公务员。他们可能有着在欧美国家或是苏联的受教育经历,但他们又深深嵌入家族、裙带关系和各种认同的纠缠之中。无论是按照原来西方的经验或是苏联的方式来统治和管理,还是按照本土经验来驾驭都面临各种利益上的博弈。在这种博弈中,首先需要的是熟悉本土经验,得到本土社会资本的支持和配合。一方面,谁能够拥有这些力量谁也就能够掌控国家机构;另一方面又需要能够与这些力量相协调,而不能孤高自傲。因此独立后的东南亚国家在经历了初期的国家重建过程后,纷纷在现代政治的外壳下努力减轻内部变革的震荡,在制度的建构中,尽可能地承认多元力量的存在,营造出国家是一种包容多元的"共和国"形象。苏哈托为印度尼西亚改造的"建国五原则"兼顾了各种因素的考量,以使国家体现出协调包容的特点。在马来西亚首任总理东古·拉赫曼影响下的国民阵线力求通过政党联盟的平台将不同族体纳入一种体制当中,以此来化解族体间的对立,增进不同族体之间的对话。新加坡虽然华人人数居优,但同样平等对待其他少数人群体,行中国文化的和谐之道。就是没有经历过殖民地历史的泰国也是在"黄袍"文化笼罩下吸纳了现代国家的包容机制。

综上所述,二战后的东南亚国家不是全然照搬西方的制度,而是注意将现代因素和本国因素协调起来,注重从本国的实际出发进行制度上的调整,使其能够包容、吸纳和承认不同的社会群体与体制,因而在一定程度上减轻了国家建立过程中存在的剧烈的政治动荡,促进了国家的一体化。这些设置和安排不仅为 20 世纪东南亚国家的经济发展提供了政治保证,而且也使东南亚国家避免了东欧国家的"巴尔干"现象发生。

②合宜机制是一种多元间的包容和协调机制。

东南亚国家处在东、西、南、北文化交汇带。独立后,随着现代化进程的加快及内外多元文化的交融,这些国家之间的不同文化实现了广泛交往,同时也衍生出各种矛盾和文化碰撞。面对如此复杂的环境,要想在一个复杂的环境中求得生存和发展,这些国家无论在自己的政治制度还是政策制定上,都需要建立一种具有"适应性"特点的机制。东南亚国家中普遍存在着多种宗教,一般而言,海岛国家信仰伊斯兰教者众,以印度尼西亚、马来西亚为代表,但这些国家并不像中东将国家置于宗教之下,而是采取了政教分离、国家高于宗教的原则,从国家的高度去包容和协调各个宗教的关系。半岛国家多信仰佛教,如缅甸、泰国、柬埔寨、老挝等国家同样建立了国家为先的原则,而对其他宗教采取了兼容的态度和政策。泰国在历史上曾对泰南的伊斯兰信众采取过同化主义政策,马来西亚和印度尼西亚等国家在教育和语言上采取过同化主义政策,最后都在内外各种压力下改弦更张。在经济上,东南亚国家地处东西重要枢纽和通道,又受南北半球影响,同样在自己的经济活动中包容了各种不同的经济发展方式:既安排了国家干预的机制,也为市场提供了空间;既承认国有企业,也有私人企业。虽然这些国家大多数采取了资本主义的方式,但从来没有取消国家的计划。在政治体制的设计上,东南亚国家历史上就存在和"神王"文化、"中心"向往①和与之相应的权威崇拜的历史②。独立后,这些国家虽然有了"共和国"形式,但在政治生活中,或以魅力人物,或以"政党"或军政"权威"为依托,同时把现代的议会制、多党制结合在一起,从而在这些国家的政治体制中,权威和民主、中央和地方(联邦或州)在平衡与协调中前进。在曲折的政治发展进程中,可能一时权威为

---

① 张红云:《东南亚神王文化研究》,中国社会科学出版社,2017 年,第 1~2 页。

② 关于东南亚国家的权威崇拜,See Lucian W. Pye, *Asian Power and Politics : The Cultural Dimensions of Authority*, The Belknap Press of Harvard University Press, 1985, p.19.

重,"民主"为辅,也可能"民主"为主,权威为用。但二者总是相依相伴,并进行不断的调试,在跌宕起伏中前行。

受国内外多元环境的影响,东南亚国家在不同程度上承认了多元组织存在,并通过一定的权利和义务关系使其拥有一定的自主空间,通过自主管理和相互对话化解彼此之间的矛盾。如马来西亚的国民阵线内部就是一种多党沟通的形式,他们既有着共同的"政治平台",又保持了各自政党的独立性和各自所联络的成员。在现代化发展进程中,东南亚国家也逐渐形成了一定的政党、地方和公民组织。在国家层面上建立了有机的、相互联系的平台;在议会等正式的组织之外,通过社会,主要是民间或是跨政党、跨族群地建立了对话协调机制,通过这些多元的机制来收集和反映来自社会的要求。相反,在东南亚一些国家,如缅甸、泰国等国在独立后曾推行过军人统治,军人政权的排斥性和僵化性使政治制度缺乏对话和协商机制,因而缺乏适应性。这种制度可能换来一时的稳定,但难以维持长久,也难以保持政治上的清廉。

(2)缓冲性的治理运作

东南亚国家在独立后都建立了一定的政治制度,这些政治制度总体上为东南亚国家提供了基本的政治秩序。尽管在后来的发展过程中,一些国家出现了"民主转型",但建国初期的路径选择在不同程度上使这些国家后来的发展有了自己独特的路径依赖。需要看到的是,一定的政治制度建立并不意味着国内的所有问题就销声匿迹了。一定的政治制度建立只是为不同的政治主体提供了行为的轨道,使其在这样一个基本的轨道上运行。而在不同主体的行动之中,广泛而频繁的交往互动,不能不带来围绕各种利益和认同而产生的问题、矛盾和冲突。因此,一定的治理也就成为东南亚国家独立后最具有适应性的机制。

何为治理?对于治理,人们有不同的解释。法国哲学家福柯曾引用一位作者的话:"治理就是对东西的正确处理,对于这些东西,人们有责任把它们引向合适的目的。"①这一解释回归到了"处理"的这一本质上。治理就是一种

---

① [法]米歇尔·福柯:《安全、领土与人口》,钱翰、陈晓径译,上海人民出版社,2018年,第124页。

处理,也就是一定的主体对所出现的问题予以合理的解决,以使其合乎于理想或标准的需要。如一个机体中的某个环节在运行中出现了障碍,通过一定的方式和手段的运用,消除了这种障碍,使其能够合于机体运行的要求,重新与其他环节相适应、相协调。由此而运用到政治上,治理涉及政府和社会组织共同参与下围绕一定的目标实现和解决一定的问题而展开的合作性活动。

东南亚国家建立后,各种问题层出不穷,因地制宜,创造出一个适合于发展和稳定的社会环境也就成为各国的主要工作。在此方面,在各自国家的治理机制中,都不乏包容性和灵活性相结合的管理形式安排。

首先是人口行政化治理。独立后的国家从管理国家的需要出发,多数采取了对人口的国民化管理,即赋予了生活在领土范围内的居民一定的公民身份。在西方国家,这样一种公民化的管理主要有两个重要考量:第一,以个人为基础,即从原子式的"个人"出发,赋予其人权,并由此发展出公民权。基于这样一个基础而产生的公民化必然是注重个人权利与国家权力的分界。第二,自由主义的宪政设计,也就是基于公民基础的对国家权力的约束。如果按照西方的这种"公民化"方向发展,东南亚国家存在的诸多"边缘"或是外来的移民,都因作为"个人"而获得公民身份,因而可以自由地与本地居民平起平坐。这些外来的移民或是处在边缘地带的少数人群体就会分享那些取得优势地位的本土居民的利益,如他们的土地和市场,进而冲击他们的认同,增加与本土居民的身份竞争,甚至导致矛盾和冲突。东南亚国家的建立并非如西方国家那样,是一种自我形成的现代国家。相反,其国家独立地位的获得的最大特点就是政治的,甚至是政党的。获得政权以后的这些国家首先是运用政权的力量稳定秩序和控制公民。如派伊指出的:"在东南亚大部分地区,官僚和军队在政治过程中扮演着积极的角色。"[1]"行政法规常常用来控制公民的行为甚于控制官员的行为。"[2]稳定秩序的根本是对本土居民

---

① [美]加布里埃尔·A.阿尔蒙德等:《发展中地区的政治》,任晓晋等译,上海人民出版社,2012年,第122页。

② [美]加布里埃尔·A.阿尔蒙德等:《发展中地区的政治》,任晓晋等译,上海人民出版社,2012年,第122页。

的管理。在此背景下,国家对本土人口的管理,自然既要赋予其公民身份,但又不失对他们的管理。同时,由于社会发展的落后,独立之后的东南亚国家的居民受到了部落、家族和宗教力量的影响,因而从行政上强化对人口的控制更为适合于当时的人口状况。因此,基于行政意义上的公民化可以一举两得:一方面,作为一国之公民获得了一定的公民权利,在人身、财产等方面获得了一定的自由,以适应于独立国家建立后经济和社会的发展需要,同时也便于国家将其权力降至每个居民身上。另一方面,由于行政管理的需要,对公民采取差别化管理。如在缅甸,1982 年缅甸议会通过的《缅甸公民法》把公民分为三种类型:真正的缅甸公民、客籍公民和归化公民。[1]马来西亚以马来人优先原则,采取族体等级化处理;泰国在公民身份上采取了"低地公民"和"山地公民"的二元分野。[2]这些措施都力求将公民置于一定的行政管理之下,便于发挥行政管理的作用。就是新加坡这样的一个"发达国家",在"核心价值"影响下,也注意将公民纳入一定的"家庭"和"社群"之中。

其次是组织化协调。即将对立的,甚至具有相同倾向的群体或党派按照一定的预设规则进行重组,利用组织的作用来协调多元的力量。东南亚国家独立后,其内部存在不同的政党和组织,其中给予这些组织以重要影响的是族体和宗教。要使这些有着较强自觉的群体真正按照"中心"或"权威"的原则组织起来,一方面就要使具有相同倾向的政党既联合又制约;另一方面又要防止它们的横向联合,架空中央,由此需要将它们置于一个统治党的领导下,从而实现统合主义的管理。在此方面,印度尼西亚即为典型。苏哈托执政时采取"有领导的民主",结合印度尼西亚的政党状况,将具有伊斯兰宗教倾向的伊斯兰教师联合会、穆斯林党、伊斯兰联盟党、"白尔蒂"伊斯兰党联合组成"建设团结党",将非伊斯兰教各种组织,如印度尼西亚民族党、基督教党、独立维护者联盟党、天主教党和平民党合并成印度尼西亚民主党。上述两个经过改组后的政党全部归到了由苏哈托领导的"专业集团"下。在马来西亚,建立了以马来西亚巫统为核心,同时又联合了马华公会和国大党的

---

① 韦红:《东南亚五国民族问题研究》,民族出版社,2003 年,第 54 页。

② Will Kymlicka & Baogang He, *Multiculturalism in Asia*, Oxford: Oxford University Press, 2005, p.113.

"国民阵线"。循此方式,巫统通过其联盟的形式实现了对马来人、华人和印度人之间的"合作"的管理。上述的组织化协调构成了东南亚国家的典型特征,其基本要点都是将多元的力量组织起来,通过组织来推进合作、平衡与和谐。

最后是参与式治理。东南亚国家独立后都面临着发展问题。现代化的发展和市场经济的扩展促进了民族动员,社会成员被动员起来,不仅参与到经济活动中,而且也参与到政治中。高涨的政治参与热情与发展缓慢的政治参与渠道的矛盾必然带来政治上的不稳定。在此方面,东南亚国家一方面引进和发展了选举制度和多党制,另一方面也在努力开辟多种形式的体制内对话,如社区对话、专家参与、政党联盟、民间组织和民间力量等方式,回应和疏导来自社会的多元要求,从而降低来自社会内部矛盾引发的风险。如以马来西亚政党联盟为例,其组织形式是国民阵线。它通过吸纳更多的政党于其中,形成和建立了一种内部的或组织性的对话机制,力求通过和平的方式解决社会内部的矛盾和冲突。马华公会前会长评价道:"一些事情我们不能高调处理,更不能在报章上做公开声明,我们只能在内部讨论。"①

显然,在组织化协调的配合下,东南亚国家的合宜治理不同于当代西方新自由主义式的"社会治理",即多元治理,而是一种有政府参与和指导的、政府和民众相互合作的治理。这种治理一方面使政府的目标和公共目标结合起来,并通过有效的治理体系和途径将更多的公共目标变成实际的公共物品和公共服务;另一方面,公众的参与不是无政府的,而是在一定的治理机制中的参与。

政治发展是一个不断地调适和进步的进程。在这一进程中,政治制度是否"合宜"关系到国家的政治稳定和发展。从二战后诸多发展中国家的发展状况看,不少国家在政治制度的调适上走过了一个艰难探索的过程。比起拉美地区、非洲地区和中东地区的发展状况,东南亚国家选择自己的政治发展道路,因而获得了较长时间的发展,在政府治理上也获得了较好的绩效。

东南亚国家合宜机制的关键是因地制宜,本质上都涉及合谁的"意",选

---

① ［马来西亚］黄家定:《马来西亚多元族群政治》,《南洋研究》,2006 年第 1 期。

谁的"制"的问题。只有合乎人民和民族之意,建立适合于本民族、本国之情的"制",政治发展才会有好的结果,国家才能获得成功。反之,如果背离本国国情和民意,合于西方之"意"和西方之"制"终会出现失败,政治发展也只能倒行逆施。同时由于政治发展是一个复杂的过程,一定的减震机制安排和治理机制的存在可以缓解政治发展进程中的关系紧张。

合宜机制当然也涉及民主发展和制度变革,这里没有一个确定的时间。按照西方民主巩固的观点,进行两届选举可以算是"民主巩固",但一个国家的政治体制转型并不是一个简单的量的衡量和时间推算。何况民主政治的内容是什么?西方是想通过一个国际标准设定,好让那些符合西方要求的反对党或亲西方的政党上来,在非西方国家中打楔子,以使这些政党成为国家政策的监督者,同时也可以使这些政党成为西方公司的被投资人。而且民主巩固的时间越长,西方体制越牢固,更便于西方投资,国内的反对党就可以和这些西方力量结合,使发展中国家的政府落入西方设立的陷阱之中。合宜机制的本质还是要以本国为主,以本国的要求对待外来的民主。

(二)研究的基本思路

基于上述理论,本书力图首先将各国政治发展的场域状况作为分析起点。由于内外环境的影响和不同国家的交互影响,东南亚各国在政治发展上的历史和现实基础存在不同的特点,因而在政治发展上走了不同的道路。在东南亚11个国家中,每个国家各有自己的基础和国情,决定了每个国家都有自己的政治发展道路的选择。鉴于本书研究重点是其中的9个国家,为便于研究起见,本书采取了归类法:从政治发展的状况看,有和平型的,即政治发展是在和平增量中不断发展的。在这种发展中,国家的基本利益结构不存在大的变革,主要是在政治体制结构上进行调整。在此基础上存在两种状况:一种是在独立国家建立后,总体上是在保持或是继承殖民地时代的历史基础,经过一定的修正,在不断改革的基础上实现逐渐增加民主政治的内容。另一种是螺旋发展型,同样是在继承了不少殖民地时代的制度遗产的基础上,开始建立新国家,即在政治发展进程中,内战不断、政变频发。不过,国家基本的利益关系结构被保持了下来，但在政治体制的选择上发生了大的调整，即或是转向民主，或是走向威权，或是在二者之间反复，逐渐实现政治发展。与上述类型不同的是，暴力革命型的，即在反对帝国主义、封建主义和官僚资本主义的基础上进行新的社会改造，建立了共产党的领导和社会主义制度，在一种全新的利益格局基础上进行政治发展。

东南亚国家的政治发展是带有自身特色的政治发展，从具体层面上体现了东南亚国家政治发展的具体机制。诸如国家自主性、政治精英、军人政权、政治制度化、多民族共存一体及东盟国家的作用等问题，各国在解决这些问题上体现了各自的政治发展，并在这些具体层面问题的处理中，不断推动政治发展。同时，也正是在这种对不同问题的处理和解决中，从不同方面体现了东南亚国家政治发展的"合宜"机制问题。如在国家自主性问题中，威权政治和民主的问题、威权机制和民主政治中的协商治理问题、东盟国家的协商一致对各国政治发展的影响问题，都从不同方面体现了东亚国家的"合宜"机制的运用。

围绕上述两大方面，本书的核心内容分为两大方面：一个是主要国家政治发展进程的基本特点；另一个是具体机制的安排，也就是力图通过历时的和共时的方面体现出东南亚国家政治发展及其特点。在上述两个方面总结和分析的基础上，本书对东南亚国家的政治发展进行了全面总结。

（三）分析方法

东南亚国家政治发展道路的研究同样也涉及研究方法的运用。研究方法也是一种重要的逻辑。与形式逻辑比较，演绎方法更是一种研究的基本思路。

1.历史分析方法

自从比较历史分析方法产生以来，国内外学界不少学者将这种方法运用到了比较政治研究中，尤其是运用到了对政治发展的研究中。亨廷顿的《变革社会中的政治秩序》、沃勒斯坦的《现代世界体系》、埃特曼的《利维坦的诞生：中世纪及现代早期欧洲的国家与政权建设》等作品均是按照比较历史主义的分析方法展开叙述的。在这些作品中,总是从各自不同的方面涉及一些重要的概念和问题:时序分析、路径依赖、初始条件、偶发事件、关键节点、自我强化、持续时长和时机等。这些重要的因素构成了发展进程的重要内容,而且也为政治发展进程提供了重要的分析方法。本书是一个带有历史和发展进程的研究,自然要采用上述方法。政治发展是一个发展的进程,有其起点,并且一旦经过漫长的历史和后来的选择被确定后,往往会成为新的历史发展进程的起点。东南亚国家的古代社会发展虽然受到了后来殖民主义的影响,但内部原生的状况和后来的人为建构构成了不少东南亚国家立国时的路径依赖;东南亚国家独立后,走怎样的路,大量涉及了"选择"。这种选择可以是不少杰出政治人物"选择"的结果,也可以是不少历史的偶然事件开辟的结果,甚至是二者的结合,但这一结合可能在历史的发展进程中经过了"深思熟虑",也可能缺乏深入的论证而匆忙登场。两种结果不同,对此后的政治发展进程、发展状态影响就不同;政治发展也是在一定的时空中运行的。有的政治发展持续时间比较长,波及的水平或是立体空间范围不同,也有的时间比较短。除此之外,政治发展进程从来不是孤立的,尤其是在世界政治环境中,一国的政治发展从来都是在一种"系统效应"中进行的,一国的政治发展会带来其他国家的不同反应,由此带来的国际反应又会反作用于和影响到该国的政治发展。凡此种种,都构成了研究东南亚政治发展进程要回答的问题。

2.结构分析方法

结构分析方法在古希腊时代就已存在,此后这一方法经过历史的演变和继承,在伊斯顿的政治系统论和阿尔蒙德的结构功能主义理论中得到了集中体现,并在相当多学者的比较政治专著和论文中得到了广泛运用。如摩尔的《专制与民主的社会起源》、斯考切波的《国家与社会革命:对法国、俄国和中国的比较分析》、安德森的《绝对主义国家的系谱》等都运用了结构分析方法。结构主义认为事物是通过与其他事物之间的联系来定义的。研究者应该关注"人们之间的政治、社会和经济联系。扎根于历史并建立在物质基础上的分配、冲突、权力和支配的过程——被认为推动着社会秩序与社会变

迁——这是结构主义者特别关注的内容"①。"结构主义反对唯意志论,认为
行为体之间的联系所形成的宏观格局影响事物发展的进程和结构。在方法
上,结构主义采取整体主义方法,认为整体性结构限制了行为体的选择,决
定了事物发展的进程和后果。"②

　　结构主义分析方法是本书采用的一个重要方法。在对东南亚国家政治
发展研究中,既需要分析东南亚国家特有的民族、阶级、政党关系,也需要分
析议会内部的结构、议会和政府的关系及这些关系的运动如何影响着东南
亚国家的政治发展。

　　3.类型分析方法

　　类型与分类是联系在一起的。所谓的分类就是根据事物的性质而进行
的归类,或者将具有共同性质和特征的事物归结到一起,以对具有共同性质
或特征的一类事物展开深入研究,从共性和整体上把握具有共同性质的多
种事物。在复杂多样的事物中,通过分类确定出不同的类型。一个类型与另
一个类型不同主要表现为:①性质,也就是一种类型的事物拥有不同于另一
类事物的属性,此属性的事物与彼属性的事物不同,它们在本身具有的性质
上存在着差异,而使它们相互区别。②边界,一种类型的事物区别于另一类
型事物,在空间和时间上存在着边界。③发展特点,不同类型的事物有着各
自的运行逻辑和遵守的规则。上述几种因素构成了类型分析的关键因素。

　　本书涉及的政治发展,从政治学角度来看,主要涉及三种类型:第一种
是增量型的,就是在已有的秩序基础上,通过不断增加新的内容实现政治现
代化。第二种是起伏型的,即在已有的秩序中,新旧对抗,实现政治发展,如
从威权政治、军人政权走向民主政治或文人政权;各方力量彼消此长、螺旋
式发展。第三种是变革型的,也就是推翻原有的秩序和制度,建立一种新的
社会制度,不过即使如此,在这种新型的政治发展中,同样也存在着"革新"
和发展。

---

①　[美]马克·L.利希巴赫、阿兰·S.朱克曼编:《比较政治:理性、文化和结构》,褚建国等译,中国
人民大学出版社,2008年,第323页。
②　高奇琦主编:《比较政治》,高等教育出版社,2016年,第50页。

4.比较政治学分析方法

比较政治学分析方法是将两个或两个以上具有同样性质的事物或事务放在一起进行对比,以辨明它们各自的特质、结构、优势和劣势,指明它们生成的原因。比较政治学研究方法主要涉及以下三个方面:第一,比较的共同标准,即以怎样的标准进行比较。没有共同的标准,也就无所谓比较,因而共同标准的设立也就构成了比较的前提。第二,比较的选项,也就是对具有某些共同性质的国家或政策进行比较,两个不同性质的事物不具有比较性,如国家和村庄。第三,比较进行的方法,如定量还是定性。

本书涉及东南亚国家的政治发展,其共同的标准是东南亚国家和政治发展两个标准。就前者而言,是一个地域的概念标准。如果以地域为标准,可以将该地域内的国家作为比较的选项。同时,以地域为标准,也可以与其他地域,如欧洲、拉丁美洲、非洲等地区进行比较。就后者而言,涉及以发展的类型为标准。在同一类型中,对两个或多个国家进行比较。因而本书中所比较的国家主要是东南亚范围内的国家,也可以选择具有相同经历的其他国家作为参照。不过,由于本书研究重点的限制,所选择的比较对象主要是东南亚的9个国家,它们各有自己的特点。但它们在政治发展进程中,又有某些共同的方面,可以通过归类的方式,将具有同类特点的国家置于一个类型中进行比较。

东南亚国家政治发展的不同类型

　　政治发展是一个由传统政治向现代政治发展的进程。①政治发展发生在不同的国家，有着不同的国情和基础。因而也就存在不同的政治发展进程和路径选择。近代以来，世界上不同地区的发展状况各异。在普遍以农耕为生存模式的世界环境中，西欧国家开风气之先，较早地开辟了国内市场与国际市场相结合之路，抢占了经济增长方式制高点。由此，资本主义蓬勃发展，民族国家举"民族"之力，发展国内和国际市场，改良或变革政治制度，以工业为实业基础，以现代科技和文明支撑现代经济和现代社会，从而使自己处于世界经济的"中心"位置上。在西欧国家昂然发展之时，世界上其他地区还处在"田园诗般"的封闭状态下。这些依然停留在落后的农业经济支持下的地区很快地被西方殖民者攻城拔寨，沦为西方殖民者的殖民地，其自身的政治状况也发生了新的转变。甚至在殖民主义者退出后，长期的殖民统治遗留下来的文化和政治还被保留了下来。拉美国家的政治发展是在受到西方国家，特别是伊比利亚文化的影响下进行的，由其培育起来的大地产制和考迪罗主义依然左右着拉美国家的政治。非洲在历史上遭受了殖民主义的掠夺和殖民主义化，虽然把满是部落的地区或是王国纳入一个势力范围内，但非洲独立后，殖民主义文化和社会内部存在的部落社会构成了政治发展启程的基础。在中东地区，宗教文化浓厚，国家地位低下。殖民主义者插手这一地区，更使这一地区变得"碎片化"。宗教强、部落强、西方干预强，使国家可治理能力受挫，政治发展跌宕起伏。在南亚地区，受殖民主义的影响，内部地方主义、宗教传统的复杂作用对这些国家的政治发展产生了重要的影响。在东南亚地区，历史上这一地区曾经存在过神王文化，西方殖民主义的影响及社会内部雄厚的家族关系叠加在一起。二战以后，这一地区中的各国保留下的权威主义和西方殖民传统给政治发展留下了深刻的烙印。

　　就各国政治发展的总体特点而言，首先要将现代政治与传统相结合，即

---

　　①　在对政治发展的界定上，学界存在着不同的观点。有学者将其总结为两个不同的思路：第一，描述性概念，即把政治发展理解为一个单一的或一组过程。如阿尔蒙德认为：政治发展就是在社会经济现代化较为广泛的环境中已经和正在发生的一系列相互关联的政治体系、过程和政策的变化。第二，目的论概念，即政治发展被设想为为达到某个目标（如民主政治、政党政治等）的运动。参见燕继荣：《发展政治学：政治发展研究的概念与理论》，北京大学出版社，2006年，第41页。

现代国家的发展都是在一定的历史和前人遗留下来的社会和文化基础上起步的;其次要适应外部的变化。自近代以来,随着全球化的发展,任何一个民族都不再与世隔绝、闭关自守,而是跻身于开放的环境之中。世界的变化决定了任何一个民族要在世界中生存和发展起来,就需要对延续了上千年的传统进行一定的改造,并努力与变化了的世界相适应。因而现代化就成为发展中国家进步的一个重要途径。问题是,在走向现代国家的进程中,对如何处理传统与现代的关系存在着不同的认识:第一种是渐进的,即在前人遗留下来的传统和制度的基础上,不断增进适合本国国情的内容,实现平稳的发展。在此进程中,传统的因素在变异,同样现代的因素也在"本土"化。尽管在这样一个过程中,存在着矛盾和冲突,但总体格局保持了稳定和持续,人民的利益得到了保障。第二种是曲折发展,即传统和现代的结合是一个矛盾的进程。走向现代化是大势所趋,但如何实现传统和现代的结合,存在一个不断适应和磨合的过程。在此,不少国家付出了程度不同的代价。尤其是在政治制度这样一个根本的框架安排和试验上,各国在路径选择上都有不同的探索试验。在这样一种探索中,政治发展呈现出了起伏不平的发展历程。第三种是革命性的变革。政治发展并非都是量变,同样也存在质变的方面。在这种变革中,旧的或传统的体制遭到否定,并在新的思想和价值选择的基础上,开辟新的路径,在新的社会基础上进行根本的改变。上述三个方面在东南亚国家的政治发展中均得到了体现。

东南亚位于太平洋与印度洋、南半球与北半球之间,包括 11 个国家(越南、老挝、柬埔寨、缅甸、泰国、马来西亚、新加坡、印度尼西亚、菲律宾、文莱和东帝汶)[①]。近代以来,东南亚大多数国家沦为英国、法国、荷兰、葡萄牙、西班牙和美国的殖民地(二战中,越南、菲律宾、马来西亚、新加坡沦为日本殖

---

① 文莱和东帝汶都是东南亚的小国。文莱的人口少于 50 万,是东盟各成员国中人口最少的国家,但按人均计算,文莱是仅次于新加坡的第二富裕的国家。从 15 世纪到 17 世纪,文莱苏丹统治着现在的婆罗洲,甚至包括部分菲律宾在内的领土,但后来成为一个政治实体。文莱 1888 年沦为英国殖民地,1984 年独立,政治体制采取君主专制。东帝汶于 2002 年独立,建国时间不长,目前依然在联合国监管之下。两个国家初步建立民主制,但比起东南亚的其他 9 个国家,并不具有典型性,故本书没有将其作为单独案例进行研究。

民地),泰国是亚洲唯一一个没有沦为殖民地的国家。二战后,东南亚国家先后摆脱殖民统治,宣布独立(见表1),各国政治发展也出现了不同的情况。

表1 东南亚国家独立时间①

国名	独立时间	国名	独立时间
印度尼西亚	1945年8月17日	柬埔寨	1953年11月9日
越南	1945年9月2日	马来西亚	1957年8月31日
菲律宾	1946年7月4日	新加坡	1965年8月9日
缅甸	1948年1月4日	文莱	1984年1月1日
老挝	1945年10月12日	东帝汶	2002年5月20日

① 根据刘优主编:《世界社会文化地理手册》(中国林业出版社,1993年)整理。所列国家主要参考[澳]约翰·芬斯顿主编:《东南亚政府与政治》(北京大学出版社,2007年),该书未列东帝汶。

第一章 增量型政治发展

在东南亚国家的政治发展进程中，增量型政治发展是一种和平递进、逐渐修正殖民时代的政治框架、增进本民族特色的政治发展过程。在这一过程中，尽管国内存在一定的矛盾，甚至在局部和一定时间里存在过暴力冲突，但通过与各方面政治力量的协商和妥协来处理各种问题，对西方国家遗留下来的制度有所损益，在不断地适应本民族或国家的需要中逐渐增加新内容而实现政治发展，这种类型的政治发展主要在马来西亚和新加坡两个国家得到了集中体现。

第一节 马来西亚的政治发展

一、马来西亚政治发展的场域状况

马来西亚位于太平洋和印度洋之间，国土面积约 33 万平方千米（2016年）①，全境被中国南海分成西马来西亚半岛（半岛）和包括有沙巴、沙捞越在内的东马来西亚。东马来西亚与印度尼西亚接壤，西马来西亚与泰国接壤。西马来西亚濒临马六甲海峡，东临中国南海，南濒柔佛海峡与新加坡毗邻，

---

① 参见百度：马来西亚。

半岛上共 11 州；沙巴州和沙捞越州位于东马来西亚。全境处北纬 1°~7°，东经 97°~120°，海岸线长 4192 千米，是东南亚国家之一。

马来西亚为多民族国家，主要有马来族、华族、印度族三大种族①，此外还有一些小的民族群体，如伊班族、卡达山族等。马来西亚也存在多个宗教，如佛教、印度教和基督教，伊斯兰教为其国教，但马来西亚并不是政教合一的国家。

马来西亚公元初年②受印度文明影响，印度教和佛教文化对早期马来西亚的历史构成了重要影响。公元初年马来半岛曾出现过羯荼、狼牙修、古柔佛等古国。从 7 世纪到 14 世纪，在苏门答腊的三佛齐文明达到高峰，其影响力延伸至苏门答腊、爪哇、马来半岛和婆罗洲的大部分地区。10 世纪，伊斯兰教传至马来西亚。14 世纪和 15 世纪三佛齐覆灭，伊斯兰教在马来半岛影响扩大，并分裂出众多以伊斯兰教为主的苏丹国，其中马六甲苏丹王朝尤为突出。马六甲苏丹王朝最后一位苏丹的儿子逃到马来半岛南端的民丹岛，并在那里建立了一个新的国家——柔佛苏丹王朝。马六甲的统治消失后，马来群岛分裂为众多互相争战不停的小国家，其中最重要的有亚齐、文莱、柔佛和霹雳，其他国家有万丹、日惹、吉打、雪兰莪、苏禄和登嘉楼等。15 世纪初，以马六甲为中心的满剌加王国统一了马来西亚。16 世纪末，欧洲商人在马来亚北部发现了锡矿，通过锡的出口，霹雳变得富强起来。欧洲殖民势力继续在这一区域扩张。葡萄牙控制了对盛产香料的摩鹿加群岛的贸易。1571 年西班牙占领马尼拉。英国于 18 世纪末在马来半岛扩张，并在半岛推行间接统治。之后，东马来西亚的沙捞越和沙巴纳入英国的管辖范围。殖民统治期间，马来西亚发生了巨大变化。随着岛上的经济发展，华人和印度的劳务和商务人员大量进入，使马来西亚成为一个多种族的社会。另外，英国人保留了统治地位，并为马来人在官僚机构就职、土地所有权和教育资助领域提供"特殊地位"，从而强化了马来人的优势地位；此外，殖民者按照西方模式建立了商业贸易；最后，英国为马来亚建立了独立而集权的官僚基础，培养了一批有

---

① 人口分别占 66.07%、25.39%、7.42%。参见廖小健：《马来西亚的华人穆斯林——兼论不同文明的共存》，《世界民族》，2003 年第 4 期。

② ［法］G.赛代斯：《东南亚的印度化国家》，蔡华等译，商务印书馆，2008 年，第 73 页。

能力接管行政权力的精英集团。

二、马来西亚的政治雏形与独立

20 世纪初以来,民族主义在马来社会悄然兴起。通过马来民族的不断斗争,1957 年多民族的马来亚联合邦宣告独立。1959 年 6 月 3 日,英属新加坡被英国殖民政府授予自治地位,英属沙捞越和英属北婆罗洲(沙巴州)也相继在 1963 年 7 月 22 日和 8 月 31 日被授予自治地位,在三者自治时期,其国防、外交、财政、内政等事务仍由英国政府所掌管,并未从法律上获得正式独立。经多次争论和对抗,马来半岛十一州、沙巴州、沙捞越州及新加坡终于于 1963 年 9 月 16 日组成马来西亚①。

独立前夕,马来西亚在英国的影响下,政治雏形已基本形成。第一,马来人被认为是"土地之子",是马来西亚的主体民族,不平等的民族关系格局确立;第二,英国人采取"分而治之"的政策,对马来人、华人和印度人采取区隔政策,其中马来人由于土邦的政治势力及其对土地的控制而在政治上处于优先地位;第三,1826 年建立了包括槟榔屿、马六甲、新加坡在内的海峡殖民地,对其实行直接统治,传统的政治架构基本废除,代之以由总督掌握最高权力,另设行政会议和立法议会作为总督的咨询机构;第四,1896 年 7 月 11 日成立了霹雳、彭亨、雪兰莪、森美兰四个邦,马来半岛其余未参加联邦的各邦成为属邦,一些邦成立了代议制机构。总之,二战前,英国的政治模式已经被移植到马来西亚。宪法、立法机构和联邦体制已经初现雏形。在引进英国制度的同时,基本上保留了马来人的苏丹统治结构,由此奠定了马来西亚实行君主立宪制的集体"君主"的基础。不同的是,马来西亚各邦的行政和立法议会成员是任命的,而不是选举产生的;由于实行"分而治之"的政策,各邦政治制度存在很大差异。二战中,马来西亚陷入日本之手,英国殖民统治者败走。

二战后,英国重返马来西亚,试图通过马来西亚联盟将马来西亚统一起来进行治理,以维护其殖民利益和统治。但此时马来西亚民族主义已经发展

---

① 此前一直称为马来亚。

起来,纷纷产生了代表各自利益的政党。比较有代表性的政党为马来民族统一机构(俗称巫统),主要以捍卫马来人的利益为宗旨,在与英国殖民当局的谈判中处于主导地位。在继承英国政治遗产的同时,在议会的产生、组成、选举等方面,建立了适应马来人主导地位的政治体制。如议会议席的分配、行政要职产生,主要倾向于马来人。马来西亚的最高元首由统治者会议从各邦苏丹中选举产生,轮流担任,任期五年,因而马来西亚的君主议会制中的"君主"不是英国式或泰国式的世袭君主,而是选举的"君主"或苏丹,如瑞士一样,采取集体元首制度。马来西亚采取联邦制,但这种联邦制不是一种松散的联邦,而是中央集权的联邦。这样,马来西亚建国初期在政治制度的选择上,既保留了英国的政治遗产,保证了基本政治秩序的稳定和延续,又根据时代和国内的政治需要,使马来人处在统治地位。如西方学者昂克吉里(James F. Ongkili)指出,马来亚联邦计划"在许多重要方面建立起马来西亚的基本政治和宪法框架"①。

如果说,英国的议会民主制度主要采取了多数人票制度和两党、多党制,这种制度对马来西亚的政治稳定产生了影响。尤其是 20 世纪 60 年代,马来人和华人之间的冲突,更使马来西亚的统治者认识到,由于英国长期的殖民统治给马来西亚留下的是一个种族分裂的社会,这种社会结构与典型的西方式民主制度是不相容的。而且在马来西亚社会中,各主要政党都是不同种族利益的代表,没有真正的非种族性政党。在这种情况下,如果实行完全西方式的议会民主,势必会引起各种族政党之间的激烈对抗。因此,必须对西方的议会民主制度进行改造,使之符合马来西亚的社会结构特点和历史文化传统。

三、马来西亚的政治发展进程

在这样的背景下,马来西亚在政治发展的道路选择上有如下几个特点:

---

① James F. Ongkili, The British and Malayan Nationalism 1946-1957, *Journal of Southeast Asian Studies*, Vol.5, No.2, 1974, p.255.

首先,政治精英在马来西亚的一些历史转型时刻发挥了重要的作用,东古·拉赫曼是马来西亚首任首相。在他的领导下建立了三党联盟,并在联盟内建立了协商政治机制。1970年拉扎克上台后,建立新经济政策,改组国民阵线,扩大国民阵线政党容量,确立"国家原则",实行有限度的民主,在经济上实行有利于马来人的分配政策。1981年马哈蒂尔当政,继续实施新经济政策,进入20世纪90年代后采用新发展政策,同时提出了民族和谐的多元文化主义政策。1991年推出"2020宏源","建立一个团结的马来西亚,塑造一个有政治忠诚和为国献身的马来西亚族"①。20世纪90年代以来,以巫统为核心的政府努力营造国族国家建构,调整以往的照顾马来人的政策,经济有了巨大发展,但20世纪90年代末,金融危机爆发,马哈蒂尔的地位受到了冲击,国民阵线的统治地位受到挑战。

其次,在马来西亚的政治发展进程中,以巫统为核心、以国民阵线为执政基础的政府成为马来西亚政治发展的重要领导力量。独立以来,马来西亚建立了以巫统为核心的"国民阵线"。这是一种既不同于西方多党制,也不是一党制,而是一党独大的多党联合执政模式。最初由巫统、马华公会和印度人国大党组成,拉扎克上台后,这一联合组织阵容有所扩大。该组织并不是暂时性的松散的政党间的聚合,而是一种既有严密组织形式、严格纪律和严格议事程序的统一的政治实体,又是一种各种族、各主要政党实现协商一致的合作组织。在这个合作组织中,巫统是主导党,是核心,巫统主席是当然的国民阵线主席,同时出任总理,其他成员党团结在巫统的周围。巫统的这一创举为促进马来西亚民族团结和国家稳定提供了组织保障,凡国家重大问题都首先在执政党联盟内部协商解决,从而避免出现各主要政党之间相互拆台、政府频繁更迭的不稳定局面。但1997年亚洲金融危机爆发,打击了马来西亚的经济,引发了民众的不满,加剧了执政党的内部矛盾,最终引发了1998年的"安瓦尔事件"。在这种情况下,已经执政22年的马哈蒂尔于2003年辞去党政职务,把权力移交给了他的副手巴达维,但国民阵线实力并未受

---

① [日]原不二夫、刘晓民:《马来西亚华人眼中的"马来西亚族群"》,《南洋资料译丛》,2001年第2期。

到削弱。直到 2008 年"308 政治海啸"后，马来西亚的政治局势才真正有所改变。在 2008 年 3 月 8 日的第 12 届全国大选中，国民阵线仅获得 222 个国会议席中的 140 席，占总议席的 63.1%，比上届大选下降近 27 个百分点，并且这是自 1969 年以来执政党首次丧失三分之二多数的议席。此外，在州议会选举方面，反对党夺取了 13 个州政府中的 5 个，这更是自马来西亚独立以后绝无先例的。"308 大选"后国民阵线的力量大为削弱，在国会提出任何重要的法案都必须得到反对党的支持才能通过，因此国民阵线受到了反对党强有力的制约，再也不能随心所欲地修改宪法和制定重要政策了。从此，马来西亚国会由执政的国民阵线和反对党建立的人民联盟两大政党联盟分庭抗礼，渐渐接近两党体制。正是由于这些变化，人们把 2008 年大选看成是马来西亚威权政治与民主政治的分水岭。2013 年的第 13 届全国大选表明马来西亚的民主化进程在继续向前发展，这届选举被认为是马来西亚史上最势均力敌、最激烈的一次大选。总体来说，此次大选后，朝野双方相互平衡，民主化有所发展，虽然没有发生重大突破，但离中央政府的政党轮替只有一步之遥。

最后，在马来西亚的政治发展进程中，马来西亚的统治者们在政治发展的道路选择上不断地加强行政权力，削弱议会民主权力，使民主处在可控制范围内，以此获得政治上的稳定。政府削弱议会权力的措施有很多，比如在上议院中，不断扩大由内阁总理推荐的委任名额，使各州选举的议员与委任议员的比例差距越来越大；又如，政府通过"议事程序委员会"对议会的议事程序进行修改，大大缩短议案从提出到通过的时间，以使议会中的反对派没有足够的时间进行辩论，从而削弱议会在国家政治生活中的影响。此外，马来西亚的联邦制也独具特色，具有单一制的集权特色。从马来西亚的联邦政府和州政府的实际情况来看，其形式上是联邦制，但在权力结构上又有点类似于单一制，主要表现为联邦中央政府集权的力度很大，而且这种倾向还在不断加强。马来西亚各州地位悬殊、权力不均，与一般的联邦制国家有很大不同。这也说明马来西亚政府既尊重历史，又面对现实，实事求是地摸索符合国情的国家结构形式，而不是盲目模仿典型的联邦制国家的结构形式。

独立以后，马来西亚和新加坡都曾经采取了一党独大的政治体制。因此,很多人按照经典的政治转型理论仍然把两国看成是威权主义国家,但不可否认的是,马来西亚和新加坡与很多威权主义国家相比,拥有更多的民主,比如,它们都有合法的反对党,都有竞争性的选举,尽管还不能说是完全自由公平,但是反对党总是能够赢得相当多的席位,并在国家政治社会中具有重要的作用,执政党也越来越无力干预选举的过程。进入 21 世纪以后,巫统和人民行动党在政治生活中的地位发生了一定的变化,尤其是马来西亚的巫统在 2022 年的大选中失败,但它依然在马来西亚有着一定的力量。

第二节 新加坡的政治发展

一、新加坡政治发展的场域状况

新加坡的政治发展有其社会基础。新加坡旧称新嘉坡、星洲或星岛,别称为狮城,是东南亚的一个岛国,政治体制实行议会制共和制。新加坡北隔柔佛海峡与马来西亚为邻,南隔新加坡海峡与印度尼西亚相望,毗邻马六甲海峡南口,国土除新加坡岛(占全国面积的 88.5%)之外,还包括周围 63 个小岛。

新加坡是一个多种族国家,主要有华人、马来人、印度人、巴基斯坦人。还有其他人种,如阿拉伯人、苏格兰人、荷兰人、阿富汗人等。华人占多数,约 77%。[①]

8 世纪新加坡属于室利佛逝王朝;14 世纪始属于拜里米苏拉建立的马六甲苏丹王朝;18—19 世纪属柔佛王国。1819 年,英国不列颠东印度公司雇员斯坦福·莱佛士登陆新加坡,并开始管辖该地区。1824 年,新加坡正式成为英国殖民地,最初隶属于英属印度殖民当局管辖。1942 年 2 月 15 日,新加坡被日本占领。1945 年 9 月,英军回到了新加坡,1946 年 3 月军事管制结束

---

① 张蕴岭等主编:《简明东亚百科全书》(下卷),中国社会科学出版社,2007 年,第 1382 页。

后,海峡殖民地解散。1946 年 4 月 1 日,新加坡成为英国直属殖民地。根据 1955 年伦德尔宪法,新加坡的宪政地位转变为内阁式政府。同时,建立了公务员委员会,负责公务员的招募和晋升。

二、新加坡的政治雏形与独立建国

新加坡的政治制度吸收了不少英国的因素,其中包括将英语作为官方语言地位,这就保证了新加坡和英国等西方国家的联系,但新加坡的政治发展又不是英国政治制度的简单复制和延续。新加坡为东南亚小国,处在马来西亚等伊斯兰文化和印度文化的影响之下。东西方文明的交流和碰撞,使独立的新加坡更多选择了选举的威权主义政治发展道路。一方面,新加坡引进了共和制原则,国会议员和国家领导人通过选举产生,改变了英国的君主立宪制。1948 年 3 月 20 日,新加坡举行了第一次选举。1959 年成立了由 32 名成员组成的立法议会,其中 25 名成员由选举产生。另一方面,新加坡确立了人民行动党的一党独大制度,改变了英国的两党制。这种状况集中表现在 1968 年的议会选举中,人民行动党获得议会多数席位,标志着人民行动党一党独大局面的形成。

三、新加坡的政治发展进程

新加坡的政治发展经历了集权的威权政治向民主的威权政治的转变。新加坡的政治体制最初孕育于殖民地时代,但独立后面临的严酷事实,使新加坡在吸取西方政治体制的同时,结合自身的实际创造了"亚洲价值",从而为新加坡的政治稳定、民族和谐与国家崛起提供了思想支持。新加坡 1965 年从马来西亚独立出来,经过十余年的奋斗,到 20 世纪 80 年代时成为亚洲"四小龙"之一。80 年代后期,新加坡的政治发展不断有了新内容。

与马来西亚共同的方面是,新加坡在政治发展道路的选择上同样离不开开国领袖李光耀和他所领导的人民行动党。李光耀先后受教于英国伦敦经济学院和剑桥大学,深受拉斯基自由社会主义思想影响。1950 年,他返回新加坡,成为人民行动党领袖。"他的智慧与强硬的性格深受他人敬佩。作为建国总理,李光耀的权力地位毋庸置疑。"①另一个重要代表人物是信那谈比·拉惹勒南,他是出生于斯里兰卡的泰米尔人,同样是新加坡人民行动党的核心人员,他笃信一党制的好处,认为这样"要比被反对党骚扰,做起事来能更加独立(且更有效率)",被认为是一个绵里藏针性的人物。②在新加坡立国进程中,李光耀、拉若勒南成为新加坡政治发展的设计者。尤其是李光耀自1965年新加坡独立到1990年辞去总理职务,一直是新加坡国家起步阶段的奠基者,即使到1990年卸任后依然发挥着重要影响,直到2011年才卸下所有内阁职务。在四十多年的政务生涯中,其思想和领导风格规范着新加坡的发展。

由李光耀领导的人民行动党是新加坡政治发展的核心和主要推动者。新加坡自成立以来就存在多个政党。注册的政党就有三十多个,其中比较有影响的政党有工人党、新加坡民主党等,不过人民行动党始终处于统领地位。新加坡在独立后的政治发展中,"人民行动党从自治时期至今依靠大选赢得执政地位,是新加坡国家建设和发展议程的主要设定者,社会核心价值观的缔造者,长远利益和政治方向的把握者"③。在人民行动党的领导下,新加坡政治发展的道路选择,以及政治发展的每一个"关键时刻"都离不开人民行动党的设计和影响。

在人民行动党的影响下,新加坡的政治发展进程主要有以下几个大的变化:第一,行政机构与国会、政治领导分立。第二,总统产生及其权力改革。1965年至1975年十年间,新加坡总统是由少数人推选的带有英国特点的"虚君"。20世纪80年代末,新加坡经济高速发展,累积了300亿新元国家储备金。为了从宪法上约束总理和部长的权力,防止责任政府经受不住诱惑和

---

① [美]约翰·佩里:《新加坡:不可思议的崛起》,[新加坡]黄丽玲、吕家铭译,九州出版社,2021年,第208页。

② [美]约翰·佩里:《新加坡:不可思议的崛起》,[新加坡]黄丽玲、吕家铭译,九州出版社,2021年,第208~209页。

③ 欧树军、王绍光:《小邦大治:新加坡的国家基本制度建设》,社会科学文献出版社,2017年,第92页。

腐化,新加坡总统由全体选民直接选举产生,也就是总统的去留不再受到少数人的约束,人民有了监督和制约政府的实权:即可以批准和否决动用国家储备金和国家资产的财政预算案,批准或拒绝委任公共部门的重要职位(包括最高法院、少数民族权利总统理事会和公共部分委员会全体成员,总检察长,审计长和总会计师,武装部队理事会成员,三军总长及各军种总长等)的权力。由此总统成为超越党派、超越种族的国际体制的最终维护者,成为国家安全、政府责任、民族和谐和宗教和平的宪法保障。不过这种似有半总统制特征的总统,其权力与总理比较依然要小,因为总统的资格受到了严格的法律限制,总统的权力同样也受到了总统理事会和国会的约束。第三,政党体制变革, 即由建国初的一党制到 20 世纪 80 年代时转变为一党主政的多党制。到 1981 年时,新加坡的反对党开始获得了部分议席,以容纳多元民族、保障少数利益获得代表。第四,推进民选国会制度化、体制化改革;设立非选取议员制、管委议员制,设立集选区,加强国会委员会(20 世纪 90 年代)内部组织和结构建设等。逐渐实现了民选国会制度化、体制化,并根据本国多元种族的特征建立了适合于本国国情的新制度。第五,建立了自己的终审法院,脱离了与英国宗主国枢密院关系。第六,社团"国家化""政治化",使其成为政府的附庸。第七,建设廉洁高效的政府。

2015 年,新加坡开国总理李光耀去世,新加坡进入"后李光耀时代"。面对新的挑战,新加坡面对新的移民及社会发展新变化,如李显龙指出的:"新加坡必须创新,否则整个社会将连同文化一起衰亡。"[①]创新需要多元的交流,然而新加坡由"言论界限"而衍生出的"审查制度"制约着"创新"的发展;随着社会的开放,"互联网为用户提供了一个发表政治意见的新媒介,这就意味着有更多的声音对政府提出更多的要求"[②]。而这些都会带来人们身份认同感的变化,这种发展同样也会影响到新加坡未来的政治发展方向。李光耀在世时就指出:"经济发展到一定的阶段之后,就有必要发展民主政治。政

---

① [美]约翰·佩里:《新加坡:不可思议的崛起》,[新加坡]黄丽玲、吕家铭译,九州出版社,2021 年,第 318 页。

② [美]约翰·佩里:《新加坡:不可思议的崛起》,[新加坡]黄丽玲、吕家铭译,九州出版社,2021 年,第 323 页。

党若不能推进民主政治,其生存就要受到挑战。"①李显龙也满怀自信地认为:"一个创造威权政权的政党和公众也能在新加坡创造一个良好的民主政体。"②

综上所述,马来西亚和新加坡的政治发展各有不同,但两国的政治发展代表了一种增量型政治发展,核心都是通过威权政治实现政治发展,并在威权政治的作用下,整顿国家独立以来的政治秩序,由稳定政治秩序逐渐过渡到社会和其他方面的建设。一方面,这种发展在一定程度上保持了某些殖民地时代的政治体制;另一方面结合本国实际发展情况,通过自上而下的政党或领导人的作用和影响,在政治体制中不断地增加具有本国特点的新内容,实现了和平的政治发展。不可否认,在这样一个过程中,两个国家内部都曾出现了社会的矛盾,甚至冲突。但由于上层统治集团保持了总体稳定,因而两国在政治稳定中都推进了本国的政治发展。在价值观上,两国无论在建国初还是建国后,并不像印度尼西亚那样鲜明地提出反对殖民主义和帝国主义的主张,同时也深刻认识到自身的国情不同于西方国家,并在结合自身实际的基础上提出了"亚洲价值观"。这不仅对东南亚国家,而且也对世界产生了不小的影响。

---

① 《李光耀四十年政论选》,现代出版社,1996 年。参见陈祺:《新加坡政治秩序的运行特点及成效》,《新东方》,2016 年第 4 期。

② 陈祺:《新加坡政治秩序的运行特点及成效》,《新东方》,2016 年第 4 期。

第二章 起伏型政治发展

　　东南亚一些国家的政治发展并不像马来西亚和新加坡那样是通过和平递进实现的,而是在政局不稳、军事政变不断的曲折状态中进行的。历史上这一地区存在过不同的政治体,它们多以王国形式存在。殖民者到来后,这些地区随着殖民势力的范围划分而形成后来的"国家"雏形,不同族体纳入其中,内部多元利益相互交错。殖民主义者走后,这些新的国家建立的体制中保留了不少原宗主国政治体制的因素, 但独立后的国家因为不同政治势力之间的矛盾和斗争,加之本土势力的发展,新生的政治体制与传统的力量处在不断的调适之中,在此背景下,社会的各种利益、矛盾和认同不能得到有效的解决和处理,社会处在动荡之中。即使泰国这样一个不曾有过殖民地历史的国家, 虽然在 20 世纪 30 年代仿效西方的政治体制进行了自主的政治改革,二战后的政治发展进程同样一波三折。在这一曲折的发展进程中,威权和民主进行了博弈。有的国家在经历过威权的统治后改弦更张,选择了多元民主;有的国家进行了短暂的"民主"又回归到军人或行政权力独大的状态。从一种政治体制进入另一种政治体制,不同政治体制之间反复博弈构成了起伏型政治发展的一个特点。

第一节　印度尼西亚的政治发展

一、印度尼西亚政治发展的场域状况

印度尼西亚是东南亚国家,首都为雅加达,人口近 2.64 亿(2017 年)[①],由约 17508 个岛屿组成,是马来群岛的一部分,也是全世界最大的群岛国家,疆域横跨亚洲及大洋洲,别称"千岛之国"。面积较大的岛屿有加里曼丹岛、苏门答腊岛、伊里安岛、苏拉威西岛和爪哇岛,与巴布亚新几内亚、东帝汶和马来西亚等国家相接。

印度尼西亚是多民族、多宗教国家,有 100 多个民族,其中爪哇族占42%,巽他族占 13.6%,还有马都拉族、马来族等。主要宗教为伊斯兰教,信仰人口占 90%[②],其他的有基督教、印度教和原始拜物教等。通用语言为印度尼西亚语,此外还有二百多种民族语言。

约在 150 万至 3.5 万年前生活于印度尼西亚群岛的人群为爪哇猿人。智人约于 4.5 万年前进入该地区。3—7 世纪建立了一些分散的封建王国。有记载的朝代包括信奉佛教的室利佛逝(7 世纪中叶—1293 年),后被麻喏巴歇征服;控制马六甲海峡的新柯沙里王国(1222—1292 年),引发了元爪战争,之后王室借助元朝军队在爪哇建立了印度尼西亚历史上最强大的麻喏巴歇封建帝国(1293—1478 年)。

尽管印度尼西亚在荷兰殖民者到来之前存在过一些王国,但内部缺乏政治和经济上的联系。群岛带来的天然屏障,使各个岛上的居民以村社为基层单位,各地土邦和苏丹互不统属,整个群岛处于纷争和割据状态。15 世纪

---

① 世界银行 2017 年报道。

② 张蕴岭等主编:《简明东亚百科全书》(下卷),中国社会科学出版社,2007 年,第 1412 页。

以后,葡萄牙、西班牙和英国先后侵入,真正给予印度尼西亚影响的为荷兰。1596 年荷兰侵入,1602 年成立具有政府职权的"东印度公司",1799 年底改设殖民政府。由此将原来各个群岛逐渐纳入荷兰殖民统治之下,20 世纪以前,荷兰殖民者对殖民地采取直接统治和间接统治相结合的方式,19 世纪末20 世纪初,荷兰殖民统治当局进一步推进了殖民统治改革:首先,进行行政改革,即在中央增设各技术性、职能性部门,完善了中央机关的职能,地方行政调整,扩大地方官员职权,严格选官制度,提高欧洲人官僚系统的行政效率,同时对当地土著行政官员也赋予了极大的权力,并予以良好的训练和高额的薪酬。其次,创设各级代议机关,部分权力下放。典型的代议机关是国民参议会。不过,构成国民参议会的成员主要由荷兰国王提名,或是由总督任命,也有部分成员由选举产生。荷兰的殖民体系的完善,为群岛的统一提供了制度体系,也为独立后的印度尼西亚的政治体制设置积累了经验。

二、印度尼西亚的独立

荷兰的殖民统治激起了印度尼西亚人民的反抗。20 世纪初反抗荷兰统治的斗争连绵不断, 各派政治力量都把印度尼西亚的民族独立作为政治目标。太平洋战争爆发后,1942 年日本占领印度尼西亚,1945 年日本投降。饱受殖民蹂躏的印度尼西亚人民发动八月革命, 并于 8 月 17 日宣布独立,成立印度尼西亚共和国, 但印度尼西亚的这种独立行动遭到了英国和荷兰的否定,英国、荷兰先后进行武力干涉。1947 年后,荷兰与印度尼西亚经过多次战争和协商,于 1949 年 11 月签订印荷《圆桌会议协定》。根据此协定,印度尼西亚于同年 12 月 27 日成立联邦共和国,参加荷印联邦。1950 年 8 月,印度尼西亚联邦议院通过临时宪法,正式宣布成立印度尼西亚共和国,同一年印度尼西亚成为联合国第 60 个成员国。1954 年 8 月脱离荷印联邦,不过荷兰殖民者还是没有从印度尼西亚撤走, 仍然占领新几内亚。经过多年的斗争,到 1963 年,新几内亚才回归印度尼西亚,至此,印度尼西亚获得了完全的独立。

三、印度尼西亚的政治发展

印度尼西亚的政治发展进程充满了曲折。在此进程中,军事政变、协商威权、政治动荡叠加在一起,并经历过从"有领导的民主""有秩序的民主"到后来的民主转型和巩固,几个重大的变化,都使印度尼西亚政治发展进程充满了曲折性。在印度尼西亚的政治发展进程中,"协商"政治及其他制度表现的人民协商会议地位的变化,尤其值得关注。

独立后的印度尼西亚的政治发展经历了议会民主到威权政治,再到总统共和制的转变。建国初期,印度尼西亚政治发展的任务是摆脱殖民主义,独立建国。苏加诺提出了"建国五原则",试图以本国文化理念为主导,建立一种协商民主体制,但理想规则背后蕴含着诸多实际问题和矛盾,加之缺乏实践经验,独立后的印度尼西亚最终参照西方民主原型,走上了议会民主制度之路。对于印度尼西亚这样一个多种族、多宗教、家族裙带关系和地方势力复杂交叠的社会而言,议会民主制最大的挑战在于有着各种实际背景的小党。为了赢得大选,印度尼西亚各阵营不惜挑起宗教、种族和阶级矛盾而相互抹黑、彼此攻讦,内阁很快陷入无休止的争斗。军队的叛乱、西爪哇和西苏门答腊、北苏门答腊、南苏拉威西等地的分裂活动,以及排华情绪的蔓延令政局雪上加霜。因特定时代背景和历史条件的限制,匆忙引进欧式议会民主制度无力整合社会。苏加诺深感印度尼西亚需要一种能够统一国家意识的思想和制度,1956 年 10 月 28 日,他提出了"埋葬政党",实行"有领导的民主"。1957 年 2 月 21 日,正式提出实施"有领导的民主"的方案,确立与之配套的政府机构设置计划。计划内容为:一是代表议会由全体印度尼西亚人民选举出来的代表组成;二是建立互助内阁,由各个政党按照比例的部长组成,内阁成员一律平等;三是民族委员会为内阁的咨询机构,由苏加诺控制的专业集团代表组成,协助内阁工作。1959 年 7 月 5 日,苏加诺解散议会,回归到"1945 年宪法",成立由苏加诺本人兼任总理的新内阁。"有领导的民主"体制的建立,加强了中央集权,实施"政党简化",改变了政治不稳定的状态。同时,这一计划的实施削弱了右派力量,团结了印度尼西亚共产党,让共产党参政。在冷战时代,苏加诺的"有领导的民主"不仅受到了来自国内右翼势力的反对,也遭到了西方势力的反对,尤其是印度尼西亚陆军和印度尼西亚共产党成为两个对立的力量。在镇压国内分裂主义中,陆军地位提升。苏加诺依靠共产党,控制军队,试图建立一个"莫斯科—北京—雅加达轴心",严重触动了以美国为首的西方国家的战略利益,导致西方国家的干预。1965年9月30日,印度尼西亚发生军事政变,苏哈托接管政权,"有领导的民主"终结。

苏哈托接替苏加诺成为印度尼西亚总统后,在治理国家的原则上,改造"建国五原则",淡化意识形态,引导宗教思潮,改进民生,保障个人权利等。在政治上推行"新秩序"。具体而言,第一,消灭反对派,就是打压印度尼西亚共产党,实现从苏加诺时代的依靠共产党、建立与苏联和中国的统一战线,转向亲美、亲欧政策。第二,颁布"简化政党"条例。按照"物质和精神"规则,合并国内多党为两大政党集团:即将有伊斯兰宗教信仰的多个政党合并成"印度尼西亚建设党",以"突出精神"纲领的地位。其他宗教和非宗教性政党合并为"突出物质"纲领的地位,这些政党组成"印度尼西亚民主党",并在1975年8月颁布的《政党法》中将这种政党体制以法律的形式确定下来。第三,组织自己的政党——专业集团,广纳各界团体中的精英加入,使其成为"新秩序政府"的政治基础,并在1971年选举中大获全胜,并在印度尼西亚的政治生活中取得了统治地位。第四,控制军队。苏哈托依靠军队起家,同样依靠军队来维护政教稳定,安排11名将军担任政府要职,省长和县长等要职同样也由现役军人担任。苏哈托认为,军队承担"双重职能",既要在军事上保卫国家,也要在政治和社会领域中参与国家建设。第五,依靠裙带关系发展现代化。1969年到1997年,印度尼西亚经济年增长率为5%,1995年,印度尼西亚人均收入近1000美元,进入中等收入国家之列。印度尼西亚高速的经济增长为以意识形态一元化、中央集权及家长式管理为特征的权威统治披上了合法外衣。

然而这种倚重威权推动的政治发展并不一定长期有效。威权政治试图通过经济发展获得政治合法性仅仅是一厢情愿。由于在威权政治下,权力、资本与裙带关系结合,其中关键是官商勾结,造成了政治腐败和经济发展的畸形,由裙带关系为特点的排斥到"有限的准入"①,虽然换得了一时的稳定和发展,但体制僵化难以适应开放了的社会条件,世风日下,政治合法性减损,中央政府和地方分裂主义势力的矛盾冲突及国际金融危机的冲击,威权政治时代哺育起来的资本力量和多元政治力量的汇合,使苏哈托的威权政治难以为继,印度尼西亚政治发展进入新的转折时期:一种带有"美式"风格的民主政治经过哈比比、瓦西德、梅加瓦蒂、苏西洛、佐科等人的努力在印度尼西亚建立起来,其运行经历了两个时期:1999—2009 年为民主过渡时期,主要解决宪政改革问题;2010—2020 年是民主巩固时期,主要解决民主治理问题,即现有的民主体制如何与民主治理、政府效能结合的问题。②前后两个时期重点不同,但有一些问题逐渐确立下来,如实行三权分立、开放党禁、改革选举制度、反对腐败、实施地方自治等内容。通过 20 年的政治体制改革,印度尼西亚的政治体制有了新的变化,比较苏加诺威权政治时期,苏哈托时期的印度尼西亚政治有了新的内容和变化,但美式民主带来了总统制和多党制之间的冲突,政府的施政效率、中央和地方关系、裙带资本主义、两极分化、宗教冲突等问题解决起来依然还有很长的路要走。在印度尼西亚政治转型后,印度尼西亚本土曾经存在的"协商"传统逐渐从过去与"权威"的结合转到了与"民主"结合,印度尼西亚的"协商"传统有了新的生长空间。

---

① 主要指:"由政治体系操纵经济利益以创造租金,从而让强大的组织和个人发现克制暴力的使用符合他们自身的利益。"参见[美]道格拉斯·诺斯等编著:《暴力的阴影:政治、经济与发展问题》,刘波译,中信出版社,2018 年,第 4 页。

② 许利平:《印度尼西亚的多元民主改革及前景》,《南洋问题研究》,2011 年第 1 期。

第二节 菲律宾的政治发展

一、菲律宾政治发展的场域状况

菲律宾共和国,位于西太平洋,是东南亚一个多民族国家,面积29.97万平方千米,由7100多个岛屿组成,主要有吕宋、米沙鄢和棉兰老岛三大岛群,人口为1.049亿人(2017年)。

菲律宾是多民族国家,有90多个民族。马来人占全国人口的85%。[①]少数民族和外来移民后裔有华人、印度尼西亚人、阿拉伯人、印度人、西班牙人和美国人,还有为数不多的土著民族。居民中85%信仰天主教,此外还有人信仰伊斯兰教、基督新教、佛教以及原始宗教等。

菲律宾人的祖先是亚洲大陆的移民。史前的尼格利陀人可能是菲律宾最早的居民,随后民族迁徙陆续带来了马来文化、印度文化、华夏文化和伊斯兰文化。

4世纪之前,菲律宾群岛上未形成国家,居民多以土著部落形式存在。1390年,苏门答腊岛移民米南加保人建立了菲律宾历史上第一个国家——苏禄苏丹国。国境位于今菲律宾南部棉兰老穆斯林自治区西端的苏禄群岛,还有巴西兰省、塔维塔维省中间,巴拉望岛、婆罗洲北部及其他苏禄海周围的群岛。

1417年,苏禄群岛上的三位国王——东王巴都葛叭哈喇、西王麻哈喇葛麻丁、峒王巴都葛叭喇卜率领家眷一行340人组成友好使团,前往中国进行友好访问,受到明永乐皇帝朱棣的隆重接待,开始了与中国交往的历史。1450年,阿拉伯商人赛义德·艾布伯克尔在菲律宾南部建立了伊斯兰政权。

---

① 张蕴岭等主编:《简明东亚百科全书》(下卷),中国社会科学出版社,2007年,第1446页。

1521 年，麦哲伦探险队首次环球航海时抵达菲律宾群岛。1565 年，宿雾岛被来自墨西哥的西班牙人所占领，此后，西班牙人统一了这些岛屿，并由位于马尼拉的中央政府统治，逐渐建立起来了具有西班牙特点的政权体系。除了谋取商业利益外，西班牙还在菲律宾传播天主教，并以西班牙国王菲利普二世之名加于该岛，才有了现在的菲律宾之称。

二、菲律宾的两次独立

1898 年，美西战争爆发，6 月 12 日菲律宾宣告独立，成立菲律宾共和国，但好景不长，随着西班牙的战败，1898 年 12 月 10 日西班牙同美国签署了《巴黎和约》，美国接收菲律宾，改由美国统治。美国的民主思想和以市场为基础的资本主义观念渗透到菲律宾。美式的三权分立、政党制度、总统制、议会制度逐渐在菲律宾建立起来，替代了西班牙的政教合一政治传统，结束了西班牙人在菲律宾带有封建色彩的政治体制。1916 年，美国参、众两院通过了一个给予菲律宾一定自治权力的法案——《琼斯法案》（又称菲律宾自治法），这一法案使更多的菲律宾人参与到殖民政府中，从而使菲律宾人受到了美式"三权分立"实际训练。同时，美国也对菲律宾采取了"美国化"塑造，从而为美式政治制度生根提供了文化土壤。

1942 年到 1945 年，菲律宾被日本侵占，二战后重新沦为美国的殖民地。1946 年 7 月 4 日，菲律宾获得独立。

三、菲律宾的政治发展进程

菲律宾独立后开始了全方位的发展。虽然菲律宾具有美式民主的特点，但其民主化是建立在"家族"政治基础上，在发展进程中经历了军事政变的曲折过程，逐渐巩固下来。

菲律宾是东南亚国家中实行西方式民主较长的国家，故被称为西方民主制度在东方的"橱窗"。从 1946 年独立后到 1972 年马科斯实行军管前，这一时期菲律宾主要实施的是美国式总统制民主。独立初期，菲律宾直接复制了美国政治民主机制,尤其是在国家权力结构、选举制度、公民参政等方面都与美国如出一辙。然而菲律宾的封建地产制、天主教的保守势力、社会内部存在的家族政治和庇护关系,决定了菲律宾的"民主"缺乏"民主"的土壤。美国加于菲律宾的民主更多是基于美国的利益考虑,使菲律宾处于欠发达的状态下。无论是政治文化还是经济状况都使菲律宾的民主基础薄弱,而生于这种环境中的政治家族乘虚而入,掌控权力,进而使家族势力文化遍及全国。这些大小不同的家族势力与地方军警勾结,操控选举,更使菲律宾的"竞选"变成了家族间的"竞争"。

1965 年,马科斯当选总统,开始了马科斯家族统治时期。1972 年 9 月 21 日,马科斯宣布菲律宾进入紧急状态,自命为菲律宾最高行政长官,并颁布军管法,解散了由选举产生的立法机构,并以一个效忠于他的议会取而代之,他本人也被指控为独裁者,下令逮捕所有反对他的人,并对工会、媒体和学生组织进行广泛压制。1986 年,马科斯的统治"以一场不流血的人民力量革命告终"①。结束了马科斯的独裁统治,菲律宾进入再民主化时期。科拉松·阿基诺当选总统,此后,菲律宾的民主政治实现了延续和发展。其主要内容为:菲律宾是民主共和国,主权在民;军队的存在是为了保护国家主权和领土完整,人民权力高于一切;政教分离;政府实行总统内阁制,按照行政、立法、司法三权分立的原则组织国家机构;行政权属于总统,总统行使国家最高权力,是国家元首、政府首脑和武装部队最高统帅,由选民直接选举产生,任期 6 年,不得连任;另外还专门设有公务员犯罪特别法院和行政监察委员会以促进廉政。从制度层面来看,菲律宾转型后所建立起的制度,并非只是前一个民主时期的制度的简单复原,而是更侧重于杜绝独裁统治的再次发生。虽然菲律宾的民主有了一定程度的进步,但仍然面临严峻的挑战,这种挑战与困境源于政治家族垄断了菲律宾的政治,由此导致政治领域的拜金主义日趋严重,这给菲律宾的政局稳定与国家长远发展带来了不利影响。政治家族垄断菲律宾政治权力由来已久,菲律宾的民主选举制沦为几个政治

---

① [澳]约翰·芬斯顿主编:《东南亚政府与政治》,张锡镇等译,北京大学出版社,2007 年,第 233 页。

家族间相互争夺利益的工具,并因此带来了严重的腐败与巨大的贫富悬殊。当前菲律宾各大政治家族通过金钱政治的方式,左右了菲律宾从中央到地方的政治发展,这种状况成为菲律宾民主化进程所要面对的棘手问题。

总体而言,菲律宾近代以来的政治发展是在美国政治体制的框架内,甚至在一定的条件下受到美国的操纵进行的。在民主–威权–民主的起伏曲折发展进程中,民主的进程比较长,但扭曲了的民主同样很难有现代民主政治的意义。威权政治时间比较短,但依然有着家族政治的支持。无论是在民主体制下,还是在威权政治时代,家族和庇护关系已经嵌入了菲律宾政治发展进程中,无疑对菲律宾的政治发展质量和国家治理带来了深刻的影响。

第三节　泰国的政治发展

一、泰国政治发展的场域状况

泰王国,简称"泰国",是一个位于东南亚的君主立宪制国家。泰国位于中南半岛中部,其西部与北部和缅甸、安达曼海接壤,东北部是老挝,东南部是柬埔寨,南边狭长的半岛与马来西亚相连。

泰国全国有 30 多个民族。泰族为主要民族,占人口的 40%[1],其他为老族、华族、马来族、高棉族,还有苗、瑶、桂、汶、克伦、掸等山地民族。泰国90%[2]的居民信奉佛教,也有其他民族信奉伊斯兰教、基督教和印度教等。

泰国已有 700 多年的历史和文化,原名暹罗。1238 年建立了素可泰王朝,开始形成了较为统一的国家。其先后经历了素可泰王朝、大城王朝、吞武里王朝和曼谷王朝。19 世纪末,曼谷王朝五世王大量吸收西方经验进行社会

---

① 张蕴岭等主编:《简明东亚百科全书》(下卷),中国社会科学出版社,2007 年,第 1312 页。
② 张蕴岭等主编:《简明东亚百科全书》(下卷),中国社会科学出版社,2007 年,第 1312 页。

改革。1896年,英、法达成利益妥协,间接使得暹罗成为东南亚唯一没有沦为殖民地的国家。其后,泰国发生了几次大的转变,即拉玛五世朱拉隆功国王(1869—1910年)继承父亲进行改革,废除奴隶制,改进公共福利和行政制度。拉玛六世国王(1910—1925年)推行义务教育其他教育方面的改革。拉玛七世国王(1925—1935年)统治期间,1932年6月,人民党发动政变,建立君主立宪政体。1938年,銮披汶执政,泰国国王于1933年退位,由他的侄子阿南塔·玛希敦国王继位,称为拉玛八世(1935—1946年)。1939年6月由暹罗更名为泰国,意为"自由之地"。1939年起实现民主政治制度。

二战中暹罗倾向日本,1941年被日本占领,宣布加入轴心国。1941年12月7日,日本发动太平洋战争,日本和泰国签订《日泰攻守同盟条约》。1942年1月25日,泰国宣布向英美宣战,日本曾将部分在缅甸和马来亚半岛北部占领地割让给泰国。1945年8月15日,日本投降,泰国随即在翌日宣布"泰国1942年1月25日对英美宣战宣言无效",该宣言遂被同盟国承认。1946年6月9日拉玛八世在王宫遭枪击不幸身亡,年仅19岁的王弟普密蓬继承王兄王位,成为拉玛九世。

二战后泰国成为美国在东南亚的主要军事盟国。在东南亚地区,泰国亦是一个举足轻重的国家,首都曼谷是该区域中国际化程度很高的大都会区。另外,泰国是东盟始创国之一,亦积极地参与东南亚区内事务。

二、泰国近代以来的政治发展

进入近代以来,在殖民主义瓜分东南亚国家的浪潮中,处于英、法殖民势力交界范围的泰国是东南亚唯一一个没有沦为殖民地的国家。不过面对殖民国家的扩张,泰国有志之士也意识到了民族危机,1932年泰国人民党发动军事政变,建立了君主立宪制,建立了宪法、代议制、选举等民主制度,但本土缺乏民主土壤,治理效率低下,弊端明显。治理低效与社会失序,促使军人集团多次发动政变。从20世纪40年代中期到50年代后期,泰国先后发生了5次政变,颁布了4部宪法,但都未能有效解决泰国所面临的治理问题——行政低效、民主困顿和政府腐败。1958年10月,沙立发动政变,解散国会,废除宪法,取缔政党,全面接管了国家权力。对于此次政变的理由,沙力明确说明,要摒弃1932年以来的西方式民主,建立切合泰国实际的民主政体。相比于具有留洋背景的民主党领袖而言,沙立及其追随者完全是在国内接受文化教育和军事训练中成长起来的,属于地道的"本土派"。因此,沙立的政治改革理念几乎都是来自他对泰国传统政治的理解与诠释。在沙立看来,泰式民主的核心是革命和发展,基本模式是"家长"政治。其基本做法是摒弃1932年以来的西方式民主,回归泰国的传统政治,与此同时重视民生,促进经济发展。沙立政府领导了泰国20世纪60年代的工业化运动,首次在泰国推行经济和社会发展计划,掀起了经济建设高潮。政治上的独裁统治和经济上的繁荣发展,是沙立政权的两条主线。也正因为如此,对于沙立其人及其统治,人们也毁誉不一。

军事政变和政治独裁的交替几乎成为泰国近70年来政治发展的主线。自1932年宫廷政变后建立议会君主立宪制以来,泰国在各种大大小小的军事政变中走过了半个多世纪。20世纪60年代,泰国建立了强有力的官僚政治体制,以压制民主政治的发展,使泰国政治偏离了民主化的道路。1973年10月,曼谷学生举行推进民主化改革的示威,随后建立起来的文人政府通过新宪法,推行自由化政策,使泰国的民主政治获得了一定程度的发展。然而1977年军事统治重新确立,民主化进程出现倒退。1988年,差猜在大选中获胜,组建新政府,推行民主化措施,限制军人势力和军人干政,由此引发了泰国军方的不满。1992年,素金达发动军事政变恢复了泰国的军人权威统治。

"泰国"本是自由国度之意,但在民主化的道路上变成了"军事政变的国家"。自1932年立宪革命到2006年军事政变,泰国一共制定了15部宪法,进行了18次大选,发动了19次军事政变。在泰国基本找不到能完成任期才解散的议会,大部分议会都因军事政变而夭折。2014年5月,泰国陆军当局再次发动政变,成立了以陆军总司令巴育为主席,由各军种最高首长组成的"维护国家和平与秩序委员会"(简称"维和会"),并组建了一整套临时立法和行政机构,巴育出任政府总理。目前,泰国宪法于2016年8月7日全民公投通过,并于2017年4月6日正式颁布,成为泰国自1932年实行君主立宪制以来颁布的第20部宪法。相较于1997年宪法和2007年宪法,新宪法改变了国会上、下两院的选举制度,扩大了上议院、独立机构权力范围,增加了修改宪法的难度。新宪法使得泰国政党地位进一步降低,实现了政党与精英阶层的分权,泰国进入一个权威主义民主时期。不过从 2014 年以后泰国的发展来看,王室—保皇派、曼谷政商集团、城市中产阶级、地方豪强集团及新资本集团之间的博弈,文人和军人交替执政"怪圈"左右着泰国的政治发展进程。

第四节 缅甸的政治发展

一、缅甸政治发展的场域状况

缅甸联邦共和国,简称"缅甸",是东南亚的一个国家,也是东南亚国家联盟的成员国。缅甸西南临安达曼海,西北与印度和孟加拉国为邻,东北紧接中国,东南与泰国与老挝为邻,首都为内比都。

缅甸共有 135 个民族,主要有缅族(约占总人口的 69%[①])、克伦族、掸族、克钦族、钦族、克耶族、孟族、若开族、佤族和华族等。全国 85% 以上的人信奉佛教,约有 8% 的人信奉伊斯兰教。

缅甸是一个历史悠久的文明古国, 历史上曾经形成了不少有影响的封建王朝,缅甸旧称洪沙瓦底,1044 年形成统一国家后,经历了蒲甘、勃固、东叶和贡榜四个封建王朝。进入 19 世纪以后,缅甸于 1824 年至 1885 年间遭到英国的 3 次入侵,并最终成为英国的殖民地。1886 年英国将缅甸划为英属印度的一个省。英国在对缅甸统治期间,殖民当局采取"分而治之"的政策,将"缅甸本土"同"边疆地区"相分离("边疆地区"占该国领土的一半,由若开山脉向西的广阔地区及在背面和东面与中国、老挝和泰国接壤的山区组

---

① 刘伉:《世界社会文化地理手册》,中国林业出版社,1993 年,第 267 页。

成)。"边疆地区"处于间接统治之下,意味着当地的部落首领被允许继续保持其权力和地位。这样,当地民族便没有机会建立一个具有归属感和联系感的"想象的共同体",从而也不能将不同少数民族融合成一个现代民族国家。英国的这一政策对缅甸独立后的国家建设产生了重要影响。

二、缅甸独立国家的建立

缅甸的国家独立进程是极其艰难的。在此有两个重要的变革时刻:第一,缅甸反法西斯联盟领导人的重要作用。二战期间,日本占领缅甸,对缅甸实行垂直性的一元化统治。日本的法西斯统治激起了人民的反抗。1944 年,缅甸成立了"反法西斯人民同盟"(1945 年 3 月改为"反法西斯人民自由同盟"),在这一组织的号召和领导下,缅甸各派力量实现了联合,联盟领导人昂山和德钦丹东专门进入克伦人地区做民族工作,消除缅族人和克伦族人之间的隔阂。第二,签署了《彬龙协议》。1945 年 8 月随着日本投降,英国人卷土重来,并企图恢复对缅甸的殖民统治。1946 年 11 月 4 日同盟通过了对少数民族聚居的"边区"政策,提出各邦拥有他们需要的自治权的原则。1946 年2 月,同盟领袖、掸邦土司、钦族和克伦族及英国政府代表在掸邦的彬龙举行会议,通过了著名的《彬龙协议》,主张各个民族合作,建立统一国家,但《协议》中还强调了各个民族的自决权。该协议的签订,带来了两个结果。一方面,其为宪法的制定奠定了基础。1947 年 9 月,缅甸制宪会议通过了《缅甸联邦宪法》,规定缅甸是一个拥有主权的独立的共和国。1947 年 11 月英国议会通过《缅甸独立法案》,1948 年 1 月 4 日,缅甸正式宣告独立。另一方面,该协议第五条规定:"总督执行委员会的职权范围如上所述将会扩大,但在边疆地区事务方面,它不会以任何方式剥夺这些边疆地区目前在国家政治中享有的任何自治权。这些边疆地区在国家政治中享有充分自治是一条根本原则。"[①]这种无任何附加条件的"自治权"实质为战后西方国家抛出的"民族自决",为今天缅甸内部民地武装寻求自己的利益和认同提供了依据。不过,随

---

① 《彬龙协议》,https://baike.so.com/.

着统一国家大势所趋,缅甸内部的不少民族地方的民族主义组织或政党也逐渐改变了建国初期寻求独立建国的构想,如"孟族、若开族、克伦族、掸族等民族的主要民族政治目标也大致经历了从要求民族自决、独立到联邦国家框架下的民族自治的转变"[①]。

三、缅甸的政治发展进程

从 1948 年独立到 2011 年政治转型,缅甸政治体制经历了三次大的转变。第一次是从议会民主制转向极权政治。1962 年奈温发动军事政变,缅甸建立一个议会民主制的国家, 其制度安排为: 建立了一个由中央政府和邦(省)政府组成的联邦;设立两院制,赋予了非缅族的少数民族聚居区一些自治权,自由同盟主导缅甸政治,赢得了 1947 年、1951 年和 1956 年的选举,并组织政府。在缅甸独立后的十余年间,自由同盟内部以及不同民族之间的矛盾不断加深,最终导致 1958 年自由同盟分裂和军队卷入。1960 年 2 月大选,自由同盟进一步分裂,少数民族地区发动叛乱。1962 年 3 月,武装部队首领奈温发动军事政变,接管政权,组织革命委员会,建立了缅甸社会主义纲领党,在将佛教、民族主义和马克思主义哲学混合在一起的基础上,提出了"缅甸社会主义道路"的折中主义路线。奈温在执政期间,采取中央集权制,取消掸邦和克伦邦的自治要求, 无视少数民族自治权;在国内各民族中划分等级;禁止一切公开的政治活动;实行国有化经济等。

第二次是从极权政治转变为军人威权政治。20 世纪 80 年代,奈温政府的统治和严重的经济匮乏,导致缅甸掀起了声势浩大的反政府运动。在强大的反政府运动下,奈温辞职,纲领党也难以稳定局面。1988 年 9 月 18 日,由国防总参谋长兼国防部部长苏貌将军为领导的军官集团发动政变,推翻纲领党政府,接管政权。新一代军政府上台后,成立"国家恢复法律和秩序委员会"(1997 年改名为"缅甸国家和平与发展委员会"),宣布废除宪法,解散人民议会和国家权力机构。1988 年 9 月 23 日,将国名由"缅甸联邦社会主义共和

国"改名为"缅甸联邦"。

在缅甸军人政府执政期间,缅甸的民主也发展起来了。1988 年 3 月,缅甸国父昂山之女昂山素季以照顾中风病危的母亲为由回到仰光,是时,缅甸百姓发动反抗军政府示威遭到军队和警察的残酷镇压。昂山素季于 1988 年 9 月 27 日组建了自己的,也是缅甸人民的政党——缅甸全国民主联盟 (NLD),并出任总书记。民盟很快发展壮大,成为全缅最大的反对党。

第三次是从威权政治转变为民主政治。2008 年 5 月,缅甸联邦共和国新宪法获得通过,规定实行总统制。2010 年,缅甸依据新宪法举行多党制全国大选。2011 年 2 月 4 日,缅甸国会选出吴登盛为缅甸第一任总统。2011 年 11 月 5 日,缅甸总统吴登盛批准修改政党注册法,取消了先前对参政党的一些限制条件。11 月 13 日,昂山素季被释放,表明缅甸政府已经承认了反对派的存在。缅甸自 2010 年开始启动民主化进程,同年 11 月的大选迈出从军人统治向宪政民主转型的关键一步。以吴登盛为总统的第一届民选政府,虽因选举过程多有瑕疵,政府组成中军人色彩浓厚广遭质疑,但该届政府仍在政治、经济和社会领域推动了多项改革,为推进民主化奠定了基础。缅甸第一届民选政府的改革,在政治层面主要包括推动修改宪法并依据新宪法仿效西方国家初步建立民主体制、修改选举法促成昂山素季补选为人民院议员、推动民族和解等;经济层面主要包括制定了五年经济发展目标、推行国企私有化、改组落后的经济管理机构、推动民生工程等;社会领域主要包括放松管控,提高社会自由化程度,实现媒体和互联网高度自由等。2015 年缅甸大选如期举行,昂山素季领导的反对党全国民主联盟获胜,组成吴廷觉为总统的第二届民选政府,军人色彩更加淡化,被看作缅甸民主转型的里程碑。缅甸的政治发展在经过长达近半个世纪的进程后,实现了向民主的转型。

从缅甸政治发展的三次重大转变来看,军人集团在缅甸的政治生活中依然具有重要影响。2011 年转型后的缅甸虽然建立了民主体制,但依然非常脆弱。2020 年 11 月 8 日缅甸大选如期举行。执政党全国民主联盟在此次大选中获得压倒性胜利,但是在大选之后,缅甸军方和巩发党认为,大选中存在严重舞弊情况,而民盟政府拒绝对大选结果进行调查。2021 年 2 月 26 日上午 9 时,缅甸军方接管政权后,改组选举委员会,新选举委员会主席吴登梭主持了首次政党协调会,共有巩发党、克伦人民党、土瓦民族党、新民族民主党、傈僳民族发展进步党等 53 个政党的 60 多名代表参加了此次会议,在参加 2020 年大选的 91 个政党中,有超过半数政党参加此次会议。会议宣布原选举结果作废,国家主要权力机构已由国家管理委员会掌管。

总体而言,缅甸的政治发展始终存在着中央和地方的博弈。在独立后的大部分时间里,缅甸的政局基本上是在军人政权的支持下进行的,2010 年后,缅甸实现了从威权政治向民主政治的转变,但民主政治的发展进程依然面临诸多不确定的因素。

第五节　柬埔寨的政治发展

一、柬埔寨政治发展的场域状况

柬埔寨王国,通称柬埔寨,旧称高棉,位于中南半岛,西部及西北部与泰国接壤,东北部与老挝交界,东部及东南部与越南毗邻,南部则面向暹罗湾。柬埔寨领土为碟状盆地, 三面被丘陵与山脉环绕,中部为广阔而富庶的平原,占全国面积四分之三以上。境内有湄公河和东南亚最大的淡水湖——洞里萨湖(又称金边湖),人口约 1600 万,首都金边。

柬埔寨是多民族国家,共有 20 多个民族,其中高棉族为主体民族,占总人口的 80%[①],还有占族、普农族、老族、泰族和斯丁族等少数民族。华人、华侨约 100 万。全国 90%[②]以上的人信奉佛教。占族人多信奉伊斯兰教,城市居民信奉天主教。在语言上,高棉语为官方语言。

柬埔寨在历史上经历了不同的王国或王朝时期。柬埔寨建国于 1 世纪

[①] 张蕴岭等主编:《简明东亚百科全书》(下卷),中国社会科学出版社,2007 年,第 1269 页。

[②] 张蕴岭等主编:《简明东亚百科全书》(下卷),中国社会科学出版社,2007 年,第 1270 页。

下半叶，历经扶南、真腊、吴哥等时期。9世纪至14世纪吴哥王朝为鼎盛时期，国力强盛、文化发达，创造了举世闻名的吴哥文明，13世纪中叶起至1434年由于泰国的素可泰王朝入侵而衰落。

在近代历史上，柬埔寨多次遭到外国入侵。19世纪，柬埔寨将被东南半岛上的两个强邻吞并之时，英、法殖民者进入这一地区。"已经被泰国人扶上王位的柬埔寨国王诺罗敦一世于1863年为摆脱暹罗的控制寻求法国的保护"①，但同时柬埔寨也沦为法国的保护国。1940年，柬埔寨被日本占领。1945年，柬埔寨在日本投降后再次被法国殖民者占领。1954年7月，法国被迫同意从柬埔寨撤军。1970年3月19日，美军入侵柬埔寨，朗诺批准美军出动庞大的B-52机群，"地毯式"轰炸柬埔寨东部的"胡志明小道"，美国军事顾问被派往金边政府军中。1978年底越南出兵侵占柬埔寨，扶植柬埔寨人民共和国政权。1989年9月27日，越南政府宣布从柬埔寨全面撤军。1990年8月，最后一批越军撤离柬埔寨，越柬战争结束，此后至1997年柬埔寨一度发生军事冲突。从1953年柬埔寨独立到1997年的44年时间里，柬埔寨饱经战争蹂躏。

二、柬埔寨的政治发展进程

柬埔寨在政治发展上经历了由王国政府、民主柬埔寨政府再到君主立宪政府的螺旋式发展历程。王国政府时期，1953年11月9日，柬埔寨王国宣布独立。1970年3月18日，柬埔寨前首相兼武装部队司令朗诺，在美国中央情报局的密谋和策划下，趁西哈努克亲王出国治疗和进行国事访问不在金边的机会，发动政变，宣布废黜西哈努克亲王柬埔寨国家元首的职位。当月23日西哈努克亲王宣布成立柬埔寨民族统一阵线，5月5日成立以宾努亲王为首相的柬埔寨国民族团结政府，柬共(红色高棉)领导人乔森潘担任副首相。西哈努克在北京组建了以打倒朗诺政权为诉求的流亡政府——柬埔寨王国民族联合政府，西哈努克与波尔布特结成统一战线。民主柬埔寨政府

---

① ［新加坡］马凯硕等：《东盟奇迹》，瞿崑等译，北京大学出版社，2017年，第150页。

时期,1974年4月17日,民族统一阵线在柬埔寨取得全面胜利后,波尔布特就任民主柬埔寨国家主席,西哈努克亲王流亡中国;1975年4月17日,柬埔寨全国解放。在1975年至1979年间,柬共获得柬埔寨执政权。1976年1月颁布新宪法,改名为民主柬埔寨。4月,西哈努克亲王、宾努亲王宣布退休。乔森潘任国家主席团主席,柬共总书记波尔布特任总理。柬共执政期间,多达200万人因饥饿、过劳、被折磨而死亡或遭到处决。1979年12月,民主柬埔寨决定终止宪法,改组政府。君主立宪政府时期,1982年7月9日,西哈努克亲王、宋双、乔森潘三派抵抗力量实现联合,组成民主柬埔寨联合政府。1990年9月,柬埔寨抵抗力量三方同金边方面的代表在雅加达会晤后宣布组成柬埔寨全国最高委员会。1991年7月,西哈努克被推举为柬埔寨全国最高委员会主席。10月23日,柬埔寨问题国际会议在巴黎召开,签署了《柬埔寨冲突全面政治解决协定》(通称《巴黎协定》)。11月,西哈努克亲王返回祖国,全国最高委员会在金边设立总部。1993年5月23日至28日,柬埔寨在联合国驻柬埔寨临时权力机构的组织和监督下举行大选,选举产生制宪会议。9月21日,制宪会议通过新宪法,决定恢复君主立宪制。9月24日,西哈努克亲王签署新宪法,制宪会议转为国民议会。9月26日,联柬机构宣布结束在柬埔寨的使命。11月2日,柬埔寨王国政府正式成立。11月15日,联合国驻柬埔寨维持和平部队全部撤离,柬王国进入和平重建历史新时期。

从20世纪90年代开始,柬埔寨进入民选政府时期,经过多次政局动荡,柬埔寨最终建立了君主立宪制。1993年5月,柬埔寨在联合国主持下举行了首次全国大选。9月,颁布新宪法,改国名为柬埔寨王国,西哈努克重登王位。11月,柬埔寨王国政府成立,拉纳烈和洪森分别任第一、第二首相。1994年柬埔寨国会通过立法宣布民主柬埔寨为非法组织。1997年7月,联合执政的人民党(以下简称"人党")和奉辛比克党(以下简称"奉党")爆发军事冲突,第一首相拉纳烈被废黜,流亡国外。1998年7月26日,柬埔寨举行第二次全国大选,人党获胜成为第一大党,11月30日成立以洪森为首相的第二届联合政府,奉党国会议席居次,拉纳烈出任国会主席。12月,前民主柬埔寨领导人乔森潘、农谢归顺政府,柬埔寨民族和解取得重大进展,进入和平与发展的新时期。2003年7月,柬埔寨举行第三届全国大选,人党获胜。

人、奉、森三党在权力分配上分歧严重,组阁陷入僵局。2004 年 7 月 15 日,组阁僵局被打破,人党和奉党就联合执政达成协议,拉那烈和洪森分别任国会主席和政府首相,第三届王国政府正式成立。2004 年 10 月 6 日,西哈努克国王在北京宣布退位。14 日,柬埔寨王位委员会 9 名成员一致推选诺罗敦·西哈莫尼(Norodom Sihamoni)为新国王。29 日,西哈莫尼在王宫登基即位。国王西哈莫尼为已故柬埔寨太皇诺罗敦·西哈努克和莫尼列太后的长子。

经过政局动荡和艰难曲折过程,柬埔寨建立了自己的宪法和政治体制。按目前宪法规定,柬埔寨采取议会君主制,实行自由民主制和自由市场经济,立法、行政、司法三权分立。国王是终身制国家元首、武装力量最高统帅、国家统一和永存的象征,有权宣布大赦,在首相建议并征得国会主席同意后有权解散国会。国王因故不能理政或不在国内期间由参议院主席代理国家元首职务。国王去世后由首相、佛教两派僧王、参议院和国会正副主席共 9 人组成的王位委员会在 7 日内从安东、诺罗敦和西索瓦三支王族后裔中遴选产生新国王。

柬埔寨采取多党制。1993 年大选时柬共有 40 多个政党参选。2013 年大选有 8 个政党参选。主要政党有:人民党、奉辛比克党、救国党等。

国会为柬埔寨最高国家权力机关和立法机构,每届任期 5 年。首届国会成立于 1993 年,由奉辛比克党、佛教自由民主党、莫里纳卡党、人民党、森朗西党、救国党等 120 名议员组成。1999 年 3 月 25 日,国会设立参议院,每届任期 6 年。柬埔寨宪法规定,法案须经国会、参议院、宪法理事会逐级审议通过,最后呈国王签署生效。

柬埔寨现政府为第五届政府,于 2013 年 9 月成立,洪森为首相。政府共设 9 个副首相、15 个国务大臣、27 个部和 1 个国务秘书处。首相府直属国务秘书处。

柬埔寨法院分初级法院、上诉法院和最高法院三级。最高法官理事会是司法系统的管理部门,负责监督法院工作,拥有遴选、任免法官的职权。最高法官理事会由国王、最高法院院长、总检察长、上诉法院院长和检察长、金边法院院长和检察长及两位法官共九人组成。

综上所述,柬埔寨独立后长期受内忧外患影响,现代国家建构基础薄弱,且经济发展落后。政局动荡使柬埔寨内部不同政党之间竞争激烈,难以定于一尊。由王国到民选政府,最后到二者的结合,建立了君主立宪制,在一定程度上解决了目前柬埔寨的政治稳定问题,对柬埔寨的社会发展具有重要的影响。

第三章　变革型政治发展

政治发展并非是直线的,而是在曲折中前进的。在反对帝国主义和殖民主义、争取民族独立的斗争中,一些东南亚国家坚定地站在了反对帝国主义和殖民主义的立场上,从苏联和中国革命经验中吸取经验,否定了西方国家的政治发展模式,在社会主义价值和原则基础上,在本国共产党的领导下,开始了本国的政治发展进程。但这些国家也经历了长期的战争过程,直到20世纪90年代,才基本稳定下来。在此方面,越南、老挝各形成了自己的政治发展道路。

第一节　越南的政治发展

一、越南政治发展的场域状况

越南是亚洲的一个社会主义国家。其位于东南亚的中南半岛东部,北与中国广西、云南接壤,西与老挝、柬埔寨交界,国土狭长,面积约 33 万平方千米,海岸线 3260 多千米。

越南有 54 个民族,其中京族占人口 88%[①],其他少数民族有岱依族、傣

---

① 京族又称越南人,参见刘优:《世界社会文化地理手册》,中国林业出版社,1993 年,第 267 页。

族、芒族、华族、侬族等。越南主要有佛教、天主教、和好教和高台教等宗教，通用越南语。

历史上越南有过长期的王朝发展历史。8 世纪前，越南曾是中国的一部分。10 世纪，乘中国五代十国的分裂之机，越南（当时叫安南）摆脱了中国控制，先后经历了吴朝、丁朝。北属时期之后，越南曾作为中国的藩属国，受到中国政治和文化的影响，在历史发展进程中经历了多个封建王朝。19 世纪后期，越南沦为法国殖民地，二战时沦为日本的殖民地。

二、越南的独立与国家统一

在实现独立和解放进程中，与新加坡、马来西亚、印度尼西亚、菲律宾的独立进程不同，越南的国家建立和政治发展是在越南共产党领导下完成的。在此进程中，胡志明（又名阮爱国，1890—1969）及其领导的共产党发挥了重要作用。胡志明于 1911 年 6 月 5 日离开祖国到海外寻求救国之道，先后到过法国、英国、美国和法属非洲殖民地国家，接受了马克思列宁主义思想。通过对资本主义国家和殖民地的考察，他深刻认识到，要解放全民族，使祖国独立，就要进行民族独立解放运动。为达此目的就要有革命理论和革命的组织领导。20 世纪 20 年代，胡志明曾到中国广州，参加过中国共产党领导的反帝反封建的斗争活动。1930 年 2 月 3 日，胡志明在中国香港九龙召开会议，成立越南共产党。其纲领就是打倒法帝国主义和封建集团，实现祖国完全独立。在二战中，越南人民进行了反对日本侵略的革命斗争。

在实现国家建设和独立政治发展的道路上，战争伴随了越南的政治发展进程。1945 年 8 月，胡志明发动"八月革命"，日本法西斯被逐出越南。此时，阮朝末代皇帝保大帝宣布退位。9 月 2 日，胡志明领导的越盟（即后来的越南共产党）在越南北方河内发表《独立宣言》，宣布越南民主共和国成立（即"北越"）。1945 年 9 月，法国再次入侵越南，越南人民又进行了历时 9 年的抗法战争。1954 年 3 月 13 日下午，北越与法国之间的奠边府战役打响。5 月 7 日，战役以北越胜利结束。北越取得"奠边府大捷"后，1954 年 7 月 21 日，有关结束越南、老挝、柬埔寨战争的印度支那问题的《日内瓦协议》得以签署。《日内瓦协议》规定,越南以北纬17度为界,南北分治,北方由胡志明领导,南方由保大帝领导。1955年7月17日,美国撕毁了《日内瓦协议》,取代法国在越南南方的地位,吴廷琰在美国支持下发动政变,废黜保大帝,自己当了总统,建立越南共和国(即所谓"南越")。1961年,越南战争爆发,美国与韩国、菲律宾、泰国、澳大利亚、新西兰等国组成联军,介入了这场战争。中国出动军队和大量民力、物资援越抗美。1973年1月27日《巴黎协定》签订,美国承认越南民主共和国在国际上的法律地位,退出越南战争,同年3月从越南南方(越南共和国)撤出全部军队及其同盟者军队和军事人员。

1975年5月,西贡被北越与越南南方民族解放阵线占领,越南共和国灭亡。1976年7月,越南南北宣布统一,国名为"越南社会主义共和国"。越南统一后,采取亲苏、反华、侵略柬埔寨政策,试图推行具有霸权主义的"印度支那联邦"战略。1979年,越南反华政策升级,挑起领土争端,与华对抗,直至20世纪90年代结束了对华敌对状态;1979年12月, 越南趁柬埔寨红色高棉统治危机之机,大举入侵柬埔寨,将以波尔布特为首的红色高棉赶出了城市,扶植韩桑林政权,并派兵控制老挝。1986年,越共领导人黎笋去世后,长征、阮文灵先后继任,实行革新开放,对外调整与中国及东盟邻国的关系,对内进行经济体制改革,使越南走上了正确的发展道路。1989年,越南军队撤离柬埔寨。1991年,中越实现关系正常化。1995年,越南与美国建交。

三、越南的政治发展

在实现政治发展的道路上,越南曾效仿苏联后又转向中国学习,建立了共产党领导的政治制度,并在这一制度基础上,进行了政治体制革新。越南为社会主义国家,在二战以后的大部分时间里,越南处在南北分裂的状态。越南北方在胡志明的领导下,建立了社会主义制度,确立了共产党的领导地位;越南南方实行资本主义制度。20世纪70年代中期,越南实现统一。统一后的越南本应该转向促进国内的经济发展和政治发展上来, 但越南将战略重点放在了对外扩张上。在经济上,越南将北方的计划经济推广到南方。在政治上,采取中央集权的方式,确立了越南共产党的唯一合法地位。1986年

12月,越南共产党第六次全国代表大会拉开了越南全面革新的大幕,标志着越南革新事业正式启动。1991年6月,在越共七大上第一次使用了"政治革新"的概念,政治革新提上了执政党的议事日程。1992年,国会通过新宪法,确立了以经济建设为中心、实行革新和开放的基本国策,规定在坚持共产党领导的前提下,提高国会、政府、祖国阵线和其他人民团体的地位和作用。1995年1月,越南行政改革起步,提出政府改革的目标就是建设廉洁、高效、为人民服务的政府。进入21世纪以来,2001年4月,越共九大上通过了《2001—2010年十年经济和社会发展的战略》等文件,对政治革新的任务进行了全面的部署。2006年,越南通过加强党的建设、加大反腐力度、解决民生问题等举措,增强凝聚力,维护社会政治稳定。同年4月18日至25日,越共十大在河内召开,通过《政治报告》《2006—2010年五年经济社会发展方向和目标的报告》《党建工作报告》和《补充和修改党章报告》决议,选举产生十届中央领导机构。越南已初步形成革新、社会主义社会和走社会主义道路的理论体系。越南共产党修改补充后的党章,明确提出越南共产党是工人阶级的先锋队,同时也是越南劳动人民和全民族的先锋队。

在加强和改善党的领导统治上,宪法修订成为越南政治发展的又一个重要内容。越南自1945年建国以来先后颁布了4部宪法[1],越南国会主持的1992年宪法修订工作历时多年,在民主讨论的基础上,于2013年底完成了宪法修订,强调了基本人权保护,明确了国会的责任和权限,规定了越南共产党的领导地位以及为人民做主。在越南的政治发展中,预防和反对腐败也是一项重要内容,其中对官员财产变化申报规定更加严格。越南也加强了民主政治建设,确立了对官员的信任测评、信任投票等规定,并建立了对官员的质询制度。

总之,越南自独立以来,在政治发展道路上否定了西方的政治制度。不过在独立后的40余年时间中,越南大多处在战争状况下。其间,越南北方建立了社会主义计划经济体制,确立了共产党的领导地位。南北方统一后,这

---

[1] 第一部宪法颁布于1946年,第二部宪法颁布于1959年,第三部宪法颁布于1980年,第四部宪法颁布于1992年。

一制度被推广到了全国。进入 1986 年,越南在内外压力和国际形势变化面前,开始走向革新开放路线,经过 30 余年的发展,越南在党和国家的革新方面取得了一定的成绩,越南的经济有了明显的改善。但由于改革带有较强的激进特点,它想通过政治上的较大力度的改革,以使越南较早地成为"发达国家"。由于越南整体工业化水平依然较低,尤其是新冠肺炎疫情在全球的暴发,对越南的经济造成了严重影响。越南政治改革中带有较强的功利色彩,对越南的经济发展带来了不利的影响。

第二节　老挝的政治发展

一、老挝政治发展的场域状况

老挝人民民主共和国,简称"老挝"。其为中南半岛北部的内陆国家,北邻中国,南接柬埔寨,东临越南,西北达缅甸,西南毗邻泰国,其国土面积 23.68 万平方千米,人口为 680 万人(2015 年),首都是万象。

老挝有 68 个民族,主要的三大民族为老龙族、老听族和老松族,上述三大民族内部又包括若干族群,此外还有华人、华侨等,居民多信仰佛教。

老挝历史悠久,同缅甸、泰国等国家一样,有过较长的王国或王朝历史。根据古籍记载,老挝在 1 世纪至 7 世纪末叶,隶属于扶南国,后来又隶属于真腊国。1353 年法昂王建立澜沧王国,为老挝历史鼎盛时期,曾是东南亚最繁荣的国家之一。1707—1713 年逐步形成了琅勃拉邦王朝、万象王朝和占巴塞王朝。1779 年至 19 世纪中叶,老挝逐步被暹罗征服。1893 年,老挝沦为法国保护国,1940 年 9 月被日本占领。

二、老挝的独立建国

二战以来,老挝民族国家建构经历了曲折的历程,其最大特点是,自身建国的历程不断受到外部势力的干扰,政治制度的建构也经历了从君主国向共和国的转变进程。1945 年 8 月,老挝人民举行武装起义,10 月 12 日宣布独立,成立了伊沙拉阵线。1946 年,西萨旺冯统一老挝,建立老挝王国,这是老挝首次获得统一。同年,法国再次入侵,伊沙拉政府解体,1950 年爱国力量重建伊沙拉阵线,成立了以苏发努冯亲王为总理的寮国抗战政府。1954 年 7 月,法国被迫签署关于恢复中南半岛和平的《日内瓦协议》,法国从老挝撤军,不久美国取而代之。1962 年,法国签订了关于老挝问题的《日内瓦协议》,从老挝撤军。老挝成立以富马亲王为首相、苏发努冯亲王为副首相的联合政府。1964 年,美国支持亲美势力破坏联合政府,进攻解放区。1973 年 2 月,老挝各方签署了关于在老挝恢复和平与民族和睦的协定。1974 年 4 月成立了以富马为首相的新联合政府和以苏发努冯亲王为主席的政治联合委员会。1975 年 12 月 2 日,首届全国人民代表大会在万象召开,宣布废除君主制,成立老挝人民民主共和国,老挝人民革命党执政,终结了老挝历史上六百余年的君主制。从此,老挝在人民革命党的领导下开始了独立自主地建立国家、实现经济和政治发展的进程。

三、老挝的政治发展进程

在政治发展上,首先,老挝人民革命党构成了社会主义事业的领导力量。从 1975 年到 1979 年的 4 年中,老挝人民革命党积极推进了社会主义改造。此后,老挝曾仿效苏联计划经济,进行了 6 年的社会主义建设。1986 年,老挝选择了革新开放道路,宣布老挝处在向社会主义过渡准备条件的时期。1991 年,老挝人民革命党五大提出了"有原则的全面革新路线",提出坚持党的领导和社会主义方向等六项基本原则,实行对外开放政策,提出了到 2020 年摆脱不发达状况的奋斗目标。2001 年老挝人民革命党七大提出了计划至

2010 年基本消除贫困,到 2020 年实现人均 GDP 比 2000 年翻三番,使国家基本摆脱不发达状态。2016 年 1 月 18 日至 22 日,老挝人民革命党十大通过了社会发展"八五"规划、十年战略和十五年远景规划。

其次,推进了老挝的国家政权建设。老挝的政治体制改革起步晚于经济体制改革。在政治体制改革上,老挝人民革命党坚持"不用其他政治制度来取代现行制度"和"不抄袭别国模式"的立场,以"精兵简政,提高机关素质,发挥党员、干部模范作用""革新各组织机构职能,加强党的领导能力、加强国家机器效能,增强群众组织作用"为宗旨。[①]在 1986 年 8 月召开的部长会议上,凯山·丰威汉提出了实施政治体制改革的四点方针:精简行政机构;明确各部门的职责和权限;整顿机关作风,改革不合理的规章制度,打破平均主义;重新分配多余的职员。由此拉开政治体制改革的序幕。1991 年 8 月,老挝最高人民议会第二届六次会议通过了老挝人民民主共和国第一部宪法。宪法明确规定,老挝人民民主共和国是人民民主国家,全部权力属于人民,各族人民在老挝人民革命党领导下行使当家做主的权利。老挝人民革命党是老挝的唯一政党和执政党,其宗旨是领导全国人民进行革新事业,建设和发展人民民主制度,建设和平、独立、民主、统一和繁荣的老挝,为逐步走上社会主义创造条件。老挝的最高权力机关和立法机关是国会,负责制定宪法和法律。国会每届任期 5 年,每年召开两次会议,特别会议由国会常委会决定或由三分之二以上的议员提议召开。国会议员由地方直接选举产生。老挝的最高行政机关是国务院,统一管理全国的政治、经济、社会文化、国防、治安和外交等各方面的工作。

随着老挝的革新开放,20 世纪 90 年代,一些国外势力和逃亡海外的旧王室成员试图变革老挝政权,老挝面临着政治发展进程中出现的严重政治危机。为了防止东欧剧变带来的影响,老挝人民革命党采取了果断措施,平息了敌对势力发动的暴乱。同时,老挝人民革命党也注意了加强自身建设和国家建设,统一全党思想,凝聚全民共识,推进政治体制改革,发扬民主,健

①　靳昆萍等:《东南亚社会主义的历史、现状及发展趋势》,社会科学文献出版社,2014 年,第 89 页。

全法制,加强了反腐败力度。进入 21 世纪以来,老挝依然坚定不移地走社会主义道路,坚持老挝人民革命党的领导。2016 年 1 月 22 日,在老挝人民革命党第十次全国代表大会闭幕式上,新当选的党中央总书记本扬·沃拉吉在讲话中提出了 2030 年老挝发展远景规划,认为这一规划对老挝的全面革新路线的坚持与完善、老挝未来的发展和社会主义目标的迈进具有重要指导意义。[①]

总之,老挝的政治发展进程起步比较晚,与越南一样,国家建构时间短且处在变动之中。在社会和政治制度的选择上,老挝选择了社会主义,确立了老挝人民革命党的领导地位。这些措施都使老挝在国内外的种种挑战面前,依然能够有条不紊地推进自己的政治发展。

---

① 《老挝人民革命党十大选出新领导层,日媒称"亲越"色彩明显》,https://www.guancha.cn//.

下部

东南亚国家政治发展中的一般问题

　　东南亚国家的政治发展在某些方面体现着某些共性的方面。具体而言，就政治体制的选择上，被英国殖民统治过的地方更多地接受了英国的文化传统，在保留某些传统的同时，增加了不少西方政治体制的内容，如采取议会制、多党制等。但这取决于国内政治力量的优势方，也就是国内王公贵族力量大，还是工商力量大。而受过法国殖民统治的国家，不仅反帝，而且反封建，因而革命性要强些。在政治发展的选择上，关于精英政治方面，东南亚国家在历史上有着传统政治的特点，都有过威权中心的特点。独立后，这些国家都在一定程度上显示出了某些政治精英在政治生活中的重要作用。在多民族问题上，东南亚国家绝大多数是由多民族组成的，各民族在国家中的地位变化对政治发展构成了重要的影响。在军人影响力方面，东南亚一些国家处在变动之中，军人在其中发挥着重要作用。在政治发展的道路选择上，都经历了一个曲折的过程，鉴于东南亚国家的地缘政治特点，处在这一地区的国家大多是小国，受到了来自西方国家、苏联和中国的影响，面对大国的影响，东南亚国家在各自的政治发展道路上在维护本国利益的同时，保持了一定的"中立"或灵活性。本部分通过某些共性问题的研究，进一步深入社会文化和结构方面，从一些共有的问题上，揭示东南亚国家政治发展的特色。

第四章　东南亚国家自主性与政治发展

　　政治发展的核心是国家政权问题,"真正的政治发展,不仅仅是各种政治表现形式的变化和发展,更重要的是国家政权的建设和发展。国家政权的发展是政治发展的核心"①。从现代国家构建的视角来看,后发国家的政治发展,首要的就是现代民族国家的建立、运转和发展。"政治发展就是国家建立""政治发展是民族国家的运转"。②而国家自主性则是现代国家成长、发展与成功的重要保障,现代国家成长中的普世经验即"减少国家的依附性而增加国家自主性""对于很多后发国家而言,没有自主性国家就没有一个政治意义上的现代国家"。③

　　借助比较政治学"三边比较"即三个个案的集中比较法,本章始终围绕东南亚地区具有较强国家自主性的新加坡与具有较弱国家自主性的菲律宾、泰国这组差异案例,借以阐释和展现国家自主性在东南亚国家构建及政治发展过程中的重要作用。除了注意选择案例时类型学意义上的区分——"它们不仅散落在认知连续体之上,而且相互之间存在着级差联系",本章还是在明确的理论框架指引下进行的,即是在国家自主性与作为政治发展核心问题的现代国家构建内在关联的分析框架内展开研究的。

---

① 王沪宁主编:《政治的逻辑:马克思主义政治学原理》,上海人民出版社,2004年,第385页。
② [美]鲁恂·W.派伊:《政治发展面面观》,任晓、王元译,天津人民出版社,2009年,第53、55页。
③ 杨光斌:《政治变迁中的国家与制度》,中央编译出版社,2011年,第275、276页。

第一节 国家自主性及其在东南亚国家的表现

国家自主性指涉一种国家与社会的关系结构,在这一结构中,国家能够独立于社会制定具有约束力的规则和政策。国家自主性是 20 世纪 80 年代以来在政治学研究中逐渐流行的概念,但是国家自主性概念可以追溯到马克思主义经典作家对于"国家相对自主性"的论述。在马克思和恩格斯看来,资本主义国家在本质上是为资产阶级利益服务的工具,"现代的国家政权不过是管理整个资产阶级的共同事务的委员会罢了"。但同时马克思和恩格斯也认为,国家具有相对于整个社会和统治阶级内部集团及个人的独立性和自主性,不过,马克思和恩格斯的工具性国家观具有规范性和经验性,而自主性国家则主要是一种经验性观察。[①]

继经典马克思主义之后,新马克思主义国家理论在强调国家阶级性的同时,也同样强调国家相对于社会和资产阶级、统治阶级的独立性和自主性。工具主义代表人物米利班德在继承、沿袭和修正经典马克思工具主义国家观的基础上,指出"不能简单地把国家当作统治阶级的工具",还应注意到"一切国家对一切阶级(包括统治阶级)都享有一定的自主性和独立性"。结构学派代表人物普朗查斯承认国家具有阶级性,但他同时也强调,国家又不仅仅是统治阶级的工具,它本身具有一定的自主性,使得国家可能违背统治阶级的某些意愿,也可能满足被统治阶级的某些利益诉求。

亨廷顿在《变革社会中的政治秩序》谈及政治制度化的四项准则时,认为自主性是政治组织和程序的制度化标准之一。自主性意味着政治组织和程序独立于其他社会集团及其他行为方式的程度,"若一个组织沦为某个社会群体(指家族、宗派、阶级等)的工具,它便不具有自立性"[②]。

[①] 杨光斌:《政治变迁中的国家与制度》,中央编译出版社,2011 年,第 152、155 页。

[②] [美]塞缪尔·亨廷顿:《变革社会中的政治秩序》,李盛平等译,华夏出版社,1988 年,第 20 页。

20 世纪八九十年代以来,"回归国家学派"兴起,在继承新马克思主义相对自主性国家理论的基础上,借助马克斯·韦伯国家观的传统,将国家视为一个具有独立利益和(潜在)自主性的行为体。由此,推动了国家中心主义的复兴,并且开始将国家自主性应用于政治发展问题的研究,如斯考切波在《国家与社会革命》中对于法国、俄国和中国社会革命的研究。她认为,国家有脱离统治阶级直接控制的潜在自主性。从国内秩序角度而言,为了维护基本的政治秩序,国家有时会以统治阶级的利益为代价而向被统治阶级让步,国家甚至会和被统治阶级一道遏制统治阶级的利益;从国际安全角度而言,国家处在国际体系与国内社会的交叉点上,出于适应国际竞争与维护国家安全的需要,国家可能不会受国内社会力量的约束而自主地行动。①

诺德林格在《民主国家的自主性》一书中指出,民主国家的自主性是显著与普遍存在的。他根据国家与社会偏好的异同,将国家自主性分为三种类型。在国家与社会偏好完全分歧的情况下,国家的自主性可以通过强制力将国家的意愿转化成具有权威性的行动,将国家的偏好强加于社会;在国家与社会偏好部分分歧的情况下,国家可以通过"规劝、协调"来改变社会意愿,使其与国家看齐;在国家与社会偏好相同的情形下,国家可以通过"意识形态与政策方面的宣传"强化两者的共同偏好。总之,民主国家都具有多种提升自主性的战略与策略,完全有能力抵消绝大部分与国家意愿不同的社会偏好,民主国家具有自主性是显而易见的。②

格雷斯比也认为,在一些民主国家,政府在制定法律与政策时,利益集团多元主义和民主社团主义的方式都被摒弃,政府不是屈从于利益集团的压力,而是依据自己的判断制定政策。这种利益集团和政府关系的格局被称为国家自主性。此外,官员执行符合自己观点的政策,其行为可以独立于哪怕最有权势的利益集团之外。③

---

① [美]西达·斯考切波:《国家与社会革命:对法国、俄国和中国的比较分析》,何俊志、王学东译,上海人民出版社,2007年。

② [美]埃里克·A.诺德林格:《民主国家的自主性》,孙荣飞、朱慧涛等译,江苏人民出版社,2010年。

③ [美]埃伦·格雷斯比:《政治分析——政治科学概论》,姜志达译,人民出版社,2013年,第294页。

　　与诺德林格、格雷斯比认为自主性是民主国家自身属性的观点类似，迈克尔·曼也认为国家自主性讨论的不是"有无的问题"，而是"何种程度的问题"，而且他讨论的对象不仅仅局限于民主国家（还包括封建制的、帝制的和威权制的国家）。在他那篇首次将国家权力划分为专制权力与基础权力的文章《国家的自主权力：起源、机制与结果》中，曼认为，国家拥有独立于市民社会主要权力集团的自主权。由专制权力与基础权力所组成的国家权力的自主性主要源于国家具有能够提供一种在领土上集权的组织的独特能力，而正是这种领土集权性为国家权力提供了潜在的自立基础。辩证地看，这种自立并不是绝对的，但在自立的程度上不亚于其他主要社会集团。不过，国家的自主性可能仅仅是局部的，在许多情况下，这种自主性还可能相当小。①

　　在国家自主性问题上，斯考切波、诺德林格与曼等人的认知基点较为相似，亦即他们大体上都认为国家自主性是国家的内在固有属性，然而米格代尔则毫不留情地推倒了斯考切波等人苦心搭建的这一国家自主性的理想模型，通过观察第三世界所谓"弱国家"的政治实践后，他提出了"社会中的国家"研究路径。据此，他向世人展示了第三世界的社会力量是如何制约国家自主性的：国家领导人在追求国家强势地位时，面对来自酋长、地主、老板、富农、部落首领等地方强人凭借各种社会组织的抵制而形成的巨大障碍时，往往显得无能为力。②

　　从国家自主性理论的发展历程中，根据不同学派解读社会结构的不同视角，不难发现对国家自主性概念的界定，有两种研究取向：一是从社会纵向结构描述社会，国家自主性研究国家与社会阶级之间的关系问题；二是从社会横向结构描述社会，相应地，国家自主性研究国家与家族、宗派、利益集团、地方强人等社会势力之间的关系问题。

　　据此，本书将国家自主性界定为：国家享有超越社会的能力，国家超越

---

　　①　Michael Mann, The Autonomous Power of the State: Its Origins, Mechanisms and Results, *in European Journal of Sociology / Archives Européennes de Sociologie / EuropäischesArchiv für Soziologie, Tending the roots: nationalism and populism* Vol. 25, No. 2, 1984. pp. 110–135.

　　②　[美]乔尔·S.米格代尔：《强社会与弱国家：第三世界国家社会关系及国家能力》，张长东、朱海雷等译，江苏人民出版社，2009年。

于个人和群体利益之上，国家依据或代表公共利益和公共意志来制定政策或设定国家发展目标，而不是简单地反映某些个人、阶级、利益集团或其他社会群体的利益需求。

东南亚国家的国家自主性在不同的国家具有不同的表现形式、各有特点。例如，在具有较高国家自主性的新加坡，国家自主性主要涉及国家与地方性的族群、政商关系等内容；而在缺乏国家自主性，或者说，具有较低国家自主性的菲律宾和泰国，情况略有差异：前者的国家自主性核心涉及国家与地方性家族之间的关系，政商关系的背后还是大家族之间的政经互动关系；而后者的国家自主性则关涉国家与阶级政治，以及21世纪以来，在政商一体化体制下，新兴资本动员民粹主义，捞取政治选票、获得政治利益的问题。

第二节　东南亚国家自主性与国家认同构建

从现代国家构建的视角来看，政治发展是一个从传统国家走向现代国家的过程，涉及三个维度的构建与发展——国家认同构建、国家制度构建及国家能力构建，因此国家自主性与作为政治发展的现代国家构建理论在这三个面向上构成联系。

国家认同，"用政治发展理论的语言来表示，对政治共同体的支持问题常常被称为'国家的认同意识'问题"[1]，而"全世界的政治体系所面临的最重大的挑战之一，就是在其公民中建立共同的认同和共同体意识"，多民族、多种族、多语言以及多宗教等多元文化基础上的政治冲突和分歧，成为造成政治动荡的显著原因。[2]"'认同性'危机是建立国家时遇到的第一个障碍。"[3]总

---

① ［美］加布里埃尔·A.阿尔蒙德、小G.宾厄姆·鲍威尔：《比较政治学：体系、过程和政策》，曹沛霖、郑世平等译，上海译文出版社，1987年，第38页。

② ［美］加布里埃尔·A.阿尔蒙德、拉塞尔·J.多尔顿等：《当代比较政治学：世界视野（第八版 更新版）》，杨红伟、吴新叶等译，上海人民出版社，2010年，第19~25页。

③ ［美］迈克尔·罗斯金、罗伯特·科德等：《政治科学（第6版）》，林震译，华夏出版社，2001年，第35页。

体来看，一个国家内部民族、种族、族群、语言及宗教等多样性程度较高时，建立统一的政治共同体和国家认同的挑战将是巨大的。

在国家自主性与国家认同构建之间的关系方面，一个拥有国家自主性的国家，在国家主导价值观、政策设计、制度安排、政治组织及其程序等方面，往往能够站在中立或自主的立场，从国家共同利益和整体利益出发，统合并表达各种社会群体的共通的价值追求与有益的利益诉求，而不是仅仅表达特定社会群体——尤其是社会中的强势群体的价值理念及利益要求，并且不被代表部分利益的区域性或地方性的利益集团、族群、家族寡头、阶级或阶层等社会势力所挟持，从而形成有效的、强有力的国家认同，避免族群性、家族性等局部性、团体性或地方性认同高于国家认同。反之，一个缺乏自主性的国家，往往深陷代表部分利益的族群、家族、利益集团等社会群体的复杂泥潭，无法以独立的、公允的角色自主而中立地制定政策、设计制度安排及组织程序，从而难以形成具有整体性与统合力的国家认同，诸如族群性、家族性等区域性的地方认同盛行。

在东南亚，不同的国家所面临的认同危机、国家认同构建任务并不相同，相应地，国家认同构建的成效差异也很大。

新加坡的国家认同构建主要解决国家认同与族群认同之间的关系问题。新加坡是一个多族群、多语言、多宗教信仰的以多元文化为特征的国家，而且在人口构成上，族群分布又是极不平衡的。华人占了大多数（76.9%），而马来人（14.0%）、印度人（7.7%）和其他族群（1.4%）只占人口的少数。但是新加坡的国家意识形态、国家制度设计及国家政策制定都始终从国家整体利益和社会公共利益出发，不但避免倾向占据人口多数的华人利益，而且对其他少数族群利益也尽力保护，甚至向其利益适度倾斜，体现了较高的国家自主性，有效地塑造了新加坡的国家认同。

具体地说，在政治理念方面，强调集体意识与集体主义价值观，构建以国家意识形态为中心的共同价值观。1991年人民行动党政府在议会发表了一份白皮书，确认了新加坡五项共同价值观："国家至上，社会为先；家庭为根，社会为本；关怀扶持，同舟共济；求同存异，协商共识；种族和谐，宗教宽容。"①在政治制度方面,强调东西方在民主制度上存在差异,西方强调个人自由、重权利、轻责任和义务,东方强调社会和国家的利益、强调执政党及其政府的作为;西方以竞争性为特点,东方则以相互宽容、让步、协商为内容。②在选举制度上,通过集选制来保证少数种族在议会中拥有代表权,规定"集选区制的构成,即由三名议员组成的小组当中必须有一名议员是马来人,或印度人,或者来自其他少数民族"③。在政策制定方面,在经济政策上,为了改变马来人在建国初期收入水平低于华人和印度人的现状而在教育上向马来人倾斜,以使马来人获得改善收入水平的能力;在文化政策上,实行双语政策而没有采用语言同化政策;在社会政策上,各族群混居的"居者有其屋"政策的"溢出"效应则塑造了新加坡人的国家认同,促成不同族群之间的社会和谐。④

菲律宾的国家认同构建主要解决国家认同与地方家族认同之间的矛盾问题。与新加坡高自主性与国家认同构建的成功相比,菲律宾则表现为一种俘获型国家形态,国家权力被家族寡头所俘获,国家自主性缺失,国家制度与政策的指向都明显地向家族寡头倾斜,而普通民众则往往庇护在家族寡头之下获得自身的生存、发展保障与政经利益。因此,民众的认同首先是地方性的、家族性的,地方性的家族认同高于国家认同。

具体地说,在政治文化方面,菲律宾没有官方的国家意识形态,政治领导人虽然表达了强烈的同菲律宾宪法相一致的自由民主价值观,但自由民主原则只是西方的政治价值,而菲律宾政治文化最突出的特征则是在西方民主的现代性外壳裹挟下的家族主义传统政治文化。家族主义凭依其内在的恩庇关系链条——一种上位者与下位者之间的"施恩–跟从""保护–被保

---

① [澳]约翰·芬斯顿主编:《东南亚政府与政治》,张锡镇等译,北京大学出版社,2007年,第282页。

② 常士闇:《东南亚国家认同的转折与政治建构》,《山东大学学报》(哲学社会科学版),2010年第5期。

③ [澳]约翰·芬斯顿主编:《东南亚政府与政治》,张锡镇等译,北京大学出版社,2007年,第274页。

④ 房宁等:《自由·威权·多元:东亚政治发展研究报告》,社会科学文献出版社,2011年,第319页。

护"关系——渗透到菲律宾整个社会。在政治制度方面,菲律宾独立后全盘移植了美国式民主制度,然而"一个现代化的国家机器的建立强化了社会关系中的前资本主义因素的存在,诸如家族关系、氏族制度、庇护制度"①,菲律宾的民主政治实质上已异化为家族寡头政治,甚至被人戏谑为"地主政治"。家族政治在世界范围内并不鲜见——新加坡也存在家族政治,菲律宾家族寡头政治的危害,其实不在于对"谁掌权"问题的回答,亦即家族掌权本身,而在于"谁受益"的问题——"菲律宾人从事政治活动,很少考虑公共利益,家族利益的考虑远远超过公共利益的考虑"——此乃病症所在。"在实践中,国家自然地会代表一些特定的亲属关系、地方的、阶级的利益,但是如果国家仅仅止步于此,那么它就会失去其所宣称的独特性和正当性。"②在选举与政党体系上,菲律宾家族首领或权势人物在选举中通过庇护关系网络,以利益互惠关系为基础,可以轻松地进行选举动员。而"菲律宾政党基本都被视为'精英俱乐部',是那些政治、经济精英永久保持权力的工具。……非精英分子的参与是由于庇护制关系,而不是因为意识形态上的联系。谁能给他 /她利益上的回报决定了他 / 她在政治上支持谁"③。

　　泰国的国家认同构建与新加坡近似,主要解决国家认同与族群认同之间的关系问题,但就其成效而言,两者具有天壤之别。与新加坡相似,泰国也是一个多族群、多宗教、多语言的差异社会。主体族群泰人占总人口的40%以上;华人占总人口 15%左右,不过大部分已经被泰国社会同化,许多政治人物,包括多位政府总理,都有华人血统;马来人占人口的 4%,他们主要分布在南部与马来西亚接壤的地带,也零星分布在曼谷和中央平原区。绝大多数泰国人是上座部佛教的教徒,而在南部的马来人则信仰伊斯兰教。④但是

---

　　① [澳]约翰·芬斯顿主编:《东南亚政府与政治》,张锡镇等译,北京大学出版社,2007 年,第235 页。

　　② Michael Mann, The Autonomous Power of the State:Its Origins,Mechanisms and Results,in *European Journal of Sociology / Archives Européennes de Sociologie / EuropäischesArchiv für Soziologie*, *Tending the roots:nationalism and populism*, Vol. 25, No. 2, 1984, p. 204.

　　③ [澳]约翰·芬斯顿主编:《东南亚政府与政治》,张锡镇等译,北京大学出版社,2007 年,第 274 页。

　　④ [澳]约翰·芬斯顿主编:《东南亚政府与政治》,张锡镇等译,北京大学出版社,2007 年,第305~306 页。

与新加坡在处理多元社会关系上避免向主体族群倾斜并体现国家自主性的国家认同构建策略相异,泰国对南部地带的马来人则一直采取同化政策。与新加坡相比,这一政策以归化马来人为目的,具有明显的向主体民族倾斜的取向,没有兼顾主体族群与少数族群的权益,表现出政策制定过程中较低的国家自主性,事实也证明这一政策取向难以有效解决泰国的国家认同问题。

具体地说,在政治理念方面,泰国与菲律宾一样,都没有类似新加坡的、以国家意识形态为中心的官方意识形态。不过,"国家、宗教和国王"的口号被经常使用,甚至起到了意识形态的作用。[1]也就是说,泰国的国家认同,主要是建立在王室道统和宗教体系之上,而且王室道统与宗教信仰相得益彰。"在泰国的政治文化中,国王被看成是毗湿奴、湿婆和梵天在凡世的化身。对神的崇拜转化为对国王的崇拜,国王具有了精神权威和神圣光环,被看成拥有绝对权力的神,主宰着人们的命运。"[2]这种理念与文化对于泰人的国家认同构建无疑是有益的,然而对于不同群属、信仰不同宗教的马来人而言,其意义究竟几何,却很难得知。实际上,泰国历史上不乏包含对南部马来人在内的、从民族意识形态层面构建国家效忠与认同的努力。例如,披汶政府以爱国主义为基调,以民族振兴为取向,面向民众宣示和培养泰人文化意识,即以"泰人特性"为核心的国家认同构建[3],但因其本质上不得人心的"泰人沙文主义"和"同化取向"而走向失败。

在政治管辖方面,在长期的同化政策与统一规制的理念指导之下,泰国政府长期对南部马来人聚居地实行直接管制,泰国从拉玛五世开始取消南部地方统治者的传统权力和政治地位,从中央直接委派官员——绝大部分是信奉佛教的泰人——进行管理,由于这些中央委派的地方官员不懂马来语、不了解伊斯兰文化,因此很难与当地马来人进行有效的政治沟通与互

---

① [澳]约翰·芬斯顿主编:《东南亚政府与政治》,张锡镇等译,北京大学出版社,2007年,第326页。

② 常士闾:《东南亚国家认同的转折与政治建构》,《山东大学学报》(哲学社会科学版),2010年第5期。

③ 房宁等:《自由·威权·多元:东亚政治发展研究报告》,社会科学文献出版社,2011年,第246~247页。

动,也不重视当地马来人的政治诉求,甚至干脆规定马来人不能参与有关其自身事务的决策。而且泰国政府一直避讳谈论南部自治问题,拒绝考虑自治方案,自治从来就不是泰国政府解决穆斯林问题的政策选项,即使自治已成为当今许多国家解决国家性问题的重要模式。①

在政策制定方面,由于"泰国社会的异质性具有后发国家典型的'叠加型'异质社会的特征"②,亦即族群、地区、经济、阶级、宗教、语言、生活风俗等诸多差异的叠加,因此对这一问题的解决在客观上就非常棘手,再加之,主观上的决策失当,导致泰国南部穆斯林问题积重难返。比如,在经济政策上,泰国注重发展首都曼谷及其周边地区,而忽视农村地区和边远地区,更不要说处在南端边缘地区的穆斯林地区;又如,在社会政策上,南部马来人与泰人在宗教、语言、教育及日常生活方面差异极大,但泰国政府在国家认同构建过程中采取"一刀切"的同化措施,这不仅无法使南部马来穆斯林与作为主体族群的泰人和谐共存,而且也无法使其建立起对泰国的国家认同及效忠感。这与新加坡政府推行的、体现国家政策制定方面高度自主性并收到良好效果的多元共存策略,形成明显区别。

第三节 东南亚国家自主性与国家制度建设

国家制度建设,是现代国家构建的重要方面,即"通过确立制定与实施政府各项政策的合法制度来建设有效国家"③。也就是说,在一定意义上,国家构建是通过制度建设来实现,而设置制度的目的是制定与实施政府各项政策。

从宽泛意义上讲,国家制度的构建是多面向、多角度的,包括政治制度、

---

① 黄云静等:《发展与稳定——反思东南亚国家现代化》,时事出版社,2011年,第210~214页。

② 赵海英:《现代化进程中东南亚国家构建研究——基于族际整合视角》,中国政法大学出版社,2016年,第128页。

③ Andrew Heywood, *Global Politics*, Hampshire & New York: Palgrave Macmillan, 2011, p.122.

官僚机构、司法仲裁、军事组织,甚至包括现代财税、市场监管、基础教育、医药卫生等一系列基础性体制。但是毫无疑问,国家制度建设的核心,则是一个国家根本政治制度的建设。一般而言,现代国家强调按照民主即人民主权原则构建国家制度,民主制度是现代国家的制度体系,民主制度是现代国家借以解决权力归属、权力配置和权力行使的制度性设置。不可否认,在当今世界的民主模式中,西方自由民主是一种影响较大的制度形式。许多后发国家在独立之初,出于种种原因,也移植了这种制度。然而由于缺乏与这种制度相匹配的内生性土壤,这些国家所移植的自由民主往往退化为选举民主。

由此,国家自主性与国家制度建设之间的关系问题,转化为在"后发"语境下,国家自主性与西方民主制度之间的关系。这里,实际需要解决两个层面的问题:一是国家权威与西方民主制度之间的关系;二是国家自主性与西方民主制度之间的关系。

其一,国家权威与民主制度之间的关系。谈论国家自主性与民主制度的关系,在逻辑上,首先必须先有一个国家,才能谈论这个国家是否具有自主性及其与西方民主制度之间的关系。"在一个国度(a country)能够拥有一个民主国家(a democratic state)之前,它必须首先拥有一个国家(a state)。"①西方民主制度的基本社会功能"即限制社会的公共权力,保护个人权利"②,"当一个美国人考虑建立政府的问题时, 他的目标趋向不是树立权威和集中权力,而是限制权威和分割权力"③。但是在后发语境中,后发国家恰恰急需创建权威和集中权力,而不是限权和分权,因为后发国家的当务之急是在有效权威的领导下进行现代国家制度建设、提高社会治理能力,以及"将有限的民力、民智集中起来,有效地实现跨越性发展"④,加速实现现代化。

其二,国家自主性与民主制度之间的关系。在关注权威与民主之关系的

① Larry Diamond,Promoting Democracy in Post-Conflict and Failed States,*Taiwan Journal of Democracy*,Volume 2,No. 2. 2006,p.94.

② 房宁:《西方民主在全球遭遇挫折》,《房宁论文选》,中华书局,2009 年,第 195 页。

③ [美]塞缪尔·亨廷顿:《变革社会中的政治秩序》,李盛平等译,华夏出版社,1988 年,第 7 页。

④ 房宁:《西方民主在全球遭遇挫折》,《房宁论文选》,中华书局,2009 年,第 196 页。

基础上,更应该考量这种权威的性质如何及其与民主制度之间的关系,亦即这种权威是服务于国家整体和社会共同利益的,还是服务于执政者个人或者执政集团利益的。西方民主制的一般公式是,政府的产生应该建立在自由和公正的选举之上,通过多党竞争性选举产生权力执掌者,政权的执政合法性和正当性建立在选举之上。西方民主制的首要作用,是保障权力有序产生、延续或更替。但问题是,借由选举产生的是何种权力,也就是说,"是服务大众的,还是服务执政者个人或其寡头集团的","是致力于公共利益的,还是致力于个人或小集团私利的"。前者,意味着作为权威的组织化形式的国家是具有自主性的;后者,则意味着国家被某些个人、利益集团或其他社会群体所俘获而丧失自主性。可见,就国家自主性与民主制度建设而言,主要关注民主制度的相关设置是否可以有效规避狭隘的、局部性的、地方性的族群或家族势力攫取国家权力,从而有效保障国家权力切实能够通过民主程序为人民享有。

新加坡的国家制度建设,不仅较好地解决了权威与民主之间的关系,更重要的是这一权威是作为国家利益代表者和具有现代化导向的权威形态,体现了鲜明的国家自主性。

新加坡政治最大的特点,就是人民行动党一党长期执政,而且这样的政局是在开放的宪政体制下获得和维持的。关于一党独大体制的成因,曾经流行的解释是认为选民之所以持续选择人民行动党,无外乎"偏好""恐惧"及"选举操纵"等原因,最新的解释在一定程度上证伪了这些论断,而认为原因或许在于选民是"真心"地支持人民行动党的,在于选民对人民行动党执政能力的信任。[1]一党独大体制的运作方式,在政党与政权的关系上,是一个一党独大的以行政为主导的软权威主义政体;在政党之间关系上,它既要通过"合法"手段将反对党排除在政权之外,也要保证反对党有一定的发言权,以对执政党进行监督并反映不同的政见;在政党与社群组织关系方面,它推行国家统合主义的意识形态和政策。[2]同时,新加坡政治体制还具有开放取向,

---

① Steven Oliver & Kai Ostwald, Explaining Election in Singapore: Dominant Party Resilience and Valence Politics, *Journal of East Asian Studies*, Vol.18, 2018, pp.129-156.

② 李路曲:《当代东亚政党政治的发展》,学林出版社,2005年,第35~36页。

随着民众对提升政治参与度需求的增加，新加坡的治理模式也发生了从家长式向协商式的渐变。从经济社会发展的角度来看，这种兼具权威、民主与开放特点的体制为执政党制定并执行国家发展长期战略和不断推进国家经济建设和改善福利民生提供了制度保证。①

与之不同，被家族势力俘获、缺乏国家自主性的菲律宾，其民主制度的设计与安排，甚至是服务于家族寡头政治利益的，民主制度异化为"地主"制度，民主政治异化为家族政治，成为菲律宾家族争权夺利的工具。

在菲律宾历史上，并非没有出现过强有力的中央权威，独裁者马科斯也曾"励精图治"，希冀通过一场"来自中央的民主革命"建立一个以有指导的民主、经济发展和具有集体责任感为特征的"新社会"，虽然这只不过是马科斯玩弄西方民主规则并借以实现独裁统治的政治游戏罢了。马科斯时代的权威，是一种"变态"的权威，它是便利马科斯家族及其朋党对国家巧取豪夺的权威，而不是为国家整体利益及社会公共利益服务的权威。

民主转型推翻了马科斯政权后，菲律宾很快恢复了美式宪政民主体制，其依旧以"分权、限权"为特征，寡头们并不关心建立一个强大国家，而只关心利用这套分权体制"分赃"。在政治制度上，恢复总统制，不过将总统任期改为六年，且不得连选连任，恢复总统、副总统单独选举的制度安排，同时，将马科斯时代的一院制国民议会再次改成两院制国会。在政党制度上，与总统、副总统分开竞选相对应的是一种所谓"两线制的多党制"的体制安排，即多党竞争性选举的结果，常常形成一种总统与副总统分属不同政党的局面。但是无论是总统、副总统分别竞选的选制，以及两院制国会的设置，还是两线制的多党制，都是为了将寡头们的政治利益最大化、最优化，以及为更多的菲律宾世家寡头提供参政机会。

泰国的政体形式是君主立宪制，不过国王的作用却不等同于一般意义上的虚位元首，具有特殊性。民主转型以来，21 世纪泰国的民主政治发生了很大程度的变异，从西方引入的民主制逐渐演化异变为简单化的人头政治、

---

① 房宁等:《自由·威权·多元：东亚政治发展研究报告》，社会科学文献出版社，2011 年，第311页。

街头政治,甚至引发多次军事政变。在泰国民主制下,人们投票选举的目的,不是为了寻求能够兼顾多数人和少数人的合理利益诉求、更好地代表公共利益的人民代表,不是为了制定更好的公共政策而投票,而是为了私利、为了特定的阶级利益——农民等社会底层抑或中产阶级——而参与选举,民主沦为阶级斗争的角斗场。

与新加坡通过开放的民主选举产生一个代表国家整体利益和公共利益的人民行动党政府不同,泰国的国家权力结构具有独特之处,亦即在民选政府之上存在一个更高位阶的权威——"国王 - 军人联盟"。国王享有人民的普遍支持,同时他的存在也是一个重要的社会稳定器。①从 20 世纪 80 年代起,王权已不再是政治正当性被动的提供者,而是主动的授权者,国王成为泰国权力结构的核心组成部分,有学者称之为"国王领导下的民主"。这一模式使国王具有了某种道义的力量并处于相对超脱的"仲裁者"地位。②从国家自主性的角度观之,这意味着泰国国家政权获得了某种程度的自主性。但是相较于新加坡通过正式的制度和程序产生的制度化的自主性权威,泰国以国王作为自主性权威来源的政治模式,因其人格化的特征而存在持续性困境,亦即这种自主性与国王个人寿命、个人威望等因素息息相关。另外,国王权力还存在潜在的不确定因素,因为国王的权力在相当程度上是与军人权力捆绑在一起的,"国王的地位离不开军队的守护,而军人利益的保证自然也就成为国王的优先议程"③。

在"国王领导下的民主"模式中,国王代表着泰国民主中的"自主性""仲裁者"的力量,民选政府则被特殊的阶级利益所挟持——要么代表下层阶级、农民,要么代表中产阶级,而非代表国家整体利益或公共利益。在泰国,民主制度的社会基础并不是西方式的、以中产阶级为主导的大致平等化的阶级结构,中产阶级并不占人口多数,贫富、阶级分化严重。这样,民主的"一

---

① ［澳］约翰·芬斯顿主编:《东南亚政府与政治》,张锡镇等译,北京大学出版社,2007 年,第326页。

② 房宁等:《自由·威权·多元:东亚政治发展研究报告》,社会科学文献出版社,2011 年,第275页。

③ 杨光斌:《让民主归位》,中国人民大学出版社,2015 年,第 172 页。

人一票"和多数原则,很容易沦为平民主义、民粹主义,因为在后发国家"多数"自然是农民等草根阶级,一人一票的人头政治很容易堕落为忽视少数人权利的"多数人暴政"。在人头政治下,人数多的集团必定赢得选举。作为新兴资本的代表,泰爱泰党党魁他信,借由与草根集团"联盟",一举使泰爱泰党成为泰国历史上第一个拥有简单多数席位的民选政党,在众议院中一党独大,他信出任政府总理,并在四年后成功连任,成为泰国历史上首位获得连任的民选总理。[①]民粹政治无疑让国王、军人及少数派(包括有产者、中产阶级)感到恐惧,因此利益受损的中产阶级(所谓"黄衫军")在国王－军人联盟的暗中支持下,走上街头,以街头政治对抗民选政府。在黄衫军与他信政府持续对峙、场面逐渐失去控制之时,军队乘机发动军事政变,推翻他信政权。然而受他信政权庇护的下层农民(所谓"红衫军")也被动员起来,多次走上街头,要求重建政府。"他信幺妹"英拉的上台组阁,群众运动功不可没。[②]如是,泰国民主政治反反复复地在争夺特殊阶级利益的街头政治中循环演进。

第四节　东南亚国家自主性与国家治理能力建构

国家能力与国家自主性关系密切,"简单地说,国家自主性是指国家独立于社会自我决策的程度,国家能力则是指国家通过社会执行其政策的能力"[③]。斯考切波认为,国家自主性意味着国家可能会确立并追求一些并非仅仅是反映社会集团、阶级或社团之需求或利益的目标,而国家能力则是国家实施这些官方目标时的能力,尤其是在其遭遇强势社会集团的现实或潜在

① 房宁等:《自由·威权·多元:东亚政治发展研究报告》,社会科学文献出版社,2011年,第289页。
② 彭慧:《东南亚庇护政党制刍议——以菲律宾、泰国及印度尼西亚为例》,《东南亚研究》,2013年第6期。
③ 朱天飚:《比较政治经济学》,北京大学出版社,2011年,第95页。

的反对,或者面临不利的社会经济环境的情况下。①米格代尔则进一步细化了国家能力的内在结构,国家能力是"国家领导人通过国家的计划、政策和行动来实现其改造社会的目标的能力","包括渗入社会的能力、调节社会关系、提取资源,以及以特定方式配置或运用资源四大能力"。②蒂利的国家能力概念,事实上也指涉了这四个方面的能力,在他看来,"国家能力是指国家机关对现有的非国家资源、活动和人际关系的干预,改变那些资源的现行分配状态,改变那些活动、人际关系及在分配中的关系的程度"③。

至于国家自主性与国家能力之间的关系,略显复杂。一方面,"国家能力的基础首先在于国家具有一定的自主性。国家能力的表现在于国家执行政策目标的程度与范围,作为政策的执行者,国家必须在行动上具有自主性"④。另一方面,国家自主性与国家能力也有矛盾的一面。自主性越高,国家决策就越独立于社会,但社会可以在政策执行层面抵抗不利于它的政策。相反,如果国家在决策层面就能与社会沟通、协商甚至妥协,在执行层面就可以比较顺利地执行政策。虽然这意味着自主性的降低,但换来的是国家能力的提高。⑤可见,为了有效达到政治发展的目的,努力寻找国家自主性与国家能力之间的平衡点相当重要,而实际上这意味着国家与社会之间需要展开良性的互动与合作。反之,无论是国家与社会之间的勾结,还是社会对国家的俘获,都不利于国家自主性与国家能力平衡的达成及国家现代化的进展。

在东南亚国家自主性与国家治理能力构建方面,主要关涉国家是否具有现代化导向,是否在市场经济的发展中扮演主导者的角色,而且在国家积极介入经济发展的过程中,是否能够"独善其身",即处理好政府与不同的社会集团(尤其是商界、劳工界)之间的关系,且不为这些社会集团所控制。

---

① [美]西达·斯考切波:《找回国家——当前研究的战略分析》,方力维等译,生活·读书·新知三联书店,2009 年,第 10 页。

② [美]乔尔·S.米格代尔:《强社会与弱国家:第三世界国家社会关系及国家能力》,张长东、朱海雷等译,江苏人民出版社,2009 年,第 5 页。

③ [美]查尔斯·蒂利:《民主》,魏洪钟译,上海人民出版社,2015 年,第 15 页。

④ 曹海军:《"国家学派"评析:基于国家自主与国家能力维度的分析》,《政治学研究》,2013 年第 1 期。

⑤ 朱天飚:《比较政治经济学》,北京大学出版社,2011 年,第 99 页。

新加坡既是东亚地区嵌入式自主性国家的代表，又是东亚具有现代化导向的发展型国家的典型。"嵌入自主"是彼得·埃文斯创造的概念，指的是国家不仅能渗透到社会中的各场域并与各个社会团体保持较强的结合，而且在这一过程中国家还能保持自身的自主性。嵌入性自主，意味着国家对社会的干预性与国家对社会的自主性的相互协同。①而发展型国家则意指政府通过深度介入市场机制和干预市场经济活动，从而实现对经济起飞的引导作用，代表了一种与西方国家"市场驱动型"的发展道路不同的、新的现代化路径。同时，发展型国家与国家自主性具有内在相通之处，亦即发展型国家不仅意味着国家主导的经济发展和现代化模式，还意味着国家是高度自主的。也就是说，一方面，发展型国家在市场经济活动中扮演积极、主动的引导者；另一方面，国家机器还保持既不被产业界的资本权力垄断，又不被劳工界的民粹主义所控制，国家保证不同的社会集团（资方、劳方）的利益都能被表达、都能不同程度地获得满足。另外，需要说明的是，发展型国家是统合主义国家框架下的一个次生形态。②

在新加坡，人民行动党政府建立的"政府、资方与劳方"的统合主义体制，是一种把传统的家长式治理与现代的民主治理相结合的政治形态。一方面，这三方不但要争取和维护自己的利益，也都要尊重其他两方的利益，没有一方要求绝对的权力和利益。另一方面，人民行动党政府的地位更高一些，以一种仲裁人的身份凌驾于其他两方之上而保持这种三角关系的平衡。③

人民行动党政府将协调资方和劳方、雇主和雇员之间的关系视为实现国家经济发展及现代化的重要条件之一，"政府在制定政策、协调关系的时候十分谨慎，处处着眼于维护和缓和劳资关系、劳资矛盾"，"采取'亲民'与'亲商'兼顾的原则，建立'劳、资、政'共生协商机制，协调各方利益，解决劳资冲突，维护社会稳定"，实现经济发展。④第一，国家与资本权力、政府与商

---

① 曹海军：《"国家学派"评析：基于国家自主与国家能力维度的分析》，《政治学研究》，2013年第1期。

② 杨光斌：《政治变迁中的国家与制度》，中央编译出版社，2011年，第262页。

③ 李路曲：《当代东亚政党政治的发展》，学林出版社，2005年，第36页。

④ 房宁等：《自由·威权·多元：东亚政治发展研究报告》，社会科学文献出版社，2011年，第321页。

界保持密切友好关系。政府为企业制定产业计划、吸引外来投资、提供银行信贷担保、进行教育和技术投资，使新技术转化为现实生产力。但与此同时，资本权力要受到有效的法律限制。例如，每次危机时期，政府要求企业不得裁员，但可以降低工人工资。第二，国家出面协调劳资矛盾，促使双方沟通、谈判与妥协，要求双方共享发展成果，要求资方随着经济与企业的发展而向劳方提供相应的福利。政府在绝大多数工人心中是工人利益的保护者，工会愿意在人民行动党及其政府的总体控制下活动，而且在维护工业秩序、抑制工资增长、提高生产率，以及加强劳动纪律上与政府密切配合，主动解释政府政策，而不像西方工会那样，通过采取与企业、政府对立的立场来维权。第三，国家对劳工阶层的谈判与抗议权利进行有效管理，规定雇员的招聘、裁减、开除、任务分配等属于企业的基本管理职能，职工或工会无权进行干涉和提出谈判，也不属于劳资仲裁法庭管辖范围。另外，工人的罢工权也受到严格的程序限制，但又保留一定的弹性和空间。[1]

这套"劳、资、政"合作的落实机制，是各种常设或临时的三方协商委员会或工作小组。其中，常设机构如全国工资理事会，临时机构如提高退休年龄委员会、裁员事务委员会、医疗服务委员会等。制度化的协商机制，使政府兼顾劳资双方利益，使劳资矛盾能够在政府主导下得到及时有效化解，从而提高了政府执政的合法性，缓和了"劳、资、政"的紧张关系，促进了社会经济持续高效的发展。[2]

菲律宾的情况则与新加坡完全相反，菲律宾既是"俘获型国家"，又是"掠夺型国家"或"反发展型国家"。

家族政治意味着国家被家族俘获，国家成为家族的政治工具，国家自主性丧失。同时，菲律宾的家族政治还意味着极强的社会掠夺性。追求一己之利，包括身份、地位、权力、财富等，是菲律宾家族及其成员参与政治的目标，

① ［新加坡］吴元华：《新加坡良治之道》，中国社会科学出版社，2014 年；房宁等《自由·威权·多元：东亚政治发展研究报告》，社会科学文献出版社，2011 年，第 321~322 页；国防大学课题组：《新加坡发展之路》，国防大学出版社，2016 年，第 28 页。

② 房宁等：《自由·威权·多元：东亚政治发展研究报告》，社会科学文献出版社，2011 年，第 322页。

而不是为了追寻"公意"与"公共的善"。家族寡头俘获国家之后,国家权力即成为其实施掠夺的工具。世家寡头通过垄断的政治权力控制经济与其他资源,借以巩固自身家族的经济利益,同时向自己的支持者、追随者施以"恩惠",而不是为整个社会谋福利,结果形成所谓"掠夺型国家"。掠夺型国家的主要表现即为贪腐,"菲律宾贪腐状况极为严重,已经成为一个掠夺型国家"。菲律宾大家族往往是政商一体的,政治寡头与经济寡头、政府与财团之间相互勾连,贪污腐败泛滥成灾,吞噬了菲律宾国家的大量财富。在菲律宾家族寡头眼中,"政治就是生意,生意就是政治",政治是通往财富的捷径,借由政治权力,在短期内就可以得到大量金钱。掠夺型国家无疑会带来治理失败,如经济增长迟缓、贫困及两极分化等现象。寡头政治的目的,是掠夺而不是发展国家,因此菲律宾掠夺型国家亦被视为"反发展型国家"的典型。或许一组数据最能说明新加坡与菲律宾两个国家的差距,"从 1959 年到 1997 年,新加坡的人均 GDP 增长了 74 倍,从一个贫困的第三世界国家变为了世界第四富国",而"20 世纪 60 年代,菲律宾仅次于日本居亚洲第二位,但是到了 80 年代,这个国家的经济实力迅速下滑到几乎是当时亚洲的最低水平"。①

与菲律宾俘获型国家类似,泰国也属于俘获型国家的一种亚类型。如果说菲律宾是家族俘获型国家的代表,那么 21 世纪以来的泰国则是民粹主义政治的典型,而民粹主义盛行的国家也是一种类型的俘获型国家。②

与新加坡嵌入自主式国家——国家既不被商界资本权力,也不被劳工界的民粹主义所控制相异,21 世纪以来的泰国政治呈现出一种特殊的"劳、资、政"关系,亦即一种根源于新兴资本集团与草根群体之间政治联盟的"企业家政治"。③一方面是政商一体化。在泰国政治转型的过程中,政商关系顺次经历了"依附式""协商式""对等式"等结构,并在他信上台后转向"一体

---

① [澳]约翰·芬斯顿主编:《东南亚政府与政治》,张锡镇等译,北京大学出版社,2007 年,第 277、237 页。

② 杨光斌:《政治变迁中的国家与制度》,中央编译出版社,2011 年,第 251 页。

③ 房宁等:《自由·威权·多元:东亚政治发展研究报告》,社会科学文献出版社,2011 年,第 289 页。

式"结构。①他信一改泰国政经分离式"政治家政治"的传统模式,从幕后走向前台,开启了"企业家政治"的时代序幕。另一方面是新兴资本与草根阶级的结合,即新兴资本"雄厚的资金"与"中下层民众特别是农村民众的选票支持"的结盟。"以他信为核心的泰爱泰党成为周边乡村地区民粹主义的代表……泰爱泰党不过是利用了泰国国内民粹主义崛起的势头"②而进入政治权力中心的。在此模式下,新兴资本与下层民众各取所需,既满足了新兴资本推动经济改革,特别是农村经济改革与发展、启动农村大市场的需要,也迎合了以农民为主体的底层民众改善生活质量、提高生产水平的愿望。随着一系列惠农政策的落实,他信很快获得了底层群众的支持和拥护。

此外,通过与王权、军人集团、行政官僚、地方势力、中产阶级的多方博弈,他信及其泰爱泰党成为泰国具有压倒性优势的政治主导集团。但与此同时,在他信集团的政治打压下,政治利益受损的王室-保皇派、军人集团、地方政客、城市中产者等"反他信"的政治力量也开始集结。双方的政治矛盾,最终演变成持续性的"你方唱罢我登场"的政治冲突。一方面,由于政治斗争中树敌太多——几乎将资本及底层草根之外的政治势力都推到了自己的对立面,他信政权被王室-保皇派暗中支持的、以中产阶级为主体的所谓"黄衫军"的街头政治及其后的军事政变所推翻。另一方面,由于他信派系根植于资本与占泰国人口大多数的底层草根的政治联姻,因此在选举民主体制下反他信势力难以从根本上排除他信派系重新崛起的可能性。他信虽然流亡海外,但他信的"继任者"们,包括他信的亲信、亲属依旧活跃在泰国政坛。③政治势力的此消彼长,政治动荡的此起彼伏,表明民主在泰国已经失控,已经蜕变为街头政治与民粹政治。周期性、持续性的政治动荡,严重影响着泰国政治秩序的稳定,而没有"稳定"何谈"发展"?被民粹主义和街头政治绑架

---

① 周方冶:《泰国政治转型中的政商关系演化:过程、条件与前景》,《东南亚研究》,2012 年第 4 期。

② 彭慧:《东南亚庇护政党制刍议——以菲律宾、泰国及印度尼西亚为例》,《东南亚研究》,2013 年第 6 期。

③ 周方冶:《泰国政治转型中的政商关系演化:过程、条件与前景》,《东南亚研究》,2012 年第 4 期。

的"选举式民主没有提升泰国的国际形象和经济发展,而是导致了相反的结果"。①

"后发国家是否拥有适当的国家自主性,直接决定着国家建设的成败。""对于很多后发国家而言,没有自主性国家就没有一个政治意义上的现代国家。"在东南亚国家政治发展历程中,不同性质、不同程度的国家自主性与现代国家构建的结合,展现出不同的发展图景。

具有较强自主性的国家(如新加坡)可以有力地推进国家认同构建、国家制度建设及提升国家治理能力。反之,在那些缺乏自主性或自主性较弱的国家,如菲律宾,由于国家被某种地方性社会力量所俘获,成为这种社会势力瓜分国家权力、掠夺国家资源及侵吞社会财富的工具,从而在国家构建方面难以形成整体性的国家认同,在国家制度建设层面难以规避地方性势力借助政治制度与程序攫取国家权力,以及在国家治理能力构建方面缺乏国家利益导向与现代化导向,甚至异变为掠夺型国家。

泰国的情况稍显复杂,在国家认同层面,面对与新加坡相似的多元差异性社会结构,民族政策的制定没有采取中立的、统筹兼顾且具有向心力的多元并存政策,而是采取了向主体民族倾斜的同化政策,不仅难以弥合族群间的矛盾与冲突,更无法使少数族群产生国家忠诚与认同;而在国家制度及治理能力建设方面,国家权力虽具有一定程度的自主性,但这种自主性是建立在非制度化(即人格化)的权威上的,因此具有不稳定性和不确定性。泰国移植的西式民主制度,在实践中由于"水土不服"而异化为代表特殊利益的阶级政治、街头政治及民粹政治,不仅无法产生有效的公共政策而对社会资源进行合理分配,而且不同势力间冲突不断,军事政变频仍。周期性的政治动荡威胁着政治稳定,而政治衰朽进而严重影响着泰国经济社会的发展,致使国家治理效果不彰。

可见,国家自主性是影响东南亚国家政治发展的重要因素,直接决定着东南亚现代国家构建的成败。

---

① 杨光斌:《让民主归位》,中国人民大学出版社,2015年,第174页。

第五章 东南亚国家的精英政治与政治发展

政治发展研究中具有两种典型的取向,结构取向与行动者(精英主义)取向。结构取向比较强调经济政治及社会结构的变化对于政治发展的重要推动和促进作用,这一取向最为典型的就是"经济越发展,出现民主政体的概率越高";行动者取向强调政治精英人物,特别是领袖人物的价值取向与行为选择对于一国未来政治体制的走向与质量至关重要。

本章之所以以政治精英为视角,关键在于其在后发国家政治发展中占据极其重要的地位:首先,政治精英在非西方国家的政治变迁和国家发展进程中往往扮演着关键角色。相较于成熟民主国家政治体制的相对完善,政治精英在后发国家的政治发展中可以拥有更大的能动空间。其次,在后发国家中,在制度转型与供给的不足方面,政治精英魅力型权威常常起着制度供给的重要作用,政治个人化(personalized politics)一直以来就是发展中国家政治发展的一大特点。另外,在比较政治学的研究中,政治精英无疑是一个十分重要的关键变量与分析单位。在西方出现的所谓的"民主衰败",政治精英的研究视角是当前比较政治学研究的一个重要组成部分。最后,从政治精英承担的社会角色来看,无论是国内政治还是国际政治的学术研究,后发国家政治领袖的重要性无论如何是无法被忽略的。"精英研究逐步演变成为政治发展研究的一种重要理论模式。"[①]另外,政治精英研究同其他的理论研究并不冲突。比如,政治精英与现代化理论、政治精英与民主化理论都存在着高

---

① 杨景明:《转型以来韩国与俄罗斯政治精英的比较研究》,华东师范大学博士学位论文,2009年。

度的相关性。推动一国政治发展的因素是多个方面的,但政治精英理论毫无疑问为我们分析后发国家的政治发展提供了重要的分析视角,后发国家政治更加突出政治精英主义的色彩也是客观事实:二战后,这些国家在本国政治精英的带领下,走上了不同的政治发展道路。研究这些国家的政治精英结构,对于分析其独特的政治发展道路具有十分重要的作用。本章以政治精英为分析视角,探究东南亚国家政治精英结构与政治体制之间的关联性。

一国政治体制是多重因素决定的结果,东南亚国家政治体制的一个显著特点是这些国家政治精英摆脱殖民统治的方式在很大程度上决定了这些国家政治体制的基本类型。社会结构的变化及由此带来的精英力量的变化构成了其政治发展的重要推动力。在东南亚国家里,除了泰国外,几乎都有着相当长一段时间的殖民历史。殖民经历给这些国家造成的影响是多方面的:长期的殖民统治给这些国家带来了灾难,使这些国家的经济结构和社会结构畸形化,但同时也促使这些国家政治精英意识崛起,一定程度上唤起了国家意识和民族意识的觉醒,增强了民族凝聚力。但同时本国制度不可避免地会打上宗主国的烙印。二战以后很长一段时间,这些国家开始了相对独立的建国历程,统一完整的官僚体系开始建立起来,政治权力开始由地方向中央集中,国家的力量开始压倒地方的部落、部族和宗教的力量,但是由于执政者与前宗主国和国内传统部落势力、部族势力(家族势力)力量存在较多的妥协,导致一些东南亚国家政治体制呈现出鲜明的传统色彩,军人干政、专制政治、政教合一等传统政治力量一直深深影响东南亚国家的政治发展。

二战以后,受宗主国、民主化浪潮和一系列外部条件的影响,东南亚国家也纷纷建立起政党体制,让政党在国家政治生活中发挥积极的作用。众所周知,现代政治是以政党政治为核心的民主政治,让政党在国家政治生活中发挥主导性作用,其根本原因在于政党体制能够超越狭隘的集团忠诚,为国家权力稳定更替和政治发展提供动力。很显然,政党的引入对于克服传统的部族主义、建设现代国家具有十分重要的作用,在东南亚国家政治体制的形成过程中,各国政治力量的差异,也就是不同精英集团力量的差异,造成其政体结构的显著差异。在东南亚国家政体类型中,主要存在多种政体形式:

既有社会主义一党制，又有文莱的一元君主制，泰国、柬埔寨的君主立宪制，还有印度尼西亚、马来西亚的议会内阁制，以及缅甸、菲律宾的总统制。根据影响这些国家政治权力结构的精英集团的力量，本章对于精英结构类型做出如下划分。

第一节 精英结构及其类型

一般而言，代表不同利益集团之间的精英因各自利益的差异必然存在结构型的冲突，但是不同的精英集团之间为了对抗和保护自身的利益也存在可合作的可能，由此造成了不同的精英结构类型。根据精英集团关系的差异，我们可以将东南亚 11 个国家的四类精英按照不同的关系归结为以下三类：

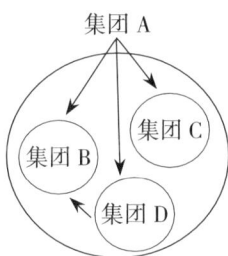

图 1 一元统领模式　　　图 2 一元主导模式　　　图 3 多元竞争模式

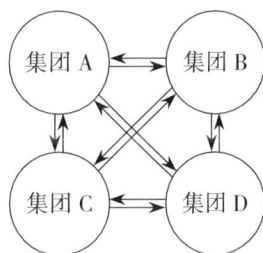

说明:实线代表权力关系基本走向,虚线代表监督力量作用

一、一元统领模式

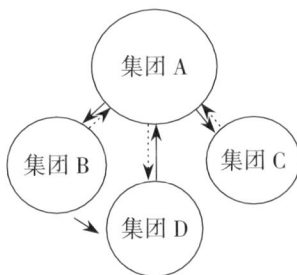

一元统领模式也可被称为统合式精英结构,在这类结构中,有一类处于绝对的支配地位,可以对其他类精英集团关键性行动具有支配作用,其他精英集团依附于支配集团实现本集团的利益。在这类结构中,其他精英集团作为优势集团尽管具有一定的自主行动能力，但是这种能力的行使以不构成

对支配集团的威胁为前提。在这种结构中,支配集团绝对不允许其他集团挑战自己的支配地位,支配集团要求其他精英集团与其通力合作,共同实现对社会的统治。如图 1 所示,代表几大关键利益集团政党或团体 A、政党或团体 B、政党或团体 C 和政党或团体 D 之间力量处于明显不对称的状态,政党或团体 A 处于绝对的支配地位,B、C、D 完全处于从属或依附地位。根据统治的目的与依靠力量,这种结构可以分为苏丹制与社会主义一党制两种类型。前者属于典型的传统政体,所有的政治力量主要为苏丹个人及其家族服务,苏丹是整个政治权力的中心,集立法、行政、司法、宗教大权于一身,在整个金字塔形的权力结构中居于顶端;后者体现社会主义政治体制中典型的共产党一元领导特征,议行合一是其主要的国家政权结构形式,共产党的领导是社会主义政治制度的核心,共产党通过高度组织化网络结构实行对社会全方位的领导,保证人民利益的实现,在共产党的执政体系中,共产党既可以作为唯一的合法政党,也可以与其他政党采取一党领导多党合作的方式扩大政治基础。

二、一元主导模式

一元主导模式指在多党制体制下,精英集团力量的差异导致的某一精英集团具有明显优势的精英结构类型。在这种精英结构下,社会的分化程度已经显著增强,不同的利益集团可以在民主制度的框架范围内通过民主方式实现自己的特定利益。不同的精英集团可以组建自己的政党,通过动员与争取选民实现自己的政治主张和集团利益。如图 2 所示,代表几大关键利益集团政党 A、政党 B、政党 C 和政党 D 之间处于力量不对等的状态,政党 A 就处于这样的主导地位。不同政党力量之间的差异,导致其政治权力的分配呈现出明显的差异,作为主导型的政党,在国家权力结构中居于主导位置,几乎所有的重要部门都由这一政党把持与控制,其他政党仅可以在一些边缘部门发挥一定的作用。主导型政党利用自己把持的重要资源,对这些边缘性政党进行包括意识形态在内的各种控制,边缘性政党可以有其特定的选民群体作为支撑,但是这一支撑很难危及主导型政党的主导作用。这种政党关系结构具有十分重要的作用,维护了主导型政党对于国家政权的控制,保证了国家法律与政策的连续性,同时又能较好地吸纳来自反对群体的意见与诉求,可以起到广开言路、扩大执政基础的作用。但是由于政治利益与见解的显著差异,当主导型政党权威式微的时候,也不排除边缘性政党借机走向权力中心的可能性。因此,这种政党体制对于主导型政党的影响是双重的:既可以增强政治体制的弹性,同时也可能构成对于主导型政党地位的威胁。

三、多元竞争模式

多元竞争模式是指在多党制下,各种不同利益集团通过利益集团中的精英分子组建政党,在民主体制的框架下实现本集团利益的精英结构形式。在这种体制下,社会分化程度较高,几大关键利益集团之间力量大致相当,谁也难以取得对于其他集团的绝对优势,几大利益集团势均力敌。如图 3 所示,代表几大关键利益集团政党 A、政党 B、政党 C 和政党 D 之间几乎处于均势,谁能在竞争中取得上风取决于其在开放政治参与的状况下对于选民的动员能力。

多元竞争模式是现代西方发达国家最为重要的政党结构形式,源于西方国家特殊的政治生态与社会结构。在这些西方国家中,已经形成了多元化的利益表达渠道与方式,各种政治集团之间能够在民主的框架下表达自己的特殊关切与利益要求,能够在法律的框架下形成权力妥协、分享竞争与合作的良好氛围,规则意识已经深入民众的价值观念与生活方式中,不同集团之间达成基本政治共识的制度框架相对完善。可是在一些东南亚国家,民主的观念并没有深入人心,掌握权力的政治精英缺乏权力分享的意识,掌握核心政治权力的政治精英总是使用手中的权力使得政治运作能利于自己或者本集团利益,"一朝权在手,便把令来行",这也导致很多东南亚国家多党制运行的质量明显不佳。

第二节　东南亚国家的精英构成

精英结构决定了一国政体的基本类型。毋庸置疑,任何一国的精英类型都是多元的,但多元的精英力量并非等量齐观。一国政治体制的形态取决于该国精英结构的基本类型。根据社会学的基本理论,冲突与合作构成人类一切社会活动的全貌。从理论上讲,鉴于利益的稀缺性,代表不同利益集团之间的精英关系由于阶级、宗教、族群、文化、价值观、生活方式、职业等原因,在利益诉求上必然存在较大的差异,甚至可以说是完全冲突的,但在特定的条件下,彼此之间也可能因为一时的利益一致存在较大的合作空间与可能。

对东南亚国家政治起主导作用的不外乎以下几类精英。脱胎于传统社会的王室精英、军事精英、宗教精英、构建现代政治所必需的政党精英,以及代表更广泛新生阶层利益的商业精英与经济精英。与发达国家不同,东南亚国家的商业精英与经济精英呈现出较高的依附性。在东南亚国家,市场经济并不十分发达与完善,作为新阶层代表的商业精英与经济精英,他们既具有冲破旧有权力格局的强烈抗争意识,同时又不得不臣服于政治权威,因为整体而言东南亚国家的制度化水平不高,个人自由与权利保护机制还不完善。而恰恰是这股力量,成为搅动东南亚国家政治格局的革命性力量。

一、政党精英

政党是近代以来世界各国普遍存在的政治现象,是连接国家与社会的纽带,国家借助政党对社会实施整合,社会则依靠政党向国家进行价值和利益输送。[①]政党通过利益表达、利益综合、政治录用、政治社会化等基本功能的发挥,维系着民主政治的运转。政党制度是现代民主制度的支柱,政党政

---

① 池步云:《印尼政党体制制度化与民主发展》,《东南亚研究》,2017年第1期。

治的制度化程度标志着一国的政治发展水平。按照马克思主义对于政党的认知,政党是由来自各个阶级、阶层的先进分子组成的,具有特定的纲领与政策主张,凝聚阶级意志,通过组织和发动群众为特定阶级与阶层谋取利益的政治组织。政党是社会组织充分发展的产物。在东南亚国家,除文莱外,都实行政党政治。来自不同精英集团的政治精英通过组建自己的政党来实现本集团利益。缅甸巩发党党员主要是以军人为基础,代表来自军方的利益。泰国人民民主联盟(俗成黄衫军)更多代表传统力量的利益。在柬埔寨,由西哈努克创建的奉辛比克党则更多代表王室的利益。

　　在东南亚各国,除文莱外,政党政治已经生根发芽。尽管东南亚各国政党制度存在较大差异,但政党政治已经成为普遍现象,政党在国家政治生活中的作用越来越突出。政党精英作为整个政治活动的主导者和组织者,在国家政治生活中发挥关键作用。东南亚国家大多数属于经济欠发达国家,传统因素对政治的影响较大,表现在政党政治中就是政党领袖魅力型依附,政党精英在政治运作中权重过重,政党政治的制度化水平偏低,庇护型政党色彩较浓。

　　在东南亚除文莱以外的十个国家,既有政党制度化水平较高的新加坡,政治制度化水平有待提升的老挝、马来西亚、菲律宾、东帝汶等国,也有军政府痕迹正在褪去、政党政治逐步步入正轨的缅甸,以及实现国家和解的柬埔寨等国。在东南亚国家,尽管政党政治在国家政治生活中的作用日趋提升,但总体而言,东南亚国家政党的制度化水平有待提升。

　　赫伯特克·茨谢尔特(Herbert Kitschelt)在《民主政治下公民与政界的联系》一文中提出了政党动员机制差异性的分析框架,茨谢尔特认为,可以根据政治家动员组织选民的三种基本模式分析一国的政党动员体制:第一种是克里斯马式(Crismatic)。这种方式以个人魅力来动员大众,这种情况下政治家既不需要关注如何建构能激发选民集体行动的网络,也不必以独特的政治纲领来吸引选民,而是依赖于血统、超人格化的权威为自己的统治披上合法化外衣,整个统治不是以民众的“同意”与认可为基础。新加坡建国早期李光耀的魅力型统治、菲律宾在马科斯执政期间就体现为典型魅力型动员体制。第二种是庇护政党制。这种政治组织动员方式传统上需要上层政治恩主能够动员并构造一个金字塔形的行政–技术型选民网络(administrative technical infrastructure),其内部联系中介是直接的个人间的利益交换,在推进政治发展过程中,庇护政党制则通过选举机器来实现利益流动。菲律宾的家族式政权、印度尼西亚在苏哈托时期的政治动员具有这种属性。第三种动员组织方式是以政治纲领为动员工具的政党制度。^①近几年来,新加坡政党体制属于此种类型。在当今的新加坡,人民行动党已经摆脱了早期李光耀的魅力型依附,转而寻求对人民行动党政治纲领的认同。这标志着新加坡政治制度的水平迈向新的台阶。值得注意的是,这几种制度化差异较大的政党动员体制在东南亚国家普遍存在。

二、军事精英

在东南亚国家早期争取民族独立和解放、建设现代国家的进程中,军事精英扮演着非常重要的角色,即使在当前,军方仍旧是一些东南亚国家政坛举足轻重的一股力量。东南亚国家脱胎于传统的专制社会,再加上军事力量在争取国家独立进程中难以替代的作用,导致很多国家军事集团利益的固化,军事精英的权力并不像在西方发达国家那样受到有效的节制,军人干政时有发生。在今天的缅甸和泰国,军方仍旧在国家政治生活中扮演着十分重要的角色。1962 年,缅甸奈温将军发动军事政变,推翻了吴努的文职政府,从此缅甸开始了近半个世纪的军人政权,由于军人政权的脆弱性,伴随民主化浪潮的持续推进与美国对其持续施压,缅甸军政府从 2008 年开始了一系列有步骤的军政府“还政于民”计划。2015 年举行的全国大选,以昂山素季为代表的民盟获得议会多数席位,缅甸开启了自己的民主转型进程,缅甸的“忽然民主”让外界大为惊叹。对此学界多有分析,但毋庸置疑的是缅甸军方仍主导着这一进程。对此学界有两种不同解读,一方面是体现军方的自信、责任与承担,半个世纪的军政府让缅甸在国际社会愈加孤立,导致长期遭受美

---

① 转引自彭慧:《东南亚的庇护政党制刍议——以菲律宾泰国及印度尼西亚为例》,《东南亚研究》,2013 年第 6 期。Herbert Kitschelt, Linkages between Citizens and Politicians in Democratic Polities, *Comparative Political Studies*, Vol. 33, No. 6–7, 2000, pp. 849–851.

国与东盟国家的制裁,缅甸国家形象长期受损,军政府积累了足够的政治资本可以控制这一进程;另一方面,随着缅甸民众民主权利意识的不断觉醒,关于国家变革的呼声不绝于耳。在这种情况下,缅甸军方顺应民意,逐渐取消了对于反对派领导人昂山素季的各种限制,缅甸的民主化进程取得突飞猛进的发展。这种军方主导的民主化进程制定了和平的军方退出路线图,在保证了军方特殊利益的同时,又顺应了时代与民众的要求。军方可以在民主化进程中承担"监国者"角色。这给我们带来两方面的启发:一是军人干政的国家,大多数由于政府软弱无能,贪污腐败盛行,国家缺乏起码的政治秩序,需要军队的介入,以提供有力的秩序保障;二是频繁的军人干政会导致正常的国家机构难以发挥作用,导致公民的政治权利难以得到有效的保障,久而久之会侵害整个政权合法性基础,国家建设遇到挫折。

在泰国,军方仍旧是政坛上一支非常重要的力量,尽管泰国已经实现了民主转型,但这种转型呈现出一定的"夹生性",传统力量代表的军方作为保守势力的代表,一直不愿放弃自身的集团利益,底层民众以民主化为诉求的平权运动试图打破传统的利益藩篱时,难免会触及强势的军方既得利益,军方就会利用其掌握的强大资源,强行介入国家重大政治活动。这种现象在一些后发国家普遍存在,泰国的民主转型提升了底层民众的政治参与意识和权利意识,但底层民众权利格局的变迁难免与既有的利益格局相左,当两者的利益实在难以调和时,民众极易通过反体制的政治抗争去达成自己的目标,这时如果各派政治精英缺乏妥协的技巧与艺术,国家就会陷入持续的冲突中。持续的乱局为强势军方介入提供借口,军方转而会以监国者之名通过军事力量直接干政,解散软弱的文职政府,宣布国家进入紧急状态。这时军队的精英就会由幕后进入政治前台,实行军政府统治,导致国家正常的法治建设遭遇重大挫折。值得注意的是,王室作为保守力量的代表,始终与军方有着千丝万缕的联系,导致泰国社会处于一种持续性的动荡状态。

三、宗教精英

"东南亚是当今世界上宗教最多最复杂的地区。"①在东南亚国家,宗教与教派繁多,可以称为宗教的万花筒。在这些国家中,菲律宾信奉天主教(80%)、伊斯兰教(5%),越南主要信奉大乘佛教(81%)、天主教(5%),柬埔寨主要信奉上座部佛教(95%),老挝信奉上座部佛教(65%)、泛灵信仰(32.9%)、基督教(1.3%),泰国信奉上座部佛教(94.6%)、伊斯兰教(4.6%),缅甸信奉上座部佛教(89%),马来西亚信奉伊斯兰教(58.4%)、大乘佛教(22.2%)、基督教(9.1%),新加坡信奉佛教(42.5%)、伊斯兰教(15%)、基督新教(10%),印度尼西亚是全球最大的伊斯兰国家,信奉伊斯兰教(86.1%)、基督新教(5.7%),文莱信奉伊斯兰教(67%)、佛教(13%)、基督教(10%),东帝汶信奉罗马天主教(90%)、伊斯兰教(5%),由此,东南亚宗教复杂程度可见一斑。

对于发达国家而言,宗教对于政治的影响已经微乎其微,可对于东南亚国家而言,宗教精英绝对是该地区一股不容忽视的力量,东南亚是多宗教、多文化、多语言、多信仰的地区,宗教名目繁多。东南亚拥有世界上数量最多的佛教信徒,拥有世界上最大的伊斯兰教国家,拥有世界上相当宏伟的宗教建筑群,拥有亚洲唯一的基督教国家。②佛教和伊斯兰教作为主要的两大宗教,在东南亚国家拥有着非常广泛的群众基础。宗教对国家建构影响十分复杂,宗教领袖必然会利用宗教的广泛影响力去达成各种目的,从东南亚国家独立和国家建设来讲,宗教领袖可以利用宗教因素整合东南亚国家的意识形态。③由于东南亚国家信徒众多,宗教领袖可以以此强化民族特征、提高民族自信心,这对于凝聚国家建设共识具有积极影响。但同时一些宗教教义的

---

① 刘金光:《东南亚宗教的特点及其在中国对外交流中的作用》,《华侨华人历史研究》,2014年第1期。

② 马丁:《试论东南亚宗教的特点》,《历史教学》,1996年第3期。

③ 刘金光:《东南亚宗教的特点及其在中国对外交流中的作用》,《华侨华人历史研究》,2014年第1期。

保守性可能使得一些宗教成为国家建设的不利因素，尽管大多数东南亚国家实现了宗教与政治的分离，但同时我们可以看到，宗教在国家政治生活中仍发挥着重要作用。文莱实行政教合一，国王既是国家元首和政府首脑，又是宗教领袖，利用宗教为自己量身打造政体服务。在泰国，尽管国王并不直接介入国家政治生活，但国王利用自己的宗教和王室身份，对国家的政治进程施加一定的影响。柬埔寨实现国家和解后，新的国王诺罗敦·西哈莫尼虽然没有其父绝对的影响力，但仍旧可以作为宗教领袖发挥一定的作用。

四、王室精英

东南亚国家几乎都有漫长的封建专制传统，王室一直在国家政治生活中扮演着重要作用。鉴于一些国家的王室在战后摆脱殖民地的过程中发挥了重要作用，其自然就会代表传统的王室政治力量参与这些国家在战后建设现代国家的进程。一方面其是国家构建的基本力量，成为民族团结与国家统一的象征，是沟通过去、现在、未来，提升民族凝聚力的关键，在国家独立伊始，王室精英起着制度供给者的作用，使得一国的政治发展可以保持一定的连续性；另一方面固有的利益藩篱和王室的相对保守性使其成为国家走向现代化的阻碍，经常使得一国的政治改革变得举步维艰。在东南亚诸国中，王室至今在国家政治生活中仍旧发挥着重要作用的是泰国、文莱和柬埔寨。文莱早期遭受英国的殖民统治。二战改变了大国力量对比关系，也促进了许多殖民地国家的独立，由于在促进民族独立过程中人民党政治不成熟，文莱苏丹王室借此解除了政党领袖的权力，加上英国在撤出苏丹过程中对自己利益的考量，使得文莱苏丹哈桑纳尔·博尔基亚所倡导的政治上的"渐进主义"[①]成为国家建构的主导方案，将确保国家稳定。随着英国在东南亚的逐步退出，文莱获得了彻底的独立。与其他英国殖民地不同的是，文莱没有接受英国威斯敏斯特式的代议政体，而是保留了传统的王室政治。英国历史

---

① Donald E. Brown. Social Political History of Bruner A Bornean Malay Sultanate, A Thesis Presented to the Faculty of the Graduate School of Connell University for the Degree of Doctor of Philosophy, 1969, pp.328-329.

学家尼尔·弗格森甚至断言:"如果没有英帝国统治的影响,很难相信议会民主制度能够为世界上大多数国家所采用。"①但偏偏文莱就是个例外,文莱传统的政治文化和苏丹本人的权力倾向,特别是文莱苏丹的权力倾向,成为决定文莱选择何种政治体制或道路的关键性因素②。这种局面的形成充分体现出文莱苏丹王室高超的政治技巧,他们自始至终与英国保持着良好的沟通与外交关系,这一方面反映出英国在殖民体系瓦解后国家实力不断衰落的事实,也体现出英国分而治之的统治策略。至少从现实的利益层面,文莱苏丹王室不会像文莱苏丹人民党等进步势力那样反对英国的存在,双方自始至终是合作多于分歧。与其他英联邦国家不同,文莱的国家建构呈现出极强的特殊性。

在文莱争取民族独立进程中,王室一直承担着中流砥柱的作用,苏丹王室继承了以前的大多数特权,垄断了国家主要的权力和重要部门,王室可以用丰厚的石油储备平息民众的不满情绪,进行政治收买,瓦解与消除民众政治抗争,很好地维系着自身的特权,久而久之,导致社会的流动性较差,社会分化程度较低,更为重要的是,文莱苏丹同时又身兼宗教领袖等职位,不断利用宗教的力量强化自己的统治。在泰国、柬埔寨等国,尽管王室在政治生活中的作用受到很大程度的削弱,但仍旧在国家政治生活中发挥着十分重要的作用。泰国尽管建立了议会制政体,但是时至今日,泰国王室在国家政治生活中的作用每每被提起,近些年来,泰国政坛动荡频繁,每次危机消除,泰王的态度至关重要。同时泰王也是当仁不让的宗教领袖和国家元首,在不成熟的泰式民主下,扮演着调解与仲裁人的角色。特别是在来自底层的民众与代表保守力量的军方的相互博弈中,泰王的态度至关重要。

在柬埔寨政治和解进程中,政体尽管发生了几次重大的转型,最终经过民主表决,国王和王族的势力遭到极大程度的削弱,但最终还是保留了诺罗敦家族的特殊地位,建立了君主立宪政体,国王已经不再像往常一样,拥有实质性权力,特别是随着诺罗敦·西哈努克亲王的逝世,王室的影响力已经

① [英]尼尔·弗格森:《帝国》,雨珂译,中信出版社,2012 年,第 246 页。
② 汪诗明:《论文莱的民族独立进程》,《杭州师范大学学报》(社会科学版),2011 年第 3 期。

大不如前,在国家政治生活中的地位遭到严重削弱。

马来西亚实行君主立宪制,君主是最高元首。与其他君主立宪制国家一样,马来西亚的最高元首是国家权威的象征,在名义上拥有最高行政、立法和司法权,是国家的最高统治者,是国家的最高代表。马来西亚最高元首并不掌握实际权力,权力在议会和内阁手中,由来自七个马来州属①的马来人担任,每任任期为5年。值得注意的是不同于其他君主立宪制国家,马来西亚的君主制不是世袭的,而是由选举产生的;不是终身制的,而是有任期的;不是个人君主制,而是集体君主制。

第三节　东南亚国家精英结构模式

一般而言,代表不同利益集团之间的精英集团利益的差异必然存在结构性的冲突,但是不同的精英集团之间为了对抗和保护自身的利益也存在着合作的可能,由此产生了不同的精英结构类型。根据精英集团关系的差异,我们可以将东南亚11个国家的四类精英按照不同的关系归结为以下三类。

一、一元统领模式:文莱、老挝与越南

(一)苏丹制

文莱政治具有很强的传统性,由于实行文莱苏丹君主制统治,不允许政党存在,因此文莱的政治具有典型的个人效忠色彩与较强的压榨性。文莱是

---

① 马来西亚国家元首由柔佛、雪兰莪、吉打、霹雳、吉兰丹、彭亨、登加楼的苏丹(Sultan),加上森美兰的严端和玻璃市的拉惹轮流担任。

这种精英结构的代表。

文莱之所以保持这样的政治体制,与文莱特殊的建国历程有关。在文莱争取民族独立的进程中,王室一直承担着中流砥柱的作用,文莱苏丹王室自然而然继承了以前的大多数特权,垄断了国家主要的权力和重要部门,文莱苏丹王室是整个国家权力的中心,实行政教合一。文莱实行党禁,文莱苏丹王室不允许政党甚至政治团体的存在,不允许有可以挑战文莱苏丹王室权威的利益集团,文莱苏丹王室是国家唯一的权力中心。

需要说明的是,尽管文莱苏丹从权力结构上看维系了聚合式精英结构的外部特征,但毫无疑问,由于文莱苏丹实施的是非政党政治绝对君主政体,与现代民主精神存在着根本性的背离,因此这种表征为聚合式政体政治价值大打折扣。

(二)社会主义一党制

老挝与越南是这种精英结构的代表。老挝人民革命党是唯一的政党,老挝人民革命党是老挝工人阶级的政治参谋部和有组织的领导队伍,是老挝各族人民和全体老挝人民利益的代表。老挝人民革命党中央委员会是整个国家权力的中心,国家机构主要领导人由老挝人民革命党提名并经由各级代表大会选举产生。老挝人民解放军接受人民革命党的领导。在越南,越南共产党是唯一的政党,是越南社会主义事业的领导核心,是国家和社会的领导力量。此外,越南还有一些在共产党领导下的社会团体和群众组织。越南祖国阵线起着团结不同的政治力量,扩大执政基础的作用,凝聚共识、力量、智慧与人心的作用。

尽管上述三国的政治制度本质不可同日而语,但就其形式而言,还是具有若干共性,具有统一的国家权力中心。精英结构呈现出高度的凝聚性,但其国家阶级性质差异较大。文莱苏丹是传统封建式政治制度的典型代表,政治制度具有落后性;越南与老挝是社会主义家庭的成员,代表全体社会成员,其政治制度具有先进性,同时在越南与老挝,社会分化程度较高,不同的利益团体服从于国家的统一意志,而非如文莱那样,社会分化程度较低,社会组织极不发达,为王室服务。另外,在社会主义制度下,宗教精英已经不能如文莱苏丹那样利用宗教为自己的统治合法性辩护,而是反对宗教干预政治生活。

二、一元主导模式:新加坡、印度尼西亚、马来西亚、缅甸、柬埔寨

在东南亚国家,新加坡、印度尼西亚、马来西亚、缅甸、柬埔寨等国具有一元主导型精英结构。新加坡可以说是东南亚国家政党制度化水平最高的国家,尽管新加坡一直允许反对党的存在,但自 1959 年以来,以李光耀为首的人民行动党一直处于一党独大的地位,把新加坡从一个被马来西亚联邦"嫌弃"的地区发展成为亚洲最富庶的城市国家,取得了与其国家不匹配的国际影响力,对于其他发展中国家具有典范意义。20 世纪 80 年代初,李光耀在谈及人民行动党对于整个新加坡的意义时讲道:"自 1959 年以来,人民行动党就是政府,而政府就是新加坡。"[①]人民行动党实行精英治国理念,通过政治吸纳与阻止反向吸纳精英, 又通过严明的法治保证整个人民行动党的廉洁与创造力。在马来西亚,以巫统(马来人统一阵线)为基础的国民阵线联盟长期处于国家权力的中心,实际上,国民阵线是由若干政党结成的多党联盟,巫统居于绝对主导地位。马来西亚政党制度最重要的特征是以巫统为核心的国民阵线在国家政治生活中居于优势地位, 享有较大的话语权。与日本、新加坡、墨西哥典型的"一党独大"相比,马来西亚居主导地位的"一党"并非严格意义上的一党,而是指多个政党以联盟形式出现的联盟党,在独大的执政党联盟——国民阵线内部;在印度尼西亚,苏哈托创立的专业集团党一直处于权力的中心地带,印度尼西亚国家权力的中枢——人民协商会议一直处于专业集团党的支配下,专业集团党对人民协商会议奉行"有指导的民主"(guided democracy)。在柬埔寨,虽然柬埔寨政党众多,主要政党有人民党和西哈努克创立的奉辛比克党, 但随着柬埔寨民主的不断深化与西哈努

---

① [新加坡]李光耀:《李光耀 40 年政论选》,现代出版社,1996 年,第 466 页。

克逝世，整个王室的魅力型权威不复存在，两党联合执政的格局已名存实亡，"一党独大"已成定局。在缅甸，随着政治参与途径的不断开放，缅甸的民主化进程进入快车道。比较有意思的是，在 2015 年大选中，尽管昂山素季领导的民主同盟在总统大选中获胜，但值得注意的是代表军方的巩发党处于事实上的支配地位。在缅甸的政治权力结构框架中，军方承担着"监国者"角色，一旦民主同盟施政偏离"彬龙协议"设定的政治路线图，对军方的利益造成严重冲击，以军方为代表的巩发党仍将卷土重来，这也是我们将缅甸划归此列的关键原因。

三、多元竞争式模式：泰国、菲律宾、东帝汶

按照传统西方民主转型理论的标准，泰国、菲律宾和东帝汶是所谓的实现民主转型的国家。对于泰国，学术界普遍的认识就是自从 1932 年君主立宪制开始，到 1958 年，泰国开始探索现代民主道路。1958 年以后，泰国又重新回归军人政权。经历了议会民主到军人政权的周期性震荡，在 1992—2006 年期间，泰国在竞争式民主化道路上可以说获得了长足的发展。2006 年以后，他信被军方赶下台，其妹妹英拉作为继任者执政并没有维持多久。军方传统势力又重新主宰泰国政坛，泰国政治动荡如钟摆一样，给国家前景蒙上了一层阴影。这一方面反映出传统因素在泰国政坛仍旧根深蒂固，另一方面也充分反映出西方的竞争式民主在泰国所遭遇的困境。当泰国民主转型释放了底层极大的政治参与热情与权力意识，作为既得利益集团的军方与王室精英还似乎不大接受自己的力量被削弱并逐步远离权力中心，继而寻求通过强势集团维护自己的既得利益，造成泰国社会动荡与撕裂。在菲律宾，鉴于美国要将菲律宾打造成为美式民主在亚洲的"橱窗"，从 1946 年开始，菲律宾开始了长达近 40 年的民主试验，在 1965—1986 年期间，马科斯独裁统治足足维系了 20 多年，在 1986 年的总统竞选中，试图寻求连任的马科斯最终因为竞选丑闻被民众拉下台，菲律宾的竞争式政体才开始逐渐步入正轨。

第四节　精英关系类型对东南亚国家政治发展的影响

亨廷顿认为,评价一国政治发展的状况,政治制度化是一个非常重要的参考标准。①政治制度化水平可以通过政治组织的适应性、自主性、复杂性、内聚力四个维度表现出来。②适应性表现为政治体制适应外部环境挑战的能力和存活能力；自主性主要表现为政治体制独立于其他社会团体和行为方式而生存的程度；复杂性主要表现为隶属于分工的复杂化与专业性水准；内聚力主要表现为一个组织内部的团结力。

一、聚合式精英结构的典范：新加坡

就其政治制度化水平而言，新加坡无疑是东南亚政党制度化的引领者。尽管新加坡的政党竞争并非是西方所谓的完全竞争，但新加坡人民行动党不管是对社会的适应性，还是自主行动能力，包括人民行动党组织体系的缜密与高效等，都可以作为后发国家学习的榜样。另外，人民行动党与中国共产党一样，有着严明甚至近乎严苛的政治纪律，对于违反纪律和法律的人民行动党党员，人民行动党中央严惩不贷。人民行动党正是凭借严明的纪律与高超的执政能力一直维系着高支持率，使得其一直成为国家权力的核心与国家建构的主要依靠力量。今天新加坡之所以能取得斐然成就，与人民行动党的组织体制和高效的动员力量高度相关，这种组织体制概括起来很重要的一个特点就是围绕人民行动党的核心领导层构建向心式民主道路。

---

①　[美]塞缪尔·亨廷顿：《变革社会中的政治秩序》，李盛平等译，华夏出版社，1988年，第11页。

②　[美]塞缪尔·亨廷顿：《变革社会中的政治秩序》，李盛平等译，华夏出版社，1988年，第12~19页。

二、聚合式精英结构优势正逐步释放:越南与老挝

越南与老挝实行社会主义的一党制，今天的越南正在成为东南亚经济增长的重要引擎,这一切与越南特殊的政治体制是分不开的,共产党体制具有高度的组织动员性与知识化水平，也是比较强调越南共产党的一元领导与组织的内聚力。1975 年后,越南获得了国家统一,奠定了越南经济腾飞的主要经济基础,尽管在早期由于受大国政治的束缚与"左"倾思潮影响,越共组织体制对于外部环境的适应力比较差,导致越南的经济增长一直乏力。近些年来,越共不断积极进取,聚合式政体的优势正在一步步得到显现,越南的经济增长获得了长足的发展,一跃成为东南亚经济最为活跃的地区。根据相关资料的统计:"2017 年第三季度,越南 GDP 经济增速超过印度,居全球第一。"①这一切,与越共锐意进取、不断开创马克思主义的新境界是分不开的。在带领本国人民实现经济腾飞的过程中,越南共产党充分调动了各种资源,发挥了自己组织体制的优势,聚合式民主道路的价值不断得到体现。在老挝,与越南共产党一样,由于受制于"左"倾思潮的影响,老挝的社会主义一直处于较低级的阶段,这些年来,由于受中国改革开放的影响,老挝的经济正在实现较大程度的复苏。在老挝人民革命党的领导下,老挝的政治面貌正在发生深刻的变化,老挝正在由一个农业国开始向现代工业国过渡。根据美国《福布斯》网站刊登拉尔夫·詹宁斯专栏文章的报告,2017 年上半年,老挝被视为全球经济增速最快的国家。②老挝社会主义制度的优越性正在逐渐显示出独特的优势。老挝与越南的案例告诉我们,对于聚合式政体道路,如果制度对于外部世界的适应力不足,故步自封,将某些教条奉为神明,这种制度的优势非但不能发挥,相反甚至可能成为经济、社会发展的桎梏。今天的老挝人民革命党通过不断改革逐步提升对于外部环境的适应力，这种聚合式政体结构正体现出难以比拟的优势。

---

① 《超过印度 越南 GDP 增速居全球第一》,https://finance.qq.com/a/20171002/015851.htm.
② 《2017 年老挝经济何以增速强劲？》,http://www.sohu.com/a/131701113_227923.

三、主导型精英结构:印度尼西亚、马来西亚、缅甸、柬埔寨

如果单从政体形式去考察,东南亚的印度尼西亚、马来西亚、缅甸、柬埔寨四国已经建立起竞争式的政体结构,根据亨廷顿关于民主巩固测量"政权两次和平易手"周期的标准,上述四国可以称得上民主转型趋于稳定,也就是达到民主巩固的最低标准。如果单从四国政治权力运作的基本特征去考察四国的政治体制,我们不难发现,上述四国的政治权力运行存在着较大程度的共性——主导型权力结构。在印度尼西亚,专业集团党尽管在苏哈托之后,力量受到较大程度的削弱,但仍旧主导着国家的命脉,其他政党对于国家政权的影响相对较弱。在马来西亚,以巫统为基础的国民阵线联盟居于绝对主导地位。在缅甸,尽管昂山素季领导的民主同盟是执政党,但代表军方的巩发党是主导缅甸政治进程发展的主要依靠力量。在柬埔寨,多党竞争的格局已经形成,但至少在目前状况下,奉辛比克党与人民党联合执政的局面多少名存实亡,洪森领导的人民党"一党独大"已经成为公认的事实。尽管上述四国政党制度的水平化程度仍有待提升,但总体而言,上述四国近些年来一直维系了较快的经济增长速度,政局也相对稳固,政治生活的规范化水平正稳步得到提升,这一切与其主导型的精英结构不无关系。

四、竞争式精英结构:泰国、菲律宾、东帝汶

在东南亚国家中,泰国、菲律宾与东帝汶三国政党政治已经迈入多元竞争的格局体系中。1932 年,泰国历史上的第一个政党——民党,通过"6·24"民主革命建立君主立宪制国家,开始建立现代民主体制。从此以后很长一段时间,泰国实行高度分散的多党体制,亨廷顿说:"政党从未代表真正的社会力量,而只代表统治阶级上层中的朋党和个人。"[①]这些政党的成立和解散比

---

① [美]塞缪尔·亨廷顿:《变革社会中的政治秩序》,李盛平等译,华夏出版社,1988 年,第401页。

较随意，政党的基层组织没有得到充分发展，缺乏明确政治纲领与行动计划。2011年以后，他信领导的泰爱泰党在议会选举中获胜上台以来，奉行一系列的"草根政策"，泰国的政党体制由多党向主导型政党体制转型，"草根政策"的实施使泰国中下层受益，但触动了泰国军方与上层阶层的利益。泰国的社会裂痕难以消弭，最终导致以巴育将军为代表的军方势力再次干政。泰式民主的前景被蒙上了一层阴影。造成泰国社会撕裂的原因是多方面的，但"低水平的政党制度化与高水平的政治参与相融合会产生混乱的政治和暴乱"[①]。在政党制度化水平较低的状况下，实行竞争式民主、过度开放政治参与极易诱发社会撕裂。在菲律宾建国早期，美国希望将菲律宾打造成为美式民主在亚洲的"橱窗""远大的国际抱负"，"美式民主"与菲律宾的家族政治结合导致自由民主模式为菲律宾家族政治披上了一层"合法的"外衣，民众的各项权利难以得到有效的保障，政党的制度化与民主化水平亟待提升。东南亚另一小国东帝汶有着四百多年的殖民历史，1975年，印度尼西亚利用葡萄牙军人政权被推翻、开始民主化改革的机会，出兵东帝汶，1999年，因亚洲金融危机引发"政治强人"苏哈托下台。继任者哈比比同意东帝汶通过全民公决决定自己的未来，最终公决以78.5%支持率获得独立。东帝汶虽然国家较小，但其国内政党林立，党派之间及党派内部的斗争非常激烈，竞争式的自由民主模式难以应对多语言、多宗教、多民族的现实，国家认同的基础比较薄弱，经常处于困境中。

---

① ［美］塞缪尔·亨廷顿：《变革社会中的政治秩序》，李盛平等译，华夏出版社，1988年，第387页。

第六章　东南亚国家的军人政权与政治发展

　　由于发展中国家社会与政治生活的过渡性、非制度性、对抗性、不稳定性等特点，对军人政治的研究很可能是观察与理解发展中国家政治形态性质及其变迁的最合适的角度之一。[1]研究东南亚国家的政治发展，绕不开对军人政治的研究。军事政变、军人干政和军人政权是东南亚国家政治现代化非常重要的一部分，在泰国、缅甸、印度尼西亚、菲律宾等国家政治发展进程中表现得尤为突出。

　　东南亚国家大多出现在第二次世界大战以后。在争取国家独立、维护国家独立和安全、整顿国内政治秩序、抗击反抗力量的进程中，军队都发挥了重要作用。

　　在印度尼西亚，国家武装力量由正规军和准军事部队组成。正规军印度尼西亚国民军(TNI)于1945年10月5日成立，由荷兰殖民时期的"荷印殖民军"和日本占领时期的"国民后备军"改编而成，后取名人民安全军(TKR)。当时军队的主要任务是反击英国和荷兰军队的入侵和占领，保卫新生的共和国。1946年1月12日人民安全军更名为人民保安军(PLA)，25日，又更名为印度尼西亚人民军(TRI)。这支军队包括陆军、海军和空军，主要任务是保卫共和国和人民免受殖民主义统治。印度尼西亚独立后建立了自己的议会制政府，但这一体制运行受挫，很多地方发生叛乱。在此条件下，军队夺取政权。1959年，苏加诺以国家元首身份，联合军队力量，实行"有领导的民主"。

---

　　① 陈明明:《所有的子弹都有归宿——发展中国家军人政治研究》，天津人民出版社，2003年，第1页。

苏哈托试图通过个人的力量维护国内秩序,但在内外因素的影响下,很难继续下去。伴随内部冲突和外部战争影响,军人集团成长起来,1966 年,苏哈托凭借军队力量掌控政权,取代苏加诺,对内实行了长达 30 年的军人威权政治。

1937 年,英国在缅甸创建了一套独特的缅甸宪法,同意缅甸人自治。缅甸脱离英属印度,成为大英帝国的缅甸本部(英属缅甸);1942 年 5 月,日本占领缅甸,成立以巴莫为首的缅甸傀儡政府。在日本的支持下,反对英国殖民政府、渴望独立的昂山将军组织了缅甸独立义勇军。1942 年,昂山率军与日军一起参加了对英军及中国远征军的战斗,然后在日军支持下宣布缅甸从英国独立。1943 年,巴莫与昂山等人受邀访问日本,他们回国重组缅甸傀儡政府,昂山成为国防部部长。1944 年,日军在战场节节败退,昂山开始支持美英的同盟国一方,并组织"反法西斯人民自由同盟"以对抗日军。1945 年 3 月 27 日,民族英雄昂山等人发起抗日运动,改名称"爱国军",并将每年的 3 月 27 日定为建军节。1947 年 11 月,缅甸和英国达成协议,1948 年 1 月 4 日缅甸获得独立。独立后的缅甸,国内纷争不断,在 1950 年就发生大规模的内战,连执政的"反法西斯人民自由同盟"也在 1958 年发生分裂。1960 年缅甸举行大选,由吴努(U Nu,德钦努)重新取得执政权。1960 年,中华人民共和国与缅甸签订《中缅边界条约》。1962 年,军事将领吴奈温将军(General Ne Win)发动政变并成立军事统治的政府,宣布要使缅甸成为社会主义国家。奈温之后,缅甸长期处在军政府的统治之下。2005 年,缅甸首都由仰光迁往内比都。2008 年,军政府宣布将在 5 月举行公民投票通过新宪法,并在 2010 年举行民主选举来成立新政府。至此,军人政权让位于文人的统治。

泰国是中南半岛上唯一没有过殖民历史的国家。泰国武装力量正式名称为"泰国皇家军队"。自 19 世纪中叶起,泰国即仿效西方建立新式陆、海军,1915 年建立空军。泰国宪法规定:"国王为武装部队最高统帅。国家安全委员会为最高国防决策机构,隶属内阁,总理兼任主席。国防部为最高军事行政机关,负责制定和实施国防政策和计划。国防委员会为最高国防咨询机构,隶属国防部,国防部长兼任主席。最高司令部为军队最高指挥机构,下设陆、海、空三个军种司令部,直接指挥和协调三军行动。"泰国目前是南海地区唯一部署航母的国家,武备精良,在东南亚地区拥有比较强大的军力。泰国军方素有"干政"传统。自 1932 年泰国实行君主立宪制,泰国共发生大小军事政变 19 次。其中主要有:1932 年 6 月,一批在西方受过教育的军官和文官组成的革命团(民党)发动政变,废除泰国的君主专制,实行君主立宪制。1958 年 10 月,武装部队最高司令沙立在已辞职的前总理他侬的支持下发动政变,接管政府。1959 年 2 月,沙立出任总理。1963 年 12 月,沙立病逝,副总理兼国防部部长他侬继任总理。1973 年 10 月,陆军司令西瓦拉上将利用群众力量,推翻他侬的统治,恢复议会制。1976 年 10 月,以国防部部长、前任武装部队最高司令沙鄂·差罗如上将为首的"改革团"发动政变,推翻了成立不久的社尼·巴莫政府。1981 年 4 月,以讪·集巴滴马上将、马侬上校等为首的"革命团"发动政变,因未获三军支持,政变失败。1985 年 9 月,少壮派军官集团头目马侬上校在一批退役军官的支持下发动政变,10 小时 49 分钟后便被平息。1991 年 2 月,武装部队最高司令顺通·空颂蓬上将在三军总司令和警察总监的支持下发动政变,推翻了差猜·春哈旺政府。2006 年 9 月,陆军司令颂提上将领导的泰国军方联合警方发动政变,解散由看守政府总理他信领导的内阁,成立国家管理改革委员会全权接管政权。2014 年 5 月,陆军司令巴育宣布发动军事政变,称为了避免更多人员伤亡以及局势升级,军方从看守政府手中接管权力。

除了上述典型国家外,在菲律宾、柬埔寨等国家都曾经出现过短暂的军人政权的统治,同样构成了这些国家政治发展进程的一个重要内容。之所以出现上述状况,与军队在国家中扮演的特殊角色密切相关。

军队不仅仅是一个军事组织,还是一个具有特殊性的利益集团,对政治发展产生重大影响。军队在东南亚国家政治发展的某一发展阶段发挥着决定性作用,是一股重要的政治力量。东南亚国家的军人政权在一定时期支持了国家的发展和政权建设,加强了政府的稳定、国内政治和行政的秩序,有利于政治发展。但军人政权建立在非程序政治和暴力基础上,没有经过选举程序产生的表面上的合法性①,具有合法性赤字,这同样可能破坏国家的合

---

① 在国际社会中,通常认为合法性是由选举提供的。

法性基础,阻碍政治发展。在未来东南亚国家的政治发展过程中,军人政权要逐渐让位于文人政权,军政关系的核心问题就是一个国家如何能够创建一支军队,既能保护国家的政治共同体不受国内和国际敌对势力的威胁,与此同时,确保军队不控制国家,而仅仅是内部镇压的工具。[①]

第一节 军人政权及其组织机制

据统计,20 世纪的许多国家都经历过军人政权,到 20 世纪 80 年代初期,几乎一半的联合国成员国都由军人执掌国家政权。从 1943 年到 1984 年,全世界发生过 615 次军事政变,其中有 316 次获得成功。[②]通过对 1950—2010 年全球军事政变的量化分析得出,亚洲地区军事政变的成功率最高,高达 55.9%。[③]可以说,世界上大约五分之二的国家曾经在某一时期经历过军事政变,而且约有三分之一的国家,政变在改变领导人和政策方面取得了部分成功,然而只有不到一半的政变试图聚焦于一些一般性政策议题和公共政策,大多数政变似乎都由军队的职业利益而引发。[④]

一、军人政治的概念辨析及其特征

军人政治在当代政治学理论中属于发展政治学的范畴,为了更清晰地分析军人政治,首先需要区分军事政变、军人干政和军人政权这三个概念,及其相应的特征。

---

① Muthiah Alagappa, *Coercion and Governance: The Declining Political Role of the Military in Asia*, California: Stanford University Press, 2001, p.xv.

② 刘华明等主编:《新编中国大百科全书》(第 4 册),印刷工业出版社,2001 年,第 354 页。

③ Jonathan M. Powell and Clayton L. Thyne, Global Instances of Coups from 1950 to 2010: A New dataset, *Journal of Peace Research*, Vol. 48, No. 2, 2011, pp. 249–259.

④ [美] 小 G. 宾厄姆·鲍威尔:《当代比较政治学:世界视野》(第十版),杨红伟等译,上海人民出版社,2017 年,第 106 页。

军事政变(military coup)是指国家军队集团少数人通过密谋,用军事暴力手段等非正常途径实现权力转移的行为。军事政变不一定改变原有制度或根本政策,一般国民也不参与。军事政变具有周期性和反复性的特征,发展中国家的政治发展很长一段时间都会伴随着军事政变的干预。作为一种政治手腕,军事政变有这样一些特征:①它是一种政治联合体的行动,旨在以暴力或以暴力相威胁去非法地取代现存政府的领导人;②通常使用暴力的规模较小;③卷入的人数不多;④政变参加者已在现存政治体系中拥有权力基础。①

军人干政和军人政权是军人政治的两种方式。②军人干政(military intervention)是指军人介入政治,以暴力或以暴力相威胁参与政治资源分配、影响政治决策的方向、改变或中断按照宪法和法律规定的政治运作程序的活动与过程。③

军人政权(military regime)是军人干政的最高表现形式,指国家最高政治决定全部或主要由武装部队成员作出的政权类型。④在军人政权的国家,军队以非制度化或非程序化的方式接管前文人政府,没有经历普选及法定程序,打破原有政治制度的稳定性,并以军队名义统治国家,通常来说会影响国家的政治发展。军人政权具有阶段性、短暂性和过渡性的特征,从本质上说是以军事手段控制政治、以军人统治与管理国家及社会的一种方式,从形态上说,依据政权建立的来源、意识形态、行权特征及构成要素,是军人以其政策和人员替代文人政府的政策和人员的一种政体。⑤

---

① [美]塞缪尔·P.亨廷顿:《变化社会中的政治秩序》,王冠华等译,上海人民出版社,2014年,第180页。

② 祁广谋、钟智翔主编:《东南亚概论》,世界图书出版公司,2013年,第199页。

③ [英]戴维·米勒、韦农·波格丹诺主编:《布莱克维尔政治学百科全书》,中国政法大学出版社,1992年,第473页。

④ [英]戴维·米勒、韦农·波格丹诺主编:《布莱克维尔政治学百科全书》,中国政法大学出版社,1992年,第473页。

⑤ 陈明明:《所有的子弹都有归宿——发展中国家军人政治研究》,天津人民出版社,2003年,第2~3页。

二、军人政权的组织机制

如果把军人政权也算作一种政治体制的话,其组织形式具有特殊性。

军人政权制大体上有四种形式:①军人政委会(military junta)体制,也被称作军人寡头体制,此种体制的特点之一是国家机构的粗陋化和残缺不全,这是军人政权建立初期政治环境极度紧张的结果,也是军人集团作为一个特殊的职业团体缺乏政治和行政训练的结果,另一个特点是国家权力中心机构都由军人组成;②军人—政党动员体制,此种体制是军人统治集团实行一党制,往往是创建一个新政党,并把它规定为唯一合法的执政党,执政党领袖由军事领导人担任,从而合法化地拥有国家最高权力;③军人—政党竞争体制,即军人主导下的多党竞争体制,由军人控制的一党动员体制发展而来,主要是因为一党动员体制下的国家治理较差,削弱了其合法性基础,或是军人执政前国家就已经实行多党制;④军人—文官联合体制,又被称为"官僚—威权主义国家",主要存在于一些资本主义有相当程度的发展、阶级矛盾相当尖锐的第三世界国家。①

依据军人在最高决策过程中发挥的作用,可将军政府划分为三种类型:①通过军事政变上台的军政府,最高决策机关掌握在军人政委会或军官指挥委员会手中,内阁在其控制下开展活动;②总统式军政府,总统权力受到军队的影响;③政府由军事政变产生,但内阁全部由文官组成。②

军人控制政权后,通常会成立军事委员会或军人执政团来行使日常行政和立法的功能,通常采用三种行政管理方式:一是军人主宰式,即内阁成员绝大部分是军人;二是军人和文人混合式;三是一个军事委员会再加一个军人和文人混合的内阁。③例如,缅甸的军人政权属于第三种管理方式,首先

---

① 曹沛霖等主编:《比较政治制度》,高等教育出版社,2005年,第398~402页。

② [英]戴维·米勒、韦农·波格丹诺主编:《布莱克维尔政治学百科全书》,中国政法大学出版社,1992年,第473页。

③ 转引自祁广谋、钟智翔主编:《东南亚概论》,世界图书出版公司,2013年,第199~200页。原文出自[美]埃里克·弱德林格:《军人与政治:亚非拉国家的军事政变》,洪陆训译,台湾时英出版社,2002年,第173页。

有一个军事委员会——缅甸国家和平与发展委员会，此委员会是国家最高权力机构,拥有最高决策权、立法权和行政权。委员会最高领导称主席,既是军队最高统帅又是国家元首,委员会成员由 17 名缅甸现役高级军官组成。[①]缅甸政府是缅甸国家和平与发展委员会的执行机构,由 34 个部组成,政府首脑称总理,政府成员绝大多数为现役或退役军人。[②]和平与发展委员会和政府共同组成缅甸军人政权的执政团队,该团队的所有成员均向和发委主席一人负责,和发委主席拥有绝对的权威。[③]缅甸的司法系统形式上独立,军人政变后,并未取缔原有的司法机构,由最高法院和最高检察院行使司法权,各级司法机构也更多地保留了专业的法律工作者,但在实际工作中仍受军人政权的控制。[④]

三、军人政权和文人政权的关系

在文武关系(civil-military)中,从广义上讲,"文"涉及国家、政治社会和公民社会,狭义上看,主要指国家的政治、行政和司法机构;"武"不仅包括军队,还包括警察和安全机构。[⑤]

文官控制分为主观文官控制(最大化文官权力)和客观文官控制(军事职业主义的最大化),主观文官控制被定义为特定的政府机构、特定的社会阶层与特定的宪政结构的权力最大化;客观文官控制则是指在军事与文官集团之间进行政治权力配置时,以一种更有利于在军官团体成员中培养职业主义的态度与行为的方式进行。[⑥]

军官团体在许多东南亚国家都是政治权力和行政能力的主要源泉。历

---

① 祁广谋、钟智翔主编:《东南亚概论》,世界图书出版公司,2013 年,第 200 页。
② 祁广谋、钟智翔主编:《东南亚概论》,世界图书出版公司,2013 年,第 200 页。
③ 祁广谋、钟智翔主编:《东南亚概论》,世界图书出版公司,2013 年,第 200 页。
④ 祁广谋、钟智翔主编:《东南亚概论》,世界图书出版公司,2013 年,第 200 页。
⑤ [美]塞缪尔·亨廷顿:《军人与国家:军政关系的理论与政治》,李晟译,中国政法大学出版社,2017 年,第 71~74 页。
⑥ [美]塞缪尔·亨廷顿:《军人与国家:军政关系的理论与政治》,李晟译,中国政法大学出版社,2017 年,第 71~74 页。

史学家有时会认为,文人政权和军人政权是互不兼容的,然而在东南亚,无论是战时还是战后的经历都不支持此种论断,例如,缅甸的独立军(Independence Army)及后来的缅甸防卫军和国民军(Burma Defense Army and Burma National Army),军官们几乎同时被训练和政治化,被迅速转化为战后的政治精英。[①]但在东南亚一些国家,文人政权与军人政权中精英的关系通常是对抗性的。例如,在印度尼西亚的独立过程中以及独立后的发展过程中,军方领导人和文官精英都各持己见,认为对方会争夺权力。

四、军人干政的原因

军人干政通常出现在发展中国家的原因是多方面的,外国势力介入等国际因素,更易于促成军人干政。但更多的是国家内部的经济、政治和文化因素,以及军队自身原因等因素。

首先,大多数东南亚国家的经济发展水平不高,政治文化不成熟,社会和经济关系高度紧张,社会经济状况很糟糕,军政府善于利用经济发展这一绩效干预国家政权。

其次,政治方面的因素是引起军人干政最重要的原因。东南亚国家和大多数发展中国家一样都现存着政治体制脆弱,社群或族群冲突频繁,政治缺乏自治性、复杂性、连贯性和适应性,各种社会势力和制度普遍带有政治性等问题。[②]相对于政治权力分散的国家而言,政治权力两极分化的国家更容易出现军人干政,例如泰国的"黄衫军"和"红衫军"之间的斗争、印度尼西亚于20世纪60年代的共产主义和反共产主义势力之间的斗争。[③]尤其是缺乏有效

① Joyce C. Lebra, The Significance of the Japanese Military Model for Southeast Asia, *Pacific Affairs*, Vol. 48, No. 2, 1975, pp. 215–229.

② [美]塞缪尔·亨廷顿:《变化社会中的政治秩序》,王冠华等译,上海人民出版社,2014年,第161~162页。

③ Marcus Mietzner & Nicholas Farrelly, Coups, Military Consolidation and Redemocratisation in South-East Asia and the Pacific, *Australian Journal of International Affairs*, Vol.67, No.3, 2013, pp.259–263.

的政治制度治理国家,在兼顾军队利益的同时,还能有效分配以及移交权力,在国家处于军人政权时,能够打破军人集团将政治与行政集于一身的局面。

再次,文官政府腐败、无能,为了短期利益利用军队,且文官精英和军事官员之间的政治共识度很低,两者之间的关系是竞争的关系而不是互补的关系①,都是导致军人干预政治事务的原因。

最后,从军队自身原因来说,军官群体的职业化不完善,军人利益得不到保障,都会引起军人干政。主要有军人专业论、利益论和心理观念论等观点。军人专业论认为军人应该是技术专家并保持政治中立,军队专业化水平不高就很有可能被政治化,从而发生军事政变;利益论认为军队也是一种理性行为体,自身利益受损从而引发军事政变;心理观念论认为是军队对权力的欲望以及对文人政权的不满心理等引发的军事政变。②

第二节 东南亚国家军人政权的特点

在西方民主化较为成熟的国家,军队要归国家所有,同时要保持政治中立。具体表现为:首先,文人政权、文官掌管着军队的最高决策权、财政预算、军事行动等重要事项。其次,军队也要专职化,不能从事商业活动。在西欧和北美,反对军队干预政治被认为军队职业化的内在属性。③早在20世纪50年代末,亨廷顿就指出,军队是科层制的职业和组织,军人"管理暴力"、表达国家对军事安全的需求、运用军事视角评判国家的行动方案并实施国家的军事安全决策,简言之,军人直接代表国家垄断合法暴力的行使权,维护国

---

① J. Stephen Hoadley, *Soldiers and Politics in Southeast Asia*, New Brunswick and London: Transaction Publishers, 2012, Preface.

② 周亦奇:《政治转型中的军人:军队特性与政变结果》,《国际安全研究》,2015年第1期。

③ J. Samuel Fitch, Military Professionalism, National Security and Democracy, *Pacific Focus*, Vol. IV, No.2, 1989, pp.99–147.

家的军事安全。[①]最后,军队要保持政治中立。军队不能进入议会,不能参加党派活动等。军队的这种特征能够有效地维护国家的统一和稳定。

但军队三个显著的特征使他们在要求变革时更跃跃欲试。首先,军队就其本质而言是敌对组织;其次,军队对合理性的全部关注以及变成高效率的机器这两点非常超然于在日常基础上对效率的实证测验;最后,军队与平民生活保持距离。[②]尤其是军队在东南亚国家的政治发展中具有特殊的地位和作用,以及特有的职业主义内涵,因为这些国家民主、经济和政治制度的发展还不是很成熟和完善。军队在东南亚的特点具体表现为以下几点:

首先,东南亚国家的军队作为一种政治势力,试图在政治体系中拥有更多的权力和占据更高的地位。军队干涉政治程度的评价标准主要体现在军队对国家政治制度、经济、媒体和社会、安全事务、内部军队管理方面的干涉深度。东南亚历史上就存在军人干政的传统,军队在政治发展过程中,尤其是民主化过程中,涉猎了经济、行政和政治等领域。

在东南亚地区,军队在每个国家发挥的政治作用可分为两种类型,一种是军队对政治干涉力度大(泰国、缅甸、印度尼西亚和菲律宾);另一种是军队对政治干涉力度小(马来西亚、新加坡、越南和东帝汶)。例如,在泰国,军人拥有革命资本、国家责任感强,军队是一个较为现代化的组织,执政时间较长,在国家发展过程中发挥了重大的政治作用。在缅甸,军政府享有完全的自治权,掌握着国家的立法权和最高行政权,一方面通过颁布法律法规来确立其权威的地位,另一方面通过军政府主席同时担任内阁的总理,管理国家的日常事务。

其次,东南亚大多数国家的军队经济独立,一定程度上能够达到自给自足,与商业联系紧密,在国家经济生活中的地位非常突出。强大的经济基础是军队自主性和独立性的后盾,保障了军队的政治权力。军队会对国家的官僚机构和经济领域产生重大影响。东南亚国家的军人政权大致具有此种特色,军人政权管理企业,负责经济发展,并握有官僚机构的权力。例如,印度

---

① [美]塞缪尔·亨廷顿:《军人与国家:军政关系的理论与政治》,李晟译,中国政法大学出版社,2017年,第Ⅰ页。

② [美]鲁恂·W.派伊:《政治发展面面观》,任晓、王元译,天津人民出版社,2009年,第199页。

尼西亚的 11 个军区都与商业联系紧密，一些高级军官甚至还建立了私人领地。军队在印度尼西亚的商业活动中拥有很大权力，其拥有的商业利益网络可以直接参与全国和各省的政治和官僚机构，以及拥有通过制造动乱或不制止动乱从而要挟总统的能力。[①]有报道称印度尼西亚所有国家企业的经理都是由军队的上校或将军担任。[②]泰国军队在整个国家也拥有巨大的商业网，在经济建设上发挥重大作用；新加坡军队是一个连接国有企业的重要网络；老挝军队开办了许多重要的商业企业。

再次，东南亚大多数国家的军队并未职业化，或进行职业化的时间较晚，军队更像是一种利益集团。军队的职业化需要军队拥有自己的价值观念和职业化的精神品质，但在东南亚的威权体制中，军队的价值观念几乎也是高度政治化，这会影响政府的决策，对民主化的发展构成威胁。军队领导层而不是政府掌握着高层人事变动的权力，宪法也没有明确规定军队的职业化与国家化。例如，菲律宾武装部队的军队高层军官们，在采用何种方式（通过民主方式还是其他方式）进行政府、部队和社会的改革方面，立场摇摆不定。军队和警察很长一段时间都混合在一起，没有进行明确的功能划分；在印度尼西亚，警察于 1999 年从军队中分离出去，但在印度尼西亚的周边，军队和警察还是联系相当紧密。

最后，东南亚大多数国家的军队越来越专业化和现代化。在东南亚，有很多人认为军队是现代化的工具，军队在发挥现代化的作用上独一无二。因为军队的组织机构是固有的，军队也会在他们职责的正常范围内开展活动，军队生活的技能和态度也适用于平民生活。[③]在政治现代化的早期阶段，军队就已经非常现代化，并推动了政治参与的扩大，例如，泰国反对君主独裁的"1932 年革命"确立了本质上是中产阶级的官僚和军界人士的权力，矛头直指与朝廷和王室勾结在一起的传统统治集团。[④]印度尼西亚的军官团体就

①　[澳]约翰·芬斯顿主编：《东南亚政府与政治》，张锡镇等译，北京大学出版社，2007 年，第 86 页。

②　尤洪波：《试论苏哈托对印尼的威权统治》，《东南亚纵横》，2003 年第 4 期。

③　Andrew L. Ross, Growth, Debt, and Military Spending in Southeast Asia, *Contemporary Southeast Asia*, Vol. 11, No. 4, 1990, pp. 243–264.

④　[美]塞缪尔·亨廷顿：《变化社会中的政治秩序》，王冠华等译，上海人民出版社，2014 年，第 169 页。

明显将军队作为其现代化的工具。军队现代化的支持者们不断强调培养军官的重要性，以及军队作为现代化组织在民族国家建构和发布紧急命令时发挥的核心作用。[①]这一点与西方国家军队为工业化的发展提供技术训练很相似，但是两者的目的不尽相同，东南亚国家军队的专业化更多地是为了实施暴力，争取国家独立，而西方国家军队提供专业技术是为了更好地为社会提供服务。

东南亚国家为了更好地实施暴力，军队的组织和部门无论在功能上，还是技术上，都越来越专业化。例如缅甸军队，除了工兵和通信部队外，还有从事化学战和心理战的特别分队，甚至还有一个历史和考古学分队，此外，军队还试图引进专业化的训练学校，以及人员管理和录用的先进技术。[②]由于专业化的训练，军队往往成为新兴国家中最现代化的组织，有着超强的政治行动的鉴别能力。

总之，国家的历史、政治、经济和文化发展等因素决定了军队在东南亚国家中的地位和所发挥的作用，但西方国家的对外政策及国际新秩序也会对东南亚国家的军队建设产生深远影响。例如，美国政府以印度尼西亚军队侵犯人权为由，不断对其施加各种压力，克林顿政府、布什政府经过与印度尼西亚军队高层长期的会谈和交涉，通过援助和支持的方式，推动了印度尼西亚军政关系民主化的改革。泰国军队逐步退出政治舞台也受到美国等国家的军事援助的影响。

劳尔·普雷维什（Raul Prebisch）提出的"中心—边缘"思想，以及约翰·加尔通（Johan Galtung）的"中心—边缘"理论，都阐明了资本主义的根本性质和世界化对边缘国产生的深刻影响。"中心—边缘"的概念不限于对经济关系的理解，而且包含着政治上甚至军事上的"支配—依附"关系。[③]依附论则进一步深化了"中心—边缘"理论，提出从国际关系和一国内部这两个层面的

---

① Mark T. Berger, Decolonisation, Modernisation and Nation-Building: Political Development Theory and the Appeal of Communism in Southeast Asia, 1945–1975, *Journal of Southeast Asian Studies*, Vol.34, No.3, 2003, pp.421–448.

② ［美］鲁恂·W.派伊：《政治发展面面观》，任晓、王元译，天津人民出版社，2009年，第197页。

③ 张康之、张桐：《论普雷维什的"中心—边缘"思想》，《政治经济学评论》，2014年第1期。

"中心—边缘"结构来探讨政治发展问题。值得注意的是，当我们评估军队在国家政治发展过程中发挥的作用时，要从国内和国际新的现实情况出发，但也要避免过于受到西方发达国家某些意识形态的影响，应更加基于本国国情出发。

第三节　东南亚近代国家独立过程中军队的作用

　　二战后，东南亚国家纷纷摆脱殖民统治，寻求独立。但是社会、经济和政治改革的不同步使东南亚国家一直处于动荡和不稳定的状态。而政治不稳定的主要原因是没有相应的经济发展措施来适应文化发展——学校快速扩张，社会交流方式增加，但没有更多的工厂、商店和办事机构与之相适应。[①]在这种不平衡的发展过程中，由于政党和结社利益集团发展不成熟，而军队拥有较多的资源、不带有封建传统且较为现代化，在争取国家独立的斗争历史中成为爱国志愿者组织，在东南亚近代国家独立过程中发挥着关键性作用，成为东南亚近代国家独立过程和现代化过程的主要推动者。

　　东南亚军队的军官们都很年轻，平均四五十岁，非常爱国，具有爱国主义情怀，有着更强的领导力，为国家的独立一直在奋斗。例如，印度尼西亚国防大学的校训就是"身份、国家主义、正直"，一个主要的军事思想库——国防研究院，也被认为是国家复兴机构。[②]东南亚军队的特色就是其自然倾向是进步的，不与反动势力相一致，不可能成为封建或其他既得利益集团的天然盟友。[③]起初，军队的目的很简单，就是为了争取国家的独立。国家独立后，

---

　　① Guy J. Pauker, Southeast Asia as a Problem Area in the Next Decade, *World Politics*, Vol.11, No.3, 1959, pp.325–345.

　　② Aurel Croissant and Marco Bünte, *The Crisis of Democratic Governance in Southeast Asia*, New York: Palgrave Macmillan, 2011, p.237.

　　③ Guy J. Pauker, Southeast Asia as a Problem Area in the Next Decade, *World Politics*, Vol.11, No.3, 1959, pp.325–345.

军队从属于政治家和官僚执政的文官政府。但是当时政治家与官僚们无能,并不能有效地管理国家,使文人政权变得不可信。军官们是国家独立的战斗者,一定会维护国家的利益,实现和巩固国家的独立成果,尤其是那些参加实战,并且处于领导地位的军官,非常渴望国家的进步,军官集团开始接管国家权力。①例如,在印度尼西亚、缅甸和老挝的政治发展过程中,军官集团接管了国家的政权。

东南亚国家的军队作为一个主要的政治因素出现创造了东南亚的新形势。军队成为一个关键的利益集团,更容易分配稀缺资源,承担起民主政治家的功能。在实践中,东南亚国家呈现出威权主义的发展模式,政策的制定权和倡导权集中于行政官和军队手里,大多数国家政治发展的结果是官僚和军队成为整个社会中唯一有效地组织起来的、相当现代化的、能进行政治行动的集团。②具体而言,由于各国独特的国情,军队在东南亚近代国家独立过程中发挥作用的类型可分为以下三种:

第一种类型是军队直接参与国家的独立斗争。例如在缅甸、印度尼西亚、越南等国家,军队在国家独立斗争过程中发挥的作用尤为明显。在缅甸,吴奈温将军政府于1958年10月建立,军队在缅甸重新统一的过程中发挥了主导作用。在印度尼西亚,20世纪40年代军队在对抗荷兰来争取独立的斗争过程中,在文人领导者已经投降的状态下仍然坚持战斗,经过长期和痛苦的战争,最终战胜了荷兰殖民军队,获得国家主权。由于军队在印度尼西亚独立过程中坚持斗争的贡献,军队获得参与政治事务的永久权力,军队一直把自己看成印度尼西亚政治进程的参与者。在越南,军队一直与国外的侵略者作斗争,是共产主义政权与共产党连续执政的后盾。同其他社会主义国家军队一样,越南人民军的结构整体上被划分为两个控制体系:国家和党,越南人民军的主要任务从维护国家统一和安全,转变为在党的领导下维持

---

① Guy J. Pauker, Southeast Asia as a Problem Area in the Next Decade, *World Politics*, Vol.11, No.3, 1959, pp.325–345.

② [美]加布里埃尔·A.阿尔蒙德等:《发展中地区的政治》,任晓晋等译,上海人民出版社,2012年,第100页。

国内政治稳定及促进经济发展。①

　　第二种类型是在没有经历殖民统治的国家，军队在民族国家的政治发展中依然发挥了主导作用。泰国是东南亚地区唯一一个没有经历殖民统治的国家，受西方国家的影响较小，尤其是西方国家传统精英传播的文明和文化没有影响到泰国。在泰国，自从1932年以来的第一次军人政变，军队领导人推翻了绝对君主制，君主逐渐丧失独裁权力。军队和官僚等新型精英集团逐渐掌握权力，更具有权威性。泰国建立君主立宪制后，军队一直是泰国政治的主导力量，曾发生多次军事政变。泰国军队不仅视自己为泰国国家的防守者，也视自己为民主的捍卫者。当泰国文人政府腐败、无能、分裂时，泰国军队就会干涉政治。泰国宪法甚至规定政府官员（包括文官和军官）可以被任命进入内阁，甚至可以被任命为总理。②因此，政治学家们将泰国定义为军人统治政体或"官僚政体"③。泰国的这种政体一直持续到1997年，经过1997年泰国宪法的全面改革，泰国军队才逐步退出政治舞台的中心。

　　第三种类型是军队在国家独立过程中发挥作用较小，形成文人治军的模式。例如，新加坡、马来西亚和文莱等国家就属于这种治理模式。在新加坡，军队于1965年作为新加坡独立的一部分而建立，李光耀总理保留了英国人建立的具有现代性的文官制度，军队并未在新加坡政治发展过程中发挥显著作用，而是从属于政治领导，文职机构对军队拥有绝对的支配权。马来西亚也奉行文人治军的模式，军队领导人都由文人担任，军队和警察除了在全国行动委员会统治期间发挥作用以外，从未发挥过直接的政治作用，但是马来西亚政府希望国家拥有强大的军队来提高政府的威望。文莱的军队和警察也都不干预政治。

---

　　①　[澳]约翰·芬斯顿主编：《东南亚政府与政治》，张锡镇等译，北京大学出版社，2007年，第353页。

　　②　[澳]约翰·芬斯顿主编：《东南亚政府与政治》，张锡镇等译，北京大学出版社，2007年，第317页。

　　③　[澳]约翰·芬斯顿主编：《东南亚政府与政治》，张锡镇等译，北京大学出版社，2007年，第334页。

第四节 东南亚国家军人干政及其对政治发展的作用

尽管军队在东南亚国家独立过程中发挥了关键作用，但东南亚国家独立后，军队并没有立刻干预国家政治，而是让文人政府来治理国家。东南亚国家刚刚独立后，还没有形成自己的政治发展模式，主要受西方发展主义理论影响，效仿西方尤其是美国式民主制和自由主义，认为经济发展必然会带来民主化发展。所以，独立后的东南亚国家经历了短暂的效仿西方民主制的民主试验期，很多国家采用了多党议会民主制。但由于发展主义理论的理想化，以及不适合东南亚国家的政治现实，不能迅速解决东南亚国家的政治经济矛盾，军队不愿放弃独立过程中取得的成果，开始干涉国家政治，形成军人政权。

在20世纪60年代末，研究东南亚国家的学者已经很少使用发展主义理论，70年代本土理论和模式建构流行起来，尤其是产生了依附理论（the dependency theory）。依附理论认为，经济结构的依附性能带来政治权威主义。军人政权是权威主义的极端表现，在依附性的经济结构没有得到根本改造以前，某种程度的民主即使存在，也是脆弱的。[①]

在20世纪50年代中后期，军队在东南亚国家的地位变得越来越重要，扮演着主要角色，享有决定性影响力，并于80年代达到高峰，这一时期被称为东南亚的威权政治时期。例如，菲律宾呈现为独裁的家族政治体制；马来西亚、新加坡呈现为政党政治式的政治体制，有一套民主程序；缅甸、印度尼西亚和泰国呈现为军人政权式的政治体制。在君主立宪制的泰国，国王、政党和军队成为影响政治发展的主要政治力量。缅甸和印度尼西亚通过军队

---

① 陈明明：《所有的子弹都有归宿——发展中国家军人政治研究》，天津人民出版社，2003年，第2页。

来组织政党,这种以军队为基础形成的政党往往就是执政党。

在东南亚区域,军人干政使大多数国家呈现为威权体制,权力高度集中于中央政府手里,而且在这一体制下政治发展基本稳定,经济也得到了一定的发展。军队干政在维护国内安全方面发挥了重要作用,涉猎的领域非常广泛,不仅拥有自治权管理自己的事务,还参与国家政治制度的建设、经济发展以及社会事务。

军人影响和干预政治的主要途径有:

第一,军队体系转变为国家体系的环节。东南亚有不少国家,如印度尼西亚、越南、老挝等国家是在反对外来的武装干涉中建立起来的。军队成为这些国家实现国家独立的中坚力量。在实现国家独立和维护国家政治稳定的过程中,东南亚不少国家元首处在军队的重要位置上,掌握着调动军队的大权。在争取国家独立或新生的国家处在危难之时,这些人凭借暴力资源,发动起义、政变,推翻殖民统治或现政权,建立了新的军政一体机构。领导起义的组织者和核心集团迅速成为新政权和新秩序的建立者和领导者。同时,国内治国理政人才的奇缺,决定了以军队统帅为核心的军队体系转变为了国家政权体系的各个环节。在西方国家,蒂利在《强制、资本与国家》一书中分析了在西方现代国家成长进程中,国王领导的军队主要是在战胜内部的贵族力量中发展起来的。在此过程中,国家政权的反对力量受到削弱,与此同时,中央权力和资本的力量建立起来了。因此,强制力量的发展为资本主义的发展和民族国家的建立扫除了发展障碍。东南亚国家的军队首先是在反对殖民主义、争取国家独立的斗争中建立和发展起来的。国家独立后,军队成为建立国家政权的中坚力量。面对国内的武装反叛,军队发挥了保家卫国的重要作用。

第二,军队人员在核心领导层占有相当的比例。在威权政治体系中,核心领导集团发挥着重要作用。这一集团的人员不少由军人构成,不仅意味着他们拥有了政治上的决策权,而且也拥有了能够影响决策和执行决策的强制力资源。在老挝,在反对法国殖民统治、争取国家独立的过程中,老挝人民革命党建立了自己的军队。“武装斗争结束后,军队在政治上的重要性也没有丝毫减弱的迹象。1996 年,在政治局的 9 个席位中,军方代表从原先的 3

个增加到了 7 个。"①印度尼西亚在"双重职能"理论的指引下,军队全方位参与政治生活, 在中央机构,1966 年 7 月成立的内阁中,27 名部长中有 12 名是军人,他们占据了国防安全部、内政部和经济部门的重要职位,1978 年仍有 11 名军人部长。②

第三,军队人员在议会中占有相当比例。立法机关是国家宣布其"普遍"意志的地方,同时也是国家利益分配的重要场所。在现代国家中,不同集团为获得利益的竞争往往集中在了议会。在此,西方国家通过在议会中设立反对派议席,将对立的观点和要求直接体现在议会内部的"吵架"上。通过博弈最终获得多数票的一方获得胜利。不过在此前,一般议会制国家通过多数制为这种博弈的顺利通过奠定了制度保障。在东南亚一些国家的威权政治时期,为了保证威权统治,其中尤其要保证军队在国家中的重要地位不受威胁和影响,不少领导人在议会中拿出相当的席位留给了军队代表。在印度尼西亚、泰国和缅甸的威权政治时期,这种状况表现尤为突出。2008 年缅甸宪法规定,联邦国会的 1/4 席位属于军方委任议员,宪法第 109 条 b 项规定代表院有 110 席属于军方议员, 第 141 条 b 项规定民族院有 56 席属于军方,总司令直接委任军方立法人员,决定不受任何监督,还可以在议员任期内随时调换人选。③凭借着 25%的配额,军方享有对所有宪法修正案的否决权,根据宪法第 436 条,通过修正案需要超过 75%的投票。④

军队在东南亚之所以能够干预政治,成为政治发展过程中发挥重要作用的一部分,主要是因为:

第一,东南亚军政关系信息的不对称。军队拥有其特有的结构和特点,在争取国家独立过程中培养了国家责任感,经济能够独立,以及具有现代化和专业化的较为先进的属性。而此阶段,文职机构通常缺乏技术知识以对国

---

① [澳]约翰·芬斯顿:《东南亚政府与政治》,张锡镇等译,北京大学出版社,2007 年,第 127 页。

② 尤洪波:《试论苏哈托对印尼的威权统治》,《东南亚纵横》,2003 年第 4 期。

③ [缅]雷诺德·伊戈里图斯:《缅甸的国会发展:2011—2016 年联邦国会综览》,《南洋资料译丛》,2017 年第 4 期。

④ [缅]雷诺德·伊戈里图斯:《缅甸的国会发展:2011—2016 年联邦国会综览》,《南洋资料译丛》,2017 年第 4 期。

防和安全事务做出更好的决定。军官认为在国内安全方面,他们的专业知识要多于文官或警察。并且军队不断寻找政治和经济的影响力巩固他们的地位。

第二,东南亚国家的行政机构权力强大,而立法机构权力弱小。东南亚拥有由支配性集团制定法律法规的传统,军队在东南亚一些国家独立过程中确立的权威地位使其在立法方面占据优势。在东南亚传统社会中,正式设立的立法机构还没有成为履行法规制定功能的焦点场所。通常的做法是由支配性集团发布可以影响整个社会的基本法令和创建行政法规。人们会在内阁和立法机构中看到佩戴军衔的人。例如,在缅甸和文莱不存在立法机构,也没有选举,政党在行政管理中没有任何作用。在泰国,内阁的作用是公布某个军官集团的决策,这个集团一般被承认拥有支配性权力。在印度尼西亚,内阁越来越听命于军队和总统,新法规从技术上说来源于由戒严令授予军队的权力。①

第三,军人政权在一段时期内能够促进东南亚国家的政治稳定和经济发展。军人政权牢牢抓住经济增长这一指标,来寻找其执政的合法性依据。军队广泛参与国家的经济活动,采用"进口替代"与"面向出口"等不同的发展策略,重视工业化的发展与社会现代化的发展,使国家经济在短时间内得到迅速发展。军人政权干预经济发展带来的经济绩效一定程度上巩固了军政权的地位。

第四,东南亚国家的军队规模庞大,当军队接管文人政府时,有大批军官能够迅速接管文官的重要职位。例如,在20世纪60年代,独立后的印度尼西亚,军队的规模已经超过50万人,在1965年政变发生的时候,印度尼西亚士兵与印度尼西亚总人口的比率是1:205;缅甸军队在20世纪40年代的规模为2.3万人,缅甸独立后,军队规模迅速扩大,在1962年,缅甸总人口大约2250万人,军队为8.5万人,士兵与总人口的比率为1:265,到2002年,士兵与总人口的比率已达到1:122;泰国在1941年时军队仅有2万人,到1976年,军队已经扩大到18万人,士兵与总人口的比率为1:235,到

---

① [美]加布里埃尔·A.阿尔蒙德等:《发展中地区的政治》,任晓晋等译,上海人民出版社,2012年,第122页。

2006 年军事政变发生时,士兵与总人口的比率为 1 : 215。①

总体而言,非西方国家军队干政的类型丰富,包括仲裁型、独裁统治、军事保护主义、军人民众主义等。②在东南亚,按照军队干预政治的程度来划分,大体有两种,一种是军政权,军队对政治影响较大或完全统治国家;另一种是军队对政治影响较小的国家。

军队干政程度深且对政治发展影响较大的东南亚国家具体表现为:

在缅甸,军队是独立后的主要政治力量,独享政治霸权。从 1962 年到 1988 年,缅甸一直处于以吴奈温为代表的军人政权的极权统治之中。自从 1962 年以来,缅甸军队(tatmadaw)一直有效地掌管国家,把持着各种形式的直接进行政治统治的军政府,权力集中于军政府高级军官手中,国家元首和政府首脑都是军人领袖,破坏了吴努时期创建的议会民主制度,影响了缅甸民主化进程的发展。从中央政府到地方政府,再到国有企业等重要部门都有军人参与其中,甚至政党都是以军队为核心来组建。从吴努政府到奈温政府,缅甸的政治从有限、分权政府向全能、集权和专制政府转化,走向了政治现代化的反面。③缅甸军队自成体系,军方在政治生活中的影响无所不在,国家、政权和军方利益的一致性似乎融合成一张严密的网,网中任何一个机构的安全利益都不能脱离另一个机构的利益。④

军人政权借口拯救国家来证明其存在的合法性。缅甸军政府宣称其首要任务和目标一直是"固守和维护联邦不分裂、民族团结不破裂、主权稳固"⑤。军政府在执政过程中,一方面要不断巩固军队在政府中的地位,另一方面还要尽量保持政治中立。缅甸军方坚称其"不代表任何政治意识形态"或"任何

---

① Marcus Mietzner & Nicholas Farrelly Mutinies, Coups and Military Interventionism: Papua New Guinea and South-East Asia in Comparison, *Australian Journal of International Affairs*, Vol.67, No.3, 2013, pp.342-356.

② [英]乔治·菲利普:《军人政权的困境》,《拉丁美洲研究》,1989 年第 1 期。

③ 罗圣荣、陈飞羽:《政治转型背景下的缅甸环境政治》,《东南亚研究》,2018 年第 2 期。

④ [澳]约翰·芬斯顿主编:《东南亚政府与政治》,张锡镇等译,北京大学出版社,2007 年,第 223 页。

⑤ 贺圣达:《新军人集团执政以来缅甸的经济改革和经济发展 (1988—2008)》,《南洋问题研究》,2009 年第 3 期。

特殊阶层的人民"也"不代表任何民族集团"或"任何特别地区"。军队每十年就会自我改革以应对不断变化的政治、经济或意识形态上的新的发展趋势。军方为自己在国家政治生活中确立了一项权力，即允许军队在缅甸未来的政治领导过程中发挥作用。平等、自由和多元化等概念被重新解释并与军队所理解的本土价值观相融合，然后被改造成军方所定义的"纪律勃兴的民主"①。

印度尼西亚的军队于 1957 年至 1959 年发展为相对独立的军人官僚阶层和政治集团，开始试图统治国家，这对印度尼西亚的政治发展影响深远。军人官僚阶层一方面利用军队的特权和优势，在印度尼西亚政府中取得领导地位；另一方面，他们通过直接占有国有企业，在印度尼西亚经济中取得垄断地位。军人集团在政治和经济领域的发展使印度尼西亚的军人政权成为可能。经过 1965 年"9·30"运动，印度尼西亚军队于 1966 年掌权，直到 1998 年一直是苏哈托威权新秩序政权的一部分。苏哈托统治印度尼西亚长达 32 年，使印度尼西亚形成了军人政权的官僚威权体制。

印度尼西亚军官政治的崛起，开辟了进入政治影响层的新渠道，但只要他们所要担负的角色和所要代表的价值不明确，那就会减少政治过程的可预测性并增加政治不稳定感。②为此，军队发展了综合性的政治和军事原则，尤其是 "双重职能"（dwifungsi）——保障国家安全与参与社会政治生活的提法变得尤为重要，成为军队参与国家各种事务的理论依据，并于 1982 年被写进国家宪法。在"双重职能"理论的指导下，苏哈托采取一系列措施使军队全方位参与政治活动，中央政府、地方政府与国有经济部门都有军官来管理，据统计，中央政府中 53.6% 的高级官员，地方政府的 71.3% 的高级官员都由军人担任，全国有 16000 多名军人直接进入各级政府机构，与此同时，将全国划分为 16 个军事辖区，军区以下设地区司令部、团司令部，每一个村庄都有军代表，这种军队控制各级政府机构的做法保证了军队对政治的全面

---

① ［澳］约翰·芬斯顿主编：《东南亚政府与政治》，张锡镇等译，北京大学出版社，2007 年，第 223~225 页。

② ［美］加布里埃尔·A.阿尔蒙德等：《发展中地区的政治》，任晓晋等译，上海人民出版社，2012 年，第 114 页。

控制。①印度尼西亚人民协商会议议员的 1/3 由政府从军队中任命,而国会议员中有 100 名由政府在军队中指定。②但印度尼西亚军队宣称其只是扮演捍卫国家的角色,不要成为政治的参与者,国民军不偏袒任何政治势力。③

菲律宾的军事力量对于 20 世纪 70 至 80 年代费迪南德·马科斯的独裁统治的兴衰起到关键作用。菲律宾武装部队虽然是行政系统的一部分,但许多政治学家把它看成菲律宾政府的另一分支机构④,拥有"政治自治权"。军官在文官官僚机构中也拥有职位,在国家的安全政策、政治任命,甚至总统权力等方面都发挥过重要作用。

总之,军人政权在一定时期支持了东南亚国家的发展和政权建设,维持了政府稳定、加强了国内政治和行政秩序,有利于政治发展。正如美国学者列维所说:"军人政权会带来最稳定的局势和最高的现代化效率,是一种效能最好的组织形式。"⑤但军人政权建立在非程序政治和暴力基础上,同样可能破坏国家的合法性基础,阻碍政治发展。东南亚各国军队在干预国家的政治制度、经济、安全和社会等方面的程度受各国政治、历史、宗教和社会特征等因素影响,在各个国家的表现程度都不一样。但军队总的干政原则和发展趋势是趋同的,军队在干政时刻都会宣称保持政治中立的原则,但实际运作中很难做到这一点。随着国内外大环境的改变,尤其是第三波民主化浪潮等因素的影响,军队的影响力在逐渐减弱,逐渐让位于文人政权。

---

① 骆沙舟、吴崇伯:《当代各国政治体制:东南亚诸国》,兰州大学出版社,第 219~220 页。

② 周方冶等:《东亚五国政治发展的权力集团研究》,中国社会科学出版社,2016 年,第 146 页。

③ 张锡镇:《2003 年东南亚政治发展回顾》,《东南亚纵横》,2004 年第 3 期。

④ [澳]约翰·芬斯顿主编:《东南亚政府与政治》,张锡镇等译,北京大学出版社,2007 年,第 244 页。

⑤ 转引自陈明明:《所有的子弹都有归宿——发展中国家军人政治研究》,天津人民出版社,2003 年,第 321 页。原文出自 Marion Levy, Jr., *Modernization and the Structure of Societies*, Princeton University Press, 1966, pp.583-584.

第五节　东南亚国家军人政权让位于文人政权

　　在东南亚，军人政权逐渐让位于文人政权，这主要受国内外环境变化的影响。国内经济的持续高速增长、独立的私有部门的发展、中产阶级和工人阶级的壮大、充满活力的公民社会等，这些国内因素使国家与社会变得更加复杂化，需要更加精细化的管理。①而军队自身严重的腐败问题及侵犯人权的暴行都使得军队在政治中的地位迅速下降。与此同时，国际环境更加支持民主、人权和市场经济，国际组织谴责军事政变和排斥军事政府，在这种国际体系背景下，政治合法性和经济发展的相互作用是影响东南亚军政关系长期变革与连续的重要因素。②概括而言，历史遗产、文官治理和领导力的质量、国际环境，以及内部军事的动态性等是影响军政关系变化的重要变量。③

　　正如亨廷顿所言："随着社会发生变化，军队的角色也就发生变化。在寡头统治的世界里，军人是激进派；在中产阶级的世界里，军人是参与者和仲裁人；当群众社会出现时，军人就变成现存秩序的保守的护卫者。也就是说，社会越落后，军队扮演的角色就越进步；社会变得越进步，军队角色就会变得越加保守和反动。"④

　　20世纪80年代中后期以后，东南亚区域行政机构的一个显著特征是军队和其他武装部队的影响力下降，文人控制军队的局面开始形成并占有越来越重要的地位。新兴民主国家的文人政府和军方之间的关系问题取决于

---

　　① Muthiah Alagappa, *Coercion and Goverance：The Declining Political Role of the Military in Asia*, California：Stanford University Press, 2001, p.xvii.

　　② Muthiah Alagappa, *Coercion and Goverance：The Declining Political Role of the Military in Asia*, California：Stanford University Press, 2001, p.xviii.

　　③ Marcus Mietzner, *The Political Resurgence of the Military in Southeast Asia：Conflict and Leadership*, London and New York：Routledge, 2011, pp.13-18.

　　④ ［美］塞缪尔·亨廷顿：《变化社会中的政治秩序》，王冠华等译，上海人民出版社，2014年，第182页。

威权政权的类型、军方统治集团的权力以及转型过程的性质。[①]东南亚区域似乎走了同拉美地区在 20 世纪 80 至 90 年代同样的道路：削减军队在政治中的作用，建立功能性的文人政权。[②]这种发展趋势一直持续到 20 世纪 90 年代末和 21 世纪初期，即形成很少发生军事政变或受其他外部力量干涉的文人政权，具体表现为：

第一，东南亚一些国家在从军人政权转向文人政权的过程中，军队被边缘化，军事权力似乎衰落了。例如在泰国，军队干预政治事务几十年后，于 1991 年最后一次政变之后就处于边缘化的地位，并于 1997 年采用了新宪法，似乎最终走上了文人治理国家的良好道路；菲律宾在 1992—1998 年菲德尔·拉莫斯(Fidel Ramos)统治时期军队也显得不那么重要；印度尼西亚受民主化的影响，第一次有了民主选举的总统，军队的影响力被削弱。

第二，军队掌管的企业逐步转给国家。例如，越南政府于 2007 年要求所有军队管理下的公司转由国家管理。印度尼西亚总统苏西洛(Yudhoyono)于 2010 年通过签署总统令，要求军队企业转为国家掌管。尽管事实上军队的所有企业并没有全部转给国家，如越南军队仍掌管着电讯公司(Viettel)，印度尼西亚的高级军官在总统令签署之前卖掉了大部分赚钱的企业，但是此种举措的影响是巨大的，推动了军队放弃与商业活动的联系。

第三，建立民主政体的发展趋势。研究政治发展的一个核心问题就是民主与发展的关系。在第三波民主化浪潮的影响下，已经有越来越少的国家是由军人掌管国家政权了，东南亚国家更需要民主时刻的到来，并且第三波民主化是为民主转型而进行的政变尝试，根本不同于第二波回潮中的成功政变，以菲律宾 1989 年 12 月的一场反民主化政变为例，政变双方战斗激烈并有人员伤亡，一些政治领袖并没有公开地积极支持政变，只是暗地里提供支持，重要的是民间集团、国防部部长和高级军官都不支持政变，最后，在美国

[①] ［美］塞缪尔·亨廷顿：《第三波：20 世纪后期的民主化浪潮》，欧阳景根译，中国人民大学出版社，2013 年，第 207 页。

[②] Marcus Mietzner, *The Political Resurgence of the Military in Southeast Asia: Conflict and Leadership*, London and New York: Routledge, 2011, p.1.

的干涉下,政变的军队没有成功。①

　　缅甸于 2010 年举行大选形成新政府,尽管民主化的政治转型并不彻底,新政府并未能摆脱军人政权,但新的政府组织形式还是有所进步,打破了 1988—2011 年军人直接执政,国家最高权力机构——国家和平与发展委员会全部由军人组成的局面,新成立的联邦议会通过选举产生,政府官员由军人和文官共同组成,并建立多党制,可以说,具备民主政体的外壳,这对缅甸的政治发展是一大进步。

　　缅甸从军人政权转向军人为主—文官为辅,继而转向文官为主—军人为辅是其民主转型的发展历程,缅甸军人政权转型的原因主要有"内外压力说""国际形势说""精英决定说"和"军人利益说"。②在缅甸,如果没有军队的支持,民盟很难顺利地治理国家。军队也需要民主的选举形式来维持其国内外的良好形象。军政相互制衡,在"斗"之中促进国家发展构成了缅甸的"政治大智慧"。③

　　但总的来说,与其他地区相比,东南亚情况似乎有些特殊,即使在民主政体下,军队对政治决策的影响力依然很大(印度尼西亚、菲律宾和泰国的情况见表 2),军队干涉政治依然是一个普遍现象。东南亚的这种特殊情况非常不利于本地区民主化进程发展的,例如缅甸于 1988 年发生民主化运动,以苏貌为首的新的军人集团试图在形式上建立民主政体,从一党专政转向多党竞争,完成了从极权向威权政体转型。缅甸军人政权向文人政权的转变并不彻底,形成了"半文人政权"的状况,被称为是可操纵的伪民主(pseudo-democratic)政体。具体而言,缅甸于 2008 年恢复了宪法,为军政府转变为半文官行政(由退休的和现役的军官担任)做准备,新的政体于 2010 年 12 月的选举后开始形成,先前军政府的成员担任总统,领导议会中最强的政党(USDP, Union Solidarity and Development Party),此外,25% 的议会席位留给军事力量,如果这些重要的权力集权不足以保护军队的利益,宪法允许军队

---

　　①　[美]塞缪尔·亨廷顿:《第三波:20 世纪后期的民主化浪潮》,欧阳景根译,中国人民大学出版社,2013 年,第 209 页。

　　②　张伟玉:《缅甸军人政权转型原因研究(1988—2015 年)》,清华大学博士学位论文,2016 年。

　　③　余强、李晨阳:《"缅甸智慧":军政博弈"斗而不破"》,《世界知识》,2016 年第 17 期。

的领导在认为国家面临危机时可以重新掌权。[1]

表2 文官控制的部分政治决策领域[2]

	印度尼西亚		菲律宾		泰国		韩国	
	1999	2007	1986	2007	1992	2007	1987	2007
精英录用和总政策	—	0	0	0	—	—	—	+
国内治安	—	—	—	—	—	—	—	+
国防	—	—	—	—	—	—	—	+

注：每个国家开始的时间是民主化在这个国家开始的时间。

— 军队控制着这一领域的决策制定权。

0 军队严重限制文官的决策制定权，但不占主导地位。

+ 文官主导这一领域的决策制定权。

由此可见，民主转型与巩固需要有效的文官控制做基础，否则会很容易被非民主力量逆转。文官控制军队被认为是民主制的核心成分之一，也需要被制度化，从而使新的民主政体巩固下来。[3]民主政府也要站在非政治化的立场，去除军队政治化的色彩，使军队仅履行军事任务，保卫国家的外部安全。

第四，东南亚国家的宪政制度逐步完善。目前，东南亚国家都拥有宪法，即使是军人政权的国家，也并不是由军队直接进行统治，破坏宪法及军事政变的次数越来越少。例如，在缅甸，军队尽管还握有很大权力，但已经从幕前退居幕后。在印度尼西亚，军事和社会力量的妥协为扩大宪政铺平了道路，军队曾经作为苏哈托政权的支柱而享有重大特权，自1998年民主化以来，已经逐渐失去了大部分的霸权地位，2004年的宪法修正案结束了议会中的军事代表制，现役军人可能不再担任内阁职位，为成熟的文官机构提供空

---

① Marcus Mietzner, *The Political Resurgence of the Military in Southeast Asia: Conflict and Leadership*, London and New York: Routledge, 2011, p.5.

② Aurel Croissant and David Kuehn, Patterns of Civilian Control of the Military in East Asia's New Democracies, *Journal of East Studies*, Vol.9, 2009, pp.187–217.

③ Aurel Croissant and David Kuehn, Patterns of Civilian Control of the Military in East Asia's New Democracies, *Journal of East Studies*, Vol.9, 2009, pp.187–217.

间,宪政主义和民主制在印度尼西亚逐渐成熟。①

第六节　东南亚国家军人政权向文人政权
转型不彻底的原因

从以上的发展趋势可以看出,受国内外多重因素的影响,东南亚大多数国家的政治发展似乎也在逐步由军人政权转向文人政权,但东南亚国家由于经济基础薄弱,政治体制不健全,以及庇护制的政治文化,从威权体制转向民主体制的过程伴随着不稳定,因为成熟的民主制不可能在一个国家内迅速形成,尤其是在威权精英政治的国家,民主基础较为薄弱,民主制还可能会遭受逆转。②军人政权逐渐让位于文人政权的过程伴随着军事政变,尤其是在 21 世纪的政治发展中,东南亚不能继续减少军队在政治上的影响力,而是在政治上经历了军队力量的复兴。究其原因,主要体现为以下五个方面。

第一,东南亚地区有着深厚军人政权传统,军队有重返政治舞台的危险,出现军人政权和文人民选政府交替上台执政的现象。在缺乏强大的宪政传统的情况下,军政府由于对武装力量的控制而成为权力的有效竞争者,即使在文人政府重新恢复的政权中,军方也通常构成权力的主要竞争者,并对政治过程施加效应。③多数统治和制度化而非个人化的领导并不适合东南亚政治文化中传统的等级式的统治模式。④一些印度尼西亚人就认为军政关系

---

① Björn Dressel and Marco Bünte, Constitutional Politics in Southeast Asia: From Contestation to Constitutionalism?, *Contemporary Southeast Asia*, Vol. 36, No. 1, April 2014, pp. 1–22.

② Mely Caballero-Anthony, *Political Change, Democratic Transitions and Security in Southeast Asia*, London and New York: Routledge, 2010, p.139.

③ [美] 小 G. 宾厄姆·鲍威尔:《当代比较政治学:世界视野》(第十版),杨红伟等译,上海人民出版社,2017 年,第 106 页。

④ Clark D. Neher, Democratization in Southeast Asia, *Asian Affairs*, Vol.18, No.3, 1991, pp. 139–152.

的真正危险就在于外部政治利益可能会使军队政治化，并经常伴随着军事政变的谣言，而文官控制军队的真正问题就在于控制链的脆弱。①

例如，缅甸的军政府地位似乎不可动摇，在国家发展中发挥关键作用。根据缅甸宪法规定，缅甸国防部部长、内政部部长和边境事务部部长由军方任命，缅甸军方可以不经选举获得国会四分之一的席位，拥有对缅甸宪法修正及重大事务的一票否决权，而且，缅甸军方拥有宪法赋予的最终裁决权，军队势力仍对缅甸政治有着举足轻重的影响力和控制力②；泰国 2006 年 9 月发生的军事政变使军队又回到了政治统治阶段，重归泰国政治的核心。2006 年泰国政变尽管被称为"没有流血"的政变，但政变的影响激化了矛盾，加剧了政治极化，又可以说是泰国历史上最为暴力的一次政变。③2014 年 5 月军方首领巴育·占奥差将军（Prayuth Chan-ocha）发动军事政变推翻英拉政府，破坏了议会民主制，恢复了"官僚政体"旧体制，官僚集团和军队在皇室的庇护下再次主导政治。④如果我们把每一次军人政变和建立军政府到民选政府成立和被下一次军人政变所推翻看作一个周期的话，那么迄今为止，泰国已经历了 7 个政治动荡的周期。⑤尼古拉斯·法雷利（Nicholas Farrelly）认为，王室和军队利益的主导关系、统治精英的默许及他们与经济参与者的特殊联盟，甚至以美国为首的国际势力的支持都是泰国军事政变频发的原因⑥；在菲律宾的后拉莫斯时代政局很不稳定，军队又开始发挥政治作用。这些现象表明军事政变并不是一个政治历史的问题，而是一个持续性的

① Angel Rabasa and Peter Chalk，*Indonesia's Transformation and the Stability of Southeast Asia*，Santa Monica：Rand Corporation，2001，pp.61-62.

② 《温敏坐上缅甸总统宝座，但他仍然只是"二把手"》，凤凰网国际智库，2018-03-29.

③ ［泰］巴扎·贡基拉迪：《泰国选举暴力消与长：规则、结构与权力格局变迁，1997—2011 年》，《南洋资料译丛》，2017 年第 2 期。

④ ［泰］巴扎·贡基拉迪：《泰国选举暴力消与长：规则、结构与权力格局变迁，1997—2011 年》，《南洋资料译丛》，2017 年第 2 期。

⑤ 庄国土、张禹东主编：《泰国研究报告》（2016 版），社会科学文献出版社，2016 年，第 38 页。

⑥ Marcus Mietzner & Nicholas Farrelly，*Coups*，*Military Consolidation and Redemocratisation in South-East Asia and the Pacific*，*Australian Journal of International Affairs*，Vol.67，No.3，2013，pp. 259-263.

危险,甚至是已经实施十几年选举民主的国家也存在的危险。①

第二,高速的经济增长使政府获得合法性的保护伞逐步被打破。很多学者认为,经济增长的程度是影响军队干涉政治程度的一个重要因素。民选政府易于为政变所推翻的程度,随着国家的社会经济发展水平的不同而不同,在农业社会和贫困社会, 有政变倾向的军官通常能在社会精英之中寻找到积极的支持与合作,而在新的民主政体下,政治联盟中的中产阶级以及其他集团是促进民主化的主要力量, 军事政变的发动者没有能力争取到这些力量的支持。②经济增长促进民主政治不仅是因为它组织动员了民众,而且是因为它会带来支持性的文化取向,也就是说经济发展促进民主政治是有一个前提的,即它必须带来文化和社会结构上的特定转变。③到 20 世纪 80 年代,虽然政治文化的概念在美国学术界仍然不太受欢迎,但其他国家的观察家们,从拉美到东欧乃至东亚,得出结论,认为文化因素对他们在民主化过程中所遇到的问题颇为重要。④

东南亚国家和地区是威权主义国家的代表, 把政绩当作合法性的主要来源。⑤经济发展的成就和政府绩效为这些国家政权提供了一定的合法性基础。⑥在东南亚,存在大量的威权统治与经济增长正相关的案例。⑦本地区政府最清楚通过政府的有效性来实现其合法性的方式。高速的经济增长使政府获得了合法性,而且常常被当作限制民主的理论依据。1997 年亚洲的金融危机对这种模式提出了深刻的挑战,似乎打破了这一关系,尽管后来的经济

---

① Aurel Croissant and Marco Bünte, *The Crisis of Democratic Governance in Southeast Asia*, New York: Palgrave Macmillan, 2011, p.190.

② [美]塞缪尔·亨廷顿:《第三波:20 世纪后期的民主化浪潮》,欧阳景根译,中国人民大学出版社,2013 年,第 209~210 页。

③ [美]罗纳德·英格尔哈特:《现代化与后现代化:43 个国家的文化、经济与政治变迁》,严挺译,社会科学文献出版社,2013 年,第 184 页。

④ [美]罗纳德·英格尔哈特:《现代化与后现代化:43 个国家的文化、经济与政治变迁》,严挺译,社会科学文献出版社,2013 年,第 184 页。

⑤ 燕继荣主编:《发展政治学》(第二版),北京大学出版社,2010 年,第 180 页。

⑥ 燕继荣主编:《发展政治学》(第二版),北京大学出版社,2010 年,第 181 页。

⑦ Amitav Acharya, Southeast Asia's Democratic Moment, *Asian Survey*, Vol.39, No.3, 1999, pp.418–432.

恢复比预期的要好，但它削弱了基于提供经济利益的合法性观点。泰国于2006年的军事政变就有力地表明经济增长这个因素似乎并不能充分揭示军队为什么干政。

从发展政治学的视角来看，经济政策和政府政策作为威权主义国家政权合法性基础的积极作用是十分有限的，经济起步初期的较快增长和社会变革在满足公众基本需求的同时，也使其对政府的期望值不成比例地迅速膨胀，公众心理预期的改变必然会动摇威权政治的合法性基础，威权主义国家政权合法性的一个致命弱点在于，它将合法性基础建立在短期的可变的而且是唯一的(经济发展)因素之上，政府绩效的合法性作用，取决于民众对政府政策的评估。①

变化中的公众期望和不确定的政府绩效评价标准，使得政权的合法性无法持久和巩固。②亨廷顿对欠发达国家中政治权力有效性与合法性关系进行论证时所言及的"政绩困境"就说明了这一问题。③伯克哈特和刘易斯的研究发现经济发展导致民主政治，但是民主政治不导致经济发展。④依附理论学派认为，经济发展更有可能导致官僚式威权主义，而非民主政治。⑤赫利韦尔(Helliwell)发现经济发展在民主政权或威权政权中发生的概率是一样的，尽管威权主义经济发展模式在东亚取得了举世瞩目的成功。⑥

第三，东南亚国家军人政权向文人政权过渡的不彻底，以及文人政府对军队的依赖，文人政治疲软，也会催生军事政变。通常情况下，文官政府由于缺乏效率与权威，被军人政府取代。文官和军人精英都在不断争取拥有控制国家和社会的核心权力。当军队被边缘化，军官们还会寻找新的途径获得权

---

① 燕继荣主编：《发展政治学》(第二版)，北京大学出版社，2010年，第181页。
② 燕继荣主编：《发展政治学》(第二版)，北京大学出版社，2010年，第182页。
③ 燕继荣主编：《发展政治学》(第二版)，北京大学出版社，2010年，第182页。
④ [美]罗纳德·英格尔哈特：《现代化与后现代化：43个国家的文化、经济与政治变迁》，严挺译，社会科学文献出版社，2013年，第235页。
⑤ [美]罗纳德·英格尔哈特：《现代化与后现代化：43个国家的文化、经济与政治变迁》，严挺译，社会科学文献出版社，2013年，第182页。
⑥ [美]罗纳德·英格尔哈特：《现代化与后现代化：43个国家的文化、经济与政治变迁》，严挺译，社会科学文献出版社，2013年，第183页。

力,退役之后还会去参加政治竞选。例如,尽管泰国军队在政府和立法机关并没有保留代表权,但是文官政府非常依赖军队的支持。菲律宾和泰国一样,军队并没有在议会或内阁中保留席位,但是总统给予将军更多的权力和职位,以便换取军队的支持。缅甸、越南和老挝这些国家的军队要么还处于统治地位,要么仍有重要影响。近些年来,东南亚的前威权主义政权都已经举行了第一次自由选举,但是采用形式上的民主政治与达到稳定民主政治是两码事。①

第四,东南亚国家文人政权的不稳定,尤其是文官领袖个人领导力的软弱也是导致军人干预政权的重要原因。文官领袖在治理国家时,如果更加看重个人利益的得失,千方百计捍卫自己的职位,就会忽视国家的政治发展,使国家陷入发展的困境。此时,较为现代化的军队就会重新夺取政权,干预国家的政治发展。马库斯·米茨纳(Marcus Mietzner)认为:"文官治理变得不稳定,并不是因为经济因素,而是因为关键性的领导人不顾一切地捍卫他们的职位,反对他们的对手,引起了两极分化,增加了紧张的关系。相反,一个包容性的、不走极端的领导力,甚至在经济发展水平很低的国家,也可以避免军事力量的政治化。军人参与政治并不是主要与军队的动机、行动或信仰有关,也不是由一个国家的经济发展指数决定的。治理的质量和主要政治家的领导方法既可以稳定一个政体,也可以使政体很脆弱,易于军人干涉政治。"②

第五,东南亚国家政党制度、公民社会和阶级关系发展的不完善。东南亚国家政党体制的制度化水平不高,政党通常以候选人为中心,短命和脱离社会,具有无效、不受欢迎、腐败和难以区分的特征,比西欧和北美的民主国家,拉丁美洲和东欧的新兴民主国家中的政党要弱得多。③军队在东南亚作

---

① [美]罗纳德·英格尔哈特:《现代化与后现代化:43个国家的文化、经济与政治变迁》,严挺译,社会科学文献出版社,2013年,第199页。

② Marcus Mietzner, *The Political Resurgence of the Military in Southeast Asia: Conflict and Leadership*, London and New York: Routledge, 2011, p.3.

③ Marcus Mietzner, Ideology, Money and Dynastic Leadership: The Indonesian Democratic Party of Struggle, 1998-2012, *South East Asia Research*, Vol.20, No.4, 2012, pp.511-531.

为一个特殊的利益集团,发挥了政党的功能。但军方缺乏政党体系所拥有的动员自愿支持的长处。当军方在应对一般的不满或处理不受欢迎的政客滥用权力等问题的时候,这些内在缺陷可能无足轻重。但是当军政府推出自己的路线并动员广泛的支持的时候,这些缺陷就成了一个大问题。由于这些原因,军政府通常是不稳定的,而且会被迫同其他机构分享权力,或者简单地从政治中撤出来。①

东南亚国家的政党政治仍然是不稳定和欠发达的, 尽管现在选举民主体制在印度尼西亚、东帝汶和菲律宾得到了制度化巩固,但是民主政府管理的低效率降低了选举体系改革的有效性,至于东南亚的其他国家,由于大众化的反对派通过选举过程无法达到他们的目标, 不排除这些反对派在不久的将来寻求宪政体制以外的路线来寻求政治体制的改革。②

第七节　东南亚国家政治发展的前景

从比较政治学的角度来看,东南亚不是一个政治上高度一致的地区,组成东南亚的各国无论在政治上还是文化上的不同都要大于组成欧洲的各个国家。③从政治文化的角度来看,东南亚地区有着全世界最复杂多样的民族、宗教和文化体系,素有"种族博物馆"与"宗教博物馆"之称。④在东南亚不同国家因社会、政治、文化经历不同呈现出不同的形式,呈现出多样性的政治发展道路。

综合来看,在国际和国内环境变化的影响下,东南亚国家也在由军人政

①　[美]小 G. 宾厄姆·鲍威尔:《当代比较政治学:世界视野》(第十版),杨红伟等译,上海人民出版社,2017 年,第 107 页。

②　[奥]本杰明·雷利:《东南亚地区的选举体系》,《南洋资料译丛》,2017 年第 3 期。

③　转引自祁广谋、钟智翔主编:《东南亚概论》,世界图书出版公司,2013 年,第 201 页。原文出自[新]尼古拉斯·塔林:《剑桥东南亚史》(第一卷),贺圣达等译,云南人民出版社,2003 年,第 1 页。

④　祁广谋、钟智翔主编:《东南亚概论》,世界图书出版公司,2013 年,第 202 页。

权向文人政权转型,但伴随着军事政变等周期性政治动荡的情况。东南亚
国家军政关系的具体类别和政权类型在各国的表现也具有多样性,具体见
表3。

表3　东南亚国家的军政关系类别和政权类型①

	文官至上	文官控制	有条件的从属	军人监督	军人控制	军人统治
民主制		东帝汶 菲律宾	印度尼西亚			
精英政治	新加坡	马来西亚	柬埔寨		泰国	
专制政治		越南	老挝			缅甸

　　在东南亚,也有一些国家的文人政权似乎真的巩固下来了。例如,东帝
汶面临建立职业军队的问题,但是军事力量并没有成为主要的政治行动者。
在印度尼西亚,在区域范围内严格运用民主程序。军队的“双重职能”已经不
太受到重视,尽管政治领袖有时无法控制军队,军队有时自己也难以控制它
内部的异己派系,文官控制军人的努力引起了新的军人和文官的争夺,但军
队势力毕竟大大削弱了。文人政府很好地兼顾了军队的利益,使其拥有一定
的经济资源并生存下去。苏哈托政权垮台后,军队在印度尼西亚政治舞台上
依然是一个潜在的强大力量,但是军队对政治的影响并没有复苏,民主体制
在21世纪的印度尼西亚得以巩固,军队在社会和政治上的影响力显著
下滑。②

　　在未来的政治发展中,有效的制度化的文人控制军队,要求对军队任务
的分配及晋升的相关决策要去政治化,文人当局要尽最大努力使政治和军
事领域的界限更加清晰。③正如亨廷顿提出了合理的军政关系模式应该是军
官必须服从文官的权威,即军官应该接受人事任免、财政预算和军纪国法审

---

　　①　Aurel Croissant and Marco Bünte, *The Crisis of Democratic Governance in Southeast Asia*,
New York：Palgrave Macmillan, 2011, p.195.

　　②　[澳]约翰·芬斯顿主编:《东南亚政府与政治》,张锡镇等译,北京大学出版社,2007年,第84~
86页。

　　③　Angel Rabasa and Peter Chalk, *Indonesia's Transformation and the Stability of Southeast Asia*,
Santa Monica：Rand Corporation, 2001, pp.62-63.

查方面的文官控制,接受文官在合法性、道德、政治智慧和治国能力上高于、优于、强于自己,把服从作为军人的最高德性,这种坚持军事专业化的客观文官控制优于追求文官权力最大化的文官控制。①此种合理的制度化文人政权也有利于民主制的巩固。

但在有着深厚军人干政传统的东南亚地区,制度化的军政关系还是远远不够的,还需要培育军政关系民主化的文化,为文官提供更多相关的学习机会,培养其高尚的人格,提高其对军队的控制能力。从长期来看,民主政治的取得不能仅仅通过制度转变或者通过精英层面的技巧性操控,它的存续取决于普通民众的想法和感受。②

此外,非政府部门及媒体的作用对合理的军政关系的形成也具有一定的影响力。鉴于以上三种路径的相互作用,从东南亚国家政治发展未来演变的趋势来看,军人政权的时间会越来越短,而文人政权的时间则会越来越长。

非西方国家正处于传统与现代的中间阶段,表现出混合甚至重叠的发展特征,在政治方面的表现呈现为民主和集权的双重特征。在东南亚的一些国家,既存在着军人政权,也存在着西方的自由民主,军政关系非常复杂,很难用一种理论或方法来高度概括东南亚的政治发展道路。正如霍华德·威亚尔达建议的那样,可以将发展主义、依附理论、法团主义与民主理论的研究方法相结合,来解释非西方国家独特的政治发展道路。东南亚国家的政治发展道路,应结合本地区的现实情况,"权威主义民主"是一种较为适合的发展道路。

---

① [美]塞缪尔·亨廷顿:《军人与国家:军政关系的理论与政治》,李晟译,中国政法大学出版社,2017年,第Ⅷ页。

② [美]罗纳德·英格尔哈特:《现代化与后现代化:43个国家的文化、经济与政治变迁》,严挺译,社会科学文献出版社,2013年,第246页。

第七章　东南亚国家政治制度化进程
与政治发展

　　长期以来,"东南亚"只是一个地理概念,作为政治实体的"东南亚"概念始见于第二次世界大战。[①]二战结束后,东南亚各国纷纷独立,为当代东南亚地区政治发展提供了前提和基础。

　　由于东南亚各国国情与社会状况存在较大差异,阶级力量的对比不同,各国民族独立运动的发展情况也不平衡。在现代民族解放运动的发展过程中,东南亚各国也同亚非其他地区一样,有着不同的类型,形成不同的发展道路,获得独立的方式也不一样。多数东南亚国家民族独立运动的领导权掌握在资产阶级手中,有些国家是掌握在爱国王公手中,唯有越南是由工人阶级掌握。东南亚国家建立民族独立政权的方式各具特点:既有经过长期的武装斗争,发动全国性的起义,取得独立和建立政权的国家;也有经过武装斗争和和平谈判两者交替,赢得独立并建立政权的国家;还有经过群众运动与政治谈判,和平移交政权的国家。总体看来,根据东南亚民族独立运动的进程,可以认为东南亚国家都经历了长期的争取独立和维护独立的激烈斗争。

　　泰国与其他东南亚国家的情况有所不同,是唯一保持相对独立的国家。尽管它在经济上受以英国为主的西方国家的控制,第二次世界大战期间又曾被日本军事占领,但其国家政权仍掌握在以王室为中心的泰国人手中。

---

　　① 1943 年 8 月,同盟国决定成立单独的"东南亚战区"(SEAC),范围包括缅甸、马来亚、苏门答腊和泰国,1945 年波茨坦会议又将东南亚战区的范围扩大至印度支那北纬 16 度线以南地区。参见[新]尼古拉斯·塔林:《剑桥东南亚史》(第二卷),贺圣达等译,云南人民出版社,2003 年,第 464 页。

第一节 东南亚国家的政治变革

二战结束后，东南亚国家的政治制度、社会结构和形态发生了深刻变革。从政治变革来说，就是要实现政治现代化，主要是指政治形态上普遍出现新的调整与过渡，其目的是建立更加符合本国发展实际的现代政治制度。二战后东南亚国家的政治变革普遍经历了两个主要发展阶段：第一阶段是从效仿西方议会民主制向威权主义政治体制的调整与过渡，第二阶段是从威权主义政治体制向民主体制的调整与过渡。第一阶段从 20 世纪 50 年代末 60 年代初开始至 80 年代基本结束。在这一阶段，东南亚主要国家普遍放弃了效仿西方议会民主制度，建立起以经济发展为导向的、以军人和准军人为领导核心的、对政党和社会团体严加控制的、政府权力高度扩张的威权主义政治体制。当然，不同国家的发展取向程度有所不同。例如，印度尼西亚和菲律宾的威权主义政治由于更多地代表了总统家族及其亲属的利益，其发展取向随着时间的推移而不断减弱。第二阶段始于 20 世纪 80 年代后半期，至今尚在进行中，其显著标志是政治体制向适合新形势下经济、社会发展需求的方向调整和过渡，内容包括军人相继退出政治权力的中心，由新的文人政府取代；政党制度获得完善和发展，由此选举由具有较少竞争或没有竞争开始过渡到具有竞争且较为激烈；立法机构的作用得到加强，通过修改宪法，加强立法机构对行政权力的制约，出现了由行政集权向分权制衡方向发展的趋势；国家对社会的控制减弱，民众和利益集团的政治参与由沉寂变得活跃。

一、东南亚国家政治变革的原因

自工业革命发生以来，人类曾经采取多种方式组织经济活动，东南亚国家也一样通过发展市场经济提高组织效率和社会生产力。市场的发展在客观上要求废除等级特权对资源配置和收入分配的控制，因此要求界定产权和平等的人权，认可民主和法治。伴随市场经济与民主法治的发展，愈来愈多的东南亚人开始接受自由、平等思想，认为经济活动的目的主要在于证明个人的才干和美德，而不是单纯地谋生或提高物质生活水平的投资和其他活动。在东南亚，大众阶层同样成为将经济与社会推向更高发展阶段的新的动力。工业生产力、现代市场经济、民主和法治、自由与平等，人们相信自己不但有权利而且有义务尽可能地赚钱，这些文明要素虽然最早产生于西方，但它们本身具有的现代意义和普遍意义在二战后东南亚政治变革和社会转型实践中再次得到认可和提升。

二战结束前，东南亚国家除泰国外都沦为西方列强的殖民地，但殖民地经济并没有改变这些国家处于落后的农耕社会这一现状。印度尼西亚经历了十年的军事占领、战争和革命，1945 年时识字率甚至还不到 10%。在二战结束前，菲律宾经济本来就很薄弱，日本和美国军队的蹂躏又几乎使这个国家成为一堆瓦砾。马来西亚殖民地经济的主要产品是锡与橡胶。暹罗（泰国旧称）虽然一直没有丧失独立地位，但直到战后仍是一个毫无生气的稻米出口国，甚至在 1960 年还没有建立完整的国家初等教育体系。二战后四十多年的发展使东南亚社会面貌发生了历史性巨变。由于人们必须依照工业化、产业化和市场经济内在分工的要求组织、安排生产活动和生活方式，东南亚的社会结构、社会制度、社会组织和社会形态都在相应地发生调整和过渡。

第一，这些国家在群体形态上开始经历从组织松散，甚至缺乏组织到组织严密、各种社会团体不断涌现的转变。在这一转变中，不仅出现了政府、公司、银行、学校等现代科层制组织，还大量涌现了带有志愿结社性质的非政府组织。自 20 世纪 80 年代后半期开始，非政府组织在东南亚快速增长，遂成为促进多元社会形成，推动经济、社会和环境的全面协调发展及民主化进程的一支新生力量。

第二，随着经济的发展，民众职业、受教育程度、收入水平的变化，在职业、收入和生活方式方面显示差异的社会阶层结构正在取代在种族、宗教方面显示差异的社会结构。东南亚国家在社会阶层结构方面开始从两极分化的结构向两头小、中间大的橄榄型社会结构转变。伴随中产阶级的成长，精英阶层和大众阶层两者之间的互动逐渐由相互对立、排斥、冲突向相互沟通、协调、融合的方向发展。

第三，人口和劳动力的空间分布开始发生变化。伴随产业结构的变化，即从事农业人口的不断减少和从事工业和服务业人口的增多，大量人口从乡村迁移到城市。同时，随着全球化的发展，东南亚劳动力跨国流动、人口迁移的现象也在不断增多。

第四，随着经济的发展，尤其是经历了 1997 年亚洲金融危机的惨痛教训后，东南亚国家开始注意解决经济发展不平衡的问题，人的安全即社会福利和社会保障日益受到重视。

第五，东南亚国家素有"种族博物馆"和"宗教博物馆"之称。二战结束后，东南亚国家种族、宗教的对立和冲突较为严重，国家认同程度低。由此，促进种族融合、增进国家认同、推进宗教世俗化和现代化，成为东南亚国家在社会转型上面临的一项重要任务。经过四十多年的不懈努力，东南亚国家在整合种族关系、加强国家认同，推进宗教世俗化、现代化方面取得了杰出成就。这种成就的取得，与政府采取对原住民实行优惠的积极政策有关，但根本原因则在于现代化这一"普遍性的社会溶解剂"不断侵蚀和消除身份制、等级制和其他所有阻碍人们相互沟通、平等往来、共同参与的社会制度和文化价值。二战后东南亚社会逐渐由封闭半封闭的、先赋的和不平等的社会转向流动的、开放的、成就的和平等的社会。人们的居住地、职业和社会地位都日渐处于流动和开放状态，人们的地域归属感及与家族等初级群体的联系减少，与公司等正式组织和各种非政府组织的联系增多；人们所拥有的财富、名望和地位更多来自他们的才能和努力等后天因素，而不再取决于出身、肤色等先天因素。

随着工业化、产业化和市场经济的发展，经济的内在分工要求组织、安排生产活动和生活方式进行转型，东南亚的社会结构、社会制度、社会组织和社会形态都在相应地发生调整和过渡，其政治制度、体制也就必然会发生变革。

二、东南亚国家政治变革的表现

东南亚国家政治变革主要表现在以下方面：

第一，政党制度获得完善和发展，从而选举由具有较少竞争或没有竞争开始过渡到具有较多的竞争，选举的自由和公正性获得一定程度的保证。在新加坡，多党政治的社会基础在增加。在 1984 年的大选中，反对党首次在大选中夺得 2 个席位。在 1990 年的大选中，反对党获得了 4 个席位。反对党力量的增长给长期执政的人民行动党带来压力，也使人们有了较多的选择。在印度尼西亚，鉴于苏哈托的教训，哈比比执掌政权后不久就进行了宪政改革，具体措施包括释放政治犯、修改宪法、颁布新政党法、解除党禁。苏哈托时期人民没有组建政党的自由，新的政党法则规定人民拥有组建政党的权利。1998 年 5 月党禁解除后不久，印度尼西亚先后涌现了 140 多个政党。2004 年 2 月颁布的印度尼西亚宪法还废除了 2003 年选举法中关于共产党人不得参选的规定，到 2004 年 4 月大选前，有 237 个政党登记参选。

第二，合法参与范围增大、途径增多，以往严加限制公民政治权利的状况得到很大改善。1991 年 1 月，新加坡国会对宪法中有关总统选举、任期与权限的内容做了若干修改，规定总统由选民直接选举。在 20 世纪 90 年代以前，泰国宪法只允许年满 20 岁的公民有选举权。文盲、犯人和父母是外籍人士的公民则无资格投票。1995 年，议会以压倒性优势通过了一项宪法修正案。该修正案扩大了公民选举权的范围，规定年满 18 岁的公民即有选举权。1997 年，泰国又颁布实施了新宪法，扩大了民众的参与范围。如在新宪法颁布之前，参议员全部由军人政府任命和控制，由民选产生的众议院在行使立法权和行政监督时深受参议院的掣肘。新宪法则规定全部 200 名参议员均由民众选举产生。菲律宾在推翻长达 20 年之久的马科斯独裁政权之后，开始建立和完善民主宪政体制。1987 年颁布的新宪法规定实行两院制，国会权力加强，总统权力受到限制。总统 6 年改选一次，他（她）无权实施戒严法，无权解散国会，不得任意逮捕反对派人士。苏哈托下台后，印度尼西亚在宪政改革方面也取得了突出进步，民众的政治参与程度获得明显提高。1999 年 1

月 28 日,印度尼西亚国会通过了 3 部与选举有关的重要法律,允许自由建立政党,变革选举程序,改革国家的立法机构。2002 年 8 月 11 日,印度尼西亚最高权力机构(人民协商会议,简称人协)重新修订了印度尼西亚 1945 年宪法,再次对选举制度做出重要改革,包括总统、副总统由人民直接选举。新的立法机构人民协商会议剔除了任何由政府任命或其他机构指定的成员,全部成员由选民在全国范围内选举产生。人协下属的一个新的机构"地区人民代表院"共 128 人,也由全国 32 个省的选民分别从各省选举产生(每省 4人)。在这些改革基础上,印度尼西亚于 1999 年成功地进行了三十多年来第一次自由议会选举和总统选举,2004 年成功举行了立法机构成员的直接选举和第一次总统直接选举。全国 1.53 亿的选民中有 82%参加了投票。

第三,在结社与言论自由方面的限制有所放宽。在威权主义政治下,由于受社团法等法规的严格限制,东南亚国家一般都只拥有为数不多的而且非常软弱的政治团体,包括非政府组织,同时言论自由也受到严格限制。政治转型开始后,这些包括非政府组织在内的政治团体开始日渐活跃,影响力不断增强。同时除了种族、宗教等敏感领域,民众也拥有了更多的言论自由。在印度尼西亚,修改后的宪法明确规定:"公民享有集会、结社和表达书面和口头意见的权利。"新宪法颁布实施后,印度尼西亚人不必担心政治迫害,可以直接对总统和副总统及其他政府官员提出批评。各种媒体可以自由发表政治言论。在泰国,1997 年颁布实施的新宪法在理念上强调保障公民民主权利,规定公民拥有宗教信仰、人身、通信、言论、写作、出版、结社、组织政党、集会的自由。菲律宾在马科斯独裁统治时期,人民被剥夺了结社和言论自由。1987 年颁布的新宪法恢复了这些权利。此外,新宪法还明确肯定了非政府组织在社会经济发展中的作用及参与社会经济发展活动的权利。在随后的国家计划、政府的政策决议中,也都给非政府组织在菲律宾社会经济发展中以重要的地位。在新加坡,吴作栋出任总理后,着意实施以"政治环境更加宽松和开放,政府对不同意见更加宽容,民众的参与得到更大的鼓励"为特征的"开放和咨商式民主"。1994 年,政府批准第一家民间讨论政治问题的俱乐部——"椰康餐馆"注册登记。同年,还出现了一个具有更大影响的独立的政治讨论团体——"圆桌论坛"。论坛成员公开对国家时政和政府政策进行评论和批评。1999 年 7 月,著名的民主活动分子戈麦斯创办了"思考中心",并开辟了一个互联网论坛,讨论和批评政府的政策。此外,还有"妇女行动与研究会"等政治和社会性社团。所有这些独立社团的成立都得到了政府的同意。1999 年 5 月,吴作栋总理在南洋理工大学学生会举办的"总理论坛"上,建议大学考虑放宽条例,让学生组成支持不同政党的政治学会,借此鼓励学生更积极地参与政治讨论。

三、东南亚国家政治变革的意义

大众阶层从政治现代化的间接参与者到直接参与者,从被代理到直接发言,从消极变为积极,从客体变成主体,是东南亚国家政治变革的一项重要成果。这一过程从表面上看是向西方议会民主制的靠拢,但这些国家的政治发展所经历的从效仿西方议会民主制的失败,到威权主义政治成功或失败,再到以参与范围扩大为主要特征的政治转型这样一个长时间的曲折过程,实际是变革本身的根基、动因和方向都源自本土的实际情况,这决定了它不可能只是对西方议会民主制度的简单复制。尽管这一变革目前尚处于探索阶段,也未能积累新的经验,这种探索所具有的历史意义还需要随着时间的不断推移而显露,但总体来说,东南亚国家发展所走过的道路已经初步表明,采取适当形式扩大民众合法政治参与范围,不一定能比缩小这种参与而带来更多经济增长、政治稳定;东南亚国家在经历了半个世纪的物换星移后,倾向于剥夺大众政治权利的威权政治在不断丧失有所作为的条件和空间;大众合法政治参与的适度扩大,使转型过程中的东南亚国家政治体制已经具有了一些新的特质,其中的民主已经不是那种简单效仿西方的、深为李光耀等领导人所诟病的民主。与一味攻击、糟蹋政府,"为了反对而反对"的民主相比,以体制内合法有效的参与为特征的民主正占据主导地位。转型过程中的专制也已经不同于以往的专制,面向人民逐渐扩大参与范围已经是所有政府面临的唯一选择。由于贫困和不平等等深层次的问题依旧未能获得很好解决,政治转型中的东南亚国家发生群众政治运动、骚乱甚至暴乱的可能性依然存在,但合法参与途径的增多则使能够导致政权更迭的、大规模的群众政治运动发生发展的可能性大为降低。然而东南亚国家由于泰国的政治局势的不稳定而始终没有走出"民主—动乱—专制—再民主—再动乱—再专制—再民主"这个怪圈。

迄今为止,政治变革给东南亚国家带来较好的政治效果和经济效果。首先,民众通过合法途径参与政治的欲望有所提升,通过非法的途径参与政治的欲望有所下降。在政治转型过程中,泰国人民增强了民主参与意识和参政积极性。在 1988 年的大选中,合格选民的投票率达到了 63%。在 1992 年 9 月的大选中,有 61%的合格选民投了票。在 2005 年 2 月举行的众议院大选中,合格选民的投票率达到 72%。政治转型使泰国政局在较长时间内趋于稳定,军事政变与以往相比明显减少,专制时间相对缩短,民主选举逐渐成为制度,他信下台后政府换届频繁,但始终以民意为主。印度尼西亚在 2004 年举行的议会选举和总统选举中,选民的投票率高达 90%以上,选举日发生暴力事件或不遵守选举规则的报道很少,这些情况足以表明,选举制在印度尼西亚已经拥有了一个自由、公正和良好的开端。其次,经济方面取得较好成绩。1986 年,民选总统阿基诺上台后力主经济自由,菲律宾一直不见起色的经济状况开始发生逆转。1992 年,拉莫斯政府上台后继续实行自由经济政策,菲律宾经济继续回升,1994 年后,GDP 增长保持 5%以上。1997 年到金融危机爆发时,据国际货币基金组织称,菲律宾 GDP 增长速度已高于某些东盟国家,其国际竞争力也从世界第 35 位上升到第 31 位。1997 年菲律宾人均国民收入已达 1130 美元,该组织已将菲律宾从贫穷国家名单上除去,把它列为经济改善较大的国家之一。自政治转型发生以来,印度尼西亚经济也开始逐渐进入正常发展轨道。

第二节　东南亚国家的民主化模式

一、概述

20世纪80年代以来,在东南亚若干国家的现代化、民主化进程中,反复出现一种带有规律性的现象,或者可以称为一种模式,即长期处于军事独裁之下的国家,最后通过非暴力的群众运动,推翻独裁者,结束了强人政治。这是一种改革,它不同于新民主主义革命"枪杆子出政权"的方式。而由此产生的新的政权,又在不同程度上突破了原来由西方移植的"议会政治""政党政治"的框架。它更多是一种由多个政党、非政党的政治性组织、社会各界、各职业团体和专业人士共同参加的政府;也有的是几个政党的联合政府,但不仅组合的政党经常变动,不少政党也具有很大的流动性,主要成员随时转换,党名多变,更说不上有比较固定的政治路线。组成政府的过程也更多是通过协商、妥协,而非依靠选举、竞争。在泰国、菲律宾、印度尼西亚出现的情况,都可以归入这一种模式。简言之,这些国家从军事独裁、强人政治转向现代化、民主化的轨道,是从进入一个政治资源分配多元化的阶段开始的,并且这个阶段还可能相当长,而不是一个短暂的过渡。

非暴力的群众运动竟然能够推倒军事独裁的政权,并宣告强人政治的结束,因为这种独裁政权,原是在当地经济长期停滞、社会动荡、政府无能或政争激化的条件下出现;而其高压管制下的稳定,适应了当时外资进入的需要,促成了经济的"起飞"和一定时期内的持续发展,因而为人民所认可和接受。但是在长期的军事独裁之下,随着政治权力的极度集中,必然又带来社会财富的极度集中。因而其政权的社会基础不断缩小(苏哈托统治末期是社会人口的4%),在经济上也只有极少数家族、权势资本集团站在支持它的一边(马科斯统治末期是二十多家),而这些集团的主要功能又只是侵吞国库、垄断资源、攫取暴利，最后必然是经济破产、社会动荡、民怨沸腾。同时，愚昧和腐败又使政府从决策到运作陷入越来越混乱的状态，最后实际上处于瘫痪之中。与此相对应的是，各阶层、各种社会利益群体越来越感到不能忍受，于是逐渐出现各式各样的反对派，以及此起彼伏、由小到大的抗议浪潮。由于这种反对运动所追求的目标仅仅是对现实政治的改变，而不直接涉及改变原有的政治、社会制度，因此就能够最大限度地团结各种社会力量，就改革现状的若干主要观点取得共识，最后逐步串联起来，掀起铺天盖地的群众运动，把政府，连同其军队、警察冲垮、淹没。但又由于这种反对运动，是由手无寸铁的学生、市民、农民在高压政治下秘密、分散酝酿、组织的，它必然要以各种名目作为掩护，并和各种社会成分结合在一起，或者本就是由某种社会运动演化成政治运动的。这样，其背景、人脉、要求就很不相同，在政治舞台上也就"山头林立"，难于整合。政治资源分配多元化也就由此产生。

这种多元化，从正面来看是政治环境比较宽松，不同社会利益群体的活动空间比较大，思想比较自由，各个领域人才辈出。从负面来看是社会失序在一定时期内难以解决，两极分化可能加剧，地下经济活动和黑社会组织难以控制，而且在朝野政治势力加以援引、利用的情况下，这种地下的暗流可能会渗入主流社会，破坏社会、政治生态。但是不管人们的主观愿望如何，在从现实的各种矛盾、激荡中孕育出一种与当地社会发展程度相适应的新的社会体制之前，这个过程将是不可避免的。健康的社会因素也只有从这种矛盾、激荡中逐步成长和整合，才能体现出其主导力量。希望以一种理想的设计方案很快地掌握住社会的走向，是不可能的。新上台的政府首脑、主要政党、政治集团想要依靠自己在群众运动中的威望重建强人政治，也属妄想。在这个比较长的阶段和争取政局尽可能保持相对稳定的实践中，内阁制将表现出一定的优越性，即政府机构、人员组成可以随政治思潮的变化、政治势力的消长而调整和变动，国家元首则可以其相对超脱的地位在这种调整、变动中起缓冲、平衡作用，避免政局的过大震动和失控。

这些国家由于其军队干政、军人主政的长期传统，军队在新产生的政权中仍会保留一定影响，还可能从中分离出某种内部或外在的异己力量，以至叛乱因素。但由于其不光彩的历史表现和在群众运动中所受到的冲击，其影响总的是在削弱。或者因为内部分裂而不再成为一个整体的政治力量;或者表现出一定的收敛,这种收敛即使是为了"东山再起"的策略,在现阶段对现代化、民主化也是有利的。

建立在多元化基础上的新政权,由于本身是一个相对弱势的政权,普遍会在最初起步时提出"民族和解"的呼吁。这里既包括对主导民族、主流社会内部团结的要求, 也包括妥善处理不同民族之间由于历史遗留问题和发展不平衡所产生矛盾的愿望。它将有利于推动民族平权,增加被歧视和被忽略者在文化、经济、政治上的机会。但在实际运作中,如果偏向于只求和解,只讲团结,而不是以此来为改革创造更好的条件,甚至放弃改革,其效应就只能是对保守势力的纵容,使其得以重新结集,甚至复辟。问题在于,谁在主导政局? 这种改革运动的主力是中产阶级,在群众运动的高潮中,走在前头的必然是其中的激进派;因而在新政权组建的初期,它们很可能占有一定的优势, 但也将因此成为社会上保守力量的主要攻击目标,并受到中间派的猜忌,以致比较快地被排挤出局。此后,政治力量的组合即处于相对不稳定的状态中,而且可能给予社会上保守势力一定的可乘之机。

决定这些国家是较快或较迟在经济、政治、社会结构的改革上取得一定的进展,从而出现一种新的社会秩序的是其经济的发展。因为只有经济的发展才能为政治生活的逐步规范化提供必要的社会支持;而只有相对稳定的政局才能进行有效的经济重组。因此,新产生的政权所采取的发展经济的方针、政策及其实际运作和效果,具有关键性意义。一般来说,新的政权首先面临的是恢复经济的问题, 并且会比较自觉或不自觉地接触到改善低收入阶层生活条件,甚至是生存条件问题。但是它又必然要面对原来处于优势地位的经济成分,特别是旧的权势资本集团维护其既得利益的干扰和挑战。这些集团虽然可能失去其特权地位,但通常并没有受到彻底的清算,还有力量对政府或其他决策部门施加压力和内部影响。新的政权基本上有两种选择:一是在改革金融体制、改善企业集团组织和管理制度,规范和重组出口导向型经济的同时,集中主要的力量发展农业、加工业和当地具有原料优势的中小型制造业;二是走收购兼并,组建大企业集团的路子,甚至将农业及其加工业引向垄断性经营,或通过官办的"合作社"来对农业及其加工业进行协调和控制。金融改革首先也着眼于企业的兼并收购。走前一条路可以更好地发挥各种社会力量投入经济重建，更快地改善低收入阶层，特别是农民的生活，缓解城乡失业问题，从而直接提高社会的消费能力，扩大内部市场，并逐步改变滞后的二元经济。但这是一个巨大的系统工程，并且直接牵涉改变经济结构，在决策者缺乏经验、行政部门效率不高、各方面利害发生冲突、贪污腐败继续存在的情况下，其前进的道路十分曲折。还需要有立足本国历史、文化和社会现实基础上的同步进行的政治体制改革，不断完善的民主制度的支持和配合。主持者更要有足够的魄力和敢于直接诉诸社会支持的勇气。走后一条路相对来说阻力较小，它只是在原有的权势资本集团和为新政权所支持的另一些资本集团之间，重新分配经济资源。但其结果并不能减轻，甚至只能是加重对外部市场即国际市场和外国资本特别是国际金融资本的依赖，因而处于更易受冲击、受控制的地位。在相对正常的政治生态下，决策者经过一段时间的摸索，或由于社会压力，也有可能从后一条道路转到前一条道路来。但反之，也可能由于私利的驱动或外国势力的影响，问题虽已暴露，却仍延宕下去，直至经济更加困难，社会上对改革的热情和信心全面低落，最后引发新一轮的动乱。在某些多民族，而且各民族分别聚居于不同区域、历史上民族矛盾尖锐的国家，也可能出现从高度的地方自治走向不同程度的分裂的情况。不过，即使不免于新一轮的社会动乱，或者某种分裂，从中仍会取得一定的经验。地方高度自治还可能为某些地区的发展创造更宽松的条件。

这里所说的东南亚民主化模式，还只是一种带有规律性的现象，其发展与变化尚难预测。但它启示我们：东南亚国家，以至所有发展中国家都要走上现代化、民主化的道路，不想走也会被推着走，但又都只能在其一定的历史、文化、内外部环境的基础上去发现自己的发展道路，经济、政治、社会制度都是要不断改革的，但又都不是可以移植的。而为此，首先要争取和保持国家的独立自主，包括政治思想上的独立思考，不能迷恋骸骨也不能见异思迁；同时要准备承受压力，为实现改革付出代价，只有这样，才能最终主宰自己的命运。

二、案例：菲律宾的民主化转型

从1565年到1898年，菲律宾为西班牙殖民者所统治，美西战争后，成为美属殖民地。1935年，菲律宾获得自治，并通过1935年宪法，二战以来，菲律宾历经了民主体制和威权体制的交替。1946年取得独立后，菲律宾便由民主选举来决定政府权力的归属，虽然在选举中充斥着暴力和金钱，但基本上维持了选举的形式，权力的交替也经由选举而和平进行。在1972年，赢得1965年和1969年大选胜利、实现连任的马科斯总统宣布进行军管，动用军队和警察打击反对派，建立起个人独裁的威权政体。1986年，在军队叛变、人民力量运动的社会抗议和美国施压等多重打击下，马科斯被迫下台，逃离了菲律宾，结束了维持近15年的威权统治，阿基诺夫人就任总统，开始建立民主政府。在1987年通过的宪法恢复了菲律宾的民主体制，在各种力量的支持下，民主体制得到不断巩固并一直持续发展。可见，菲律宾在二战后的政治转型可分为两个阶段：其一是从民主到威权的转型，其二是从威权到民主的转型。在这两个阶段中，各派精英因体制性吸纳的特征所造成的力量变化而做出不同的行为选择，进而引发了两个相反路向的政治转型，下文将重点分析第二个阶段。

（一）菲律宾民主转型和巩固的历程

1983年8月，反对党领导人贝尼格诺·阿基诺的刺杀事件成为菲律宾迈向民主化进程的起点[①]，各种抗议活动在全国范围内爆发，越来越多的人走到了政府的对立面，参与和支持反对派的示威活动。经天主教会的游说，阿基诺夫人（贝尼格诺·阿基诺的遗孀）和劳雷尔实现了联合，各自领导的民主

---

① ［美］格蕾欣·卡斯帕：《从对峙到调解：菲律宾的民主巩固之路》，载［美］詹姆斯·F.霍利菲尔德、加尔文·吉尔森主编：《通往民主之路——民主转型的政治经济学》，社会科学文献出版社，2012年，第185页。

人民力量党(LABAN)和统一民族民主组织(UNIDO)也成为对抗马科斯的新社会运动的竞选联盟。总统选举后,反对力量不服从大选结果,组织大规模的民众抗议活动,天主教会和军方叛乱势力也加入反对马科斯统治的行列,在数十万民众的阻止下,马科斯派出的军队未能镇压抗议运动。1986年2月24日,马科斯向美国提出与反对派联合执政,遭到美方拒绝,2月25日,他和阿基诺夫人都进行了总统就职仪式,但美国大使馆派官员参加了阿基诺夫人的就职仪式而未在马科斯的仪式上出席,当日晚,马科斯宣布放弃权位,阿基诺夫人成为菲律宾的总统,并开始着手建立民主政府。

阿基诺夫人在1986年3月成立了临时政府,并废除1972年宪法,制定临时宪法,3月25日,临时宪法生效,并在1987年经全民投票通过。1987年宪法规定,菲律宾实行三权分立政体,总统拥有行政权,由选民直接选举产生,任期6年,不得连任,总统无权实施军管法,无权解散国会,不能任意拘捕反对派,议会由参议院和众议院组成。新宪法使菲律宾恢复到1972年马科斯实施军管法之前的总统制政体①,在阿基诺夫人上台后所出现的多个竞逐权力的政党也使菲律宾政党制度从两党制变为了多党制。

阿基诺夫人在执政期间,曾遭遇了7次军事政变,大都与马科斯的残余势力和军队改革运动的叛乱势力有关,民主体制并未稳固,但她成功地恢复了民主并举行从地方政府到国会的新的选举,能够经受一系列军事政变并完成任职,在结束马科斯威权统治后建立起了民主政体。接任阿基诺夫人总统职位的是力量党(LAKAS)的拉莫斯,拉莫斯原本属于菲律宾民主党(LDP),但因民主党将米特拉定为总统候选人,拉莫斯转投力量党并在1992年的选举中战胜了米特拉。拉莫斯上台后加强了对军队的控制,减少了军事叛变的威胁,并成功与菲共、穆斯林和军队内的叛乱势力进行了和谈,稳定了政局。1998年大选临近之时,拉莫斯为连任总统发起了修宪运动,而阿基诺夫人发动了百万人大游行,迫使其放弃连任企图。1998年大选的获胜者是

---

① Hutchison Jane, *Class and State Power in the Philippines*, in Kevin Hewison, Richard Robison, and Carry Rodan, eds., *Southeast Asia in the 1990s*: *Authoritarianism, Democracy, and Capitalism*, Boston: Allen and Unwin, 1993, p.191.

反对党爱国民众奋斗党(LAMP)的候选人埃斯特拉达,由于在任期内的贪腐行为在 2001 年 1 月被人民力量运动推翻。1 月 20 日,副总统阿罗约接任总统职位。在 2004 年大选中,阿罗约战胜了反对党菲人团结联盟候选人费尔南多·波获得连任。在 2010 年,自由党候选人、阿基诺夫人的独子阿基诺三世战胜了前总统埃斯特拉达当选总统。2016 年 6 月,民主人民力量党候选人杜特尔特就任菲律宾第 16 任总统。

　　自 1986 年菲律宾恢复民主体制以来,通过民主选举,共产生拉莫斯、埃斯特拉达、阿罗约、阿基诺三世、杜特尔特 5 位总统,严格来讲,其中唯有埃斯特拉达是由在野党的总统候选人获胜当选总统,其余 4 位总统均属于执政党联盟,按照亨廷顿的"两轮选举测试标准"①,菲律宾只经历了一次在野党和执政党的轮替,还未实现民主巩固。但是拉莫斯连任企图的失败和埃斯特拉达因贪污而下台则表明,在菲律宾有实力强大的民主体制的支持力量,这些力量包括政治精英、社会团体、教会,甚至军队,也正是主要的政治势力在民主体制上的一致与共识,使菲律宾的民主体制在数次面临崩溃的危险时能够得以维持。

(二)体制性吸纳与菲律宾民主转型

1.体制性吸纳与威权体制的崩溃

　　1983 年阿基诺刺杀事件是菲律宾民主化的起点,同时也是马科斯个人独裁的威权体制崩溃的开端。一方面,由于威权体制在正向吸纳上较弱,反对派难以进入体制而得到所预期的政治权力和利益,开始转入以体制外运动来冲击现体制。另一方面,随着体制维持成本的增加,威权体制内部也出现了诸多的退出者,更有部分军队将领准备发动叛乱,在威权体制支持派力量逐步减小的同时,获得天主教会支持、社会民众参与、退出者的加入后,反对派的力量不断增强,不仅具备在选举中与马科斯较量的能力,也有通过发

---

① [美]塞缪尔·亨廷顿:《第三波——20 世纪后期民主化浪潮》,上海三联书店,1998 年,第 321 页。

起社会运动来抗衡武力镇压的能力。正是由于两者在力量上的相对变化,马科斯既无法通过公平选举战胜反对派,也难以靠武力镇压叛乱和抗议运动,威权体制最终在军事叛乱和社会运动的冲击下崩溃。

总统选举于 1986 年 2 月 7 日进行,因畏惧反对派的力量,马科斯进行了特大规模的贿选,并采取剥夺反对派的资金与宣传手段、不给反对派充分的准备时间、偷窃投票箱①等各种舞弊行为,官方批准的监督选举的民间组织"国民自由选举运动"的志愿人员在暴力胁迫下被迫放弃监督,最后票箱被送到受马科斯控制的国民议会中进行最后的点票。2 月 16 日,国民议会宣布马科斯获得 54%的选票,当选为总统,而这一比例与国民自由选举运动组织宣布的阿基诺夫人获胜的选票比例一样。选举结果公布后,恩里莱及菲律宾军队改革运动成员发动了军事政变,恩里莱在国防部大楼举行了记者招待会,宣布支持阿基诺夫人,并与马科斯决裂。随后,以阿基诺夫人为首的反对党组织民众发起了人民力量运动抗议选举结果,并阻止马科斯对军事叛变的镇压。

最终,数十万民众参与的人民力量运动阻挡了 9 辆坦克和 2000 名海军陆战队队员对反叛者的袭击,并要求阿基诺夫人宣誓就职总统。2 月 24 日晚,拉莫斯将军向马科斯发出最后通牒,要求他下野,否则就将进攻总统府。25 日,马科斯在总统府举行了总统就职仪式,之后就携家眷和亲信逃到夏威夷,而阿基诺夫人也在同一天于反叛者营地附近的一家"菲律宾俱乐部"宣誓就任总统,标志着威权体制的崩溃与民主体制在菲律宾的重新建立。

2.体制性吸纳与民主转型模式

在正向吸纳和阻止反向吸纳双弱的体制性吸纳能力下,威权体制的反对派逐步拥有了压过支持派别的力量,并通过体制外的社会运动推翻威权体制建立起民主政体,因此菲律宾从威权到民主的转型模式是决裂模式。

虽然因阻止反向吸纳能力较弱,体制内的退出者较多,但马科斯政权的核心层,即与其关系密切的亲信和朋友等,并未出现明确的支持民主体制的

---

① W. H. Overholt, The Rise and Fall of Ferdinand Marcos, *Asian Survey*, Vol.26, No.11, 1986, p.1137.

派别。由于马科斯对反对派别一直采用镇压的手段，再加上阿基诺刺杀事件，体制内与反对派之间几乎无法进行沟通和谈判。总统选举后，马科斯曾提议成立一个包括反对派在内的国务咨询委员会，但这一建议遭到反对派的无视。从威权体制中退出的人士大都转变为马科斯的反对者，加入了反对派别，因此增大了反对派的力量。例如，恩里莱在发动叛变之前曾向阿基诺夫人发出合作邀请，而阿基诺夫人拒绝参与其计划，菲律宾军队改革运动则决定在没有阿基诺夫人参与的情况下实施政变。在成功推翻马科斯政权后，人民力量的规模和实力使军队反叛者意识到他们无法建立起军人政权，便向阿基诺夫人提出谈判条件，他们支持阿基诺夫人任总统，而作为回报，恩里莱和拉莫斯分别获得国防部部长和总参谋长的职位，并且要求阿基诺夫人要征求其意见后方能对内阁任命、经济政策和政治改革等重大议题作出决定。①

由于在马科斯个人独裁的威权体制中，能够分享到政治权力和利益的仅是以家族关系所扩展的一小群人，大多数社会精英和反对派精英无法进入体制也难以得到所需求的利益，他们转而通过广泛联系社会力量来组织抗议运动以冲击威权体制，在阿基诺刺杀事件后，反对派力量迅速扩张，众多社会阶层和组织加入反对派行列，而原体制内的人员也因威权体制行将崩溃或受到与马科斯具有更亲密关系的核心层的排挤，选择了退出体制，部分将领则发动叛乱，使马科斯的支持力量进一步减小，反对派的力量已足以推翻威权政权，因而菲律宾从威权到民主的转型模式是以体制外力量为主体使威权体制瓦解并建立民主政府的决裂模式。

3.体制性吸纳与民主巩固

阿基诺夫人在任总统后，于1987年通过了新的宪法，规定了总统不得连任，直系亲属不能担任政府重要职位，总统无权实施戒严法、解散国会和任意拘捕反对派，填补了民主体制的漏洞。而且阿基诺扩大了民主体制的正向吸纳能力，在政府中纳入了更多的社会组织和群体，由一个广泛的联盟来

---

① G. Casper, *Fragile Democracies*: *The Legacies of Authoritarian Rule*, Pittsburgh: University of Pittsburgh Press, 1995, p.136.

分享政治权力,包括"军队、统一民族民主组织中的保守派政治家、部分商界实力人物、一个以菲律宾民主人民力量党为主体的进步但日趋传统的混合体,以及从基督教自由主义到无党派马克思主义者的进步分子"①。另外,阿基诺夫人也遵守了对军队改革运动的承诺,任命恩里莱为国防部部长、拉莫斯为总参谋长,由于得到了众多力量的支持,阿基诺夫人所恢复的民主体制才能成功地瓦解7次军事政变。

拉莫斯是阿基诺夫人的接任者,在任总统期间,他加强对军队的控制以消除军队干政和军事叛变,并且与菲律宾共产党的新人民军进行和谈,使他们放下武器,接受民主体制,减少了体制外武装力量的威胁。正是因为重建后的民主体制在正向吸纳能力上的扩展,支持民主体制派力量逐步增强,拉莫斯违背宪法谋求连任的企图被百万人游行阻止,而埃斯特拉达总统则由于贪污被第二次人民力量运动推翻,菲律宾的民主体制才能够稳定持续。

(三)对菲律宾民主转型的思考

在马科斯的威权体制下,他的家族、亲戚、朋友、亲信和其他支持力量垄断了政治权力和利益,而且在他的派系中,与其关系最为密切的一小群人则占据最重要的职位和最多的利益,在"支持-回报"的游戏规则中,即使是在民主体制下,处于非核心层的人员也有希望得到不少的恩惠,那他们有可能会做出退出体制的行为。此外,马科斯所建立的政党新社会运动只是政客的松散结合,其作用也只是推举候选人应付选举,不具有遍布全国的分支组织,也未占有多大的利益份额,在政府中虽仍用了一些技术官员,但政府决策仍视核心层的利益而定。马科斯迫于反对派的压力,于1978年举行临时国会选举,但新社会运动占据了绝大多数席位,1981年的选举也遭到了反对党派的抵制,1983年阿基诺刺杀事件的发生使反对党派转为组织体制外的

---

① David Wurfel, *Filipino Politics: Development and Decay*, Ithaca:Cornell University Press, 1988, p.305.

大规模社会运动，因此威权体制的体制性吸纳能力表现为正向吸纳能力和阻止反向吸纳能力均弱。

开放党禁和选举后，反对派的力量得到了迅猛的发展，在1978年的选举中仅得到14个议席，而在6年后的国会选举中则得到61个席位。阿基诺刺杀事件后，反对派得到了社会的广泛支持，普通民众、天主教会、工商界人士都纷纷响应和参与所组织的抗议运动，而从威权体制中所退出的官员和策划叛乱的军队将领则进一步增强了反对派的实力。威权派别和反对派别之间的力量对比发生了威权派别力量减小而反对派力量逐步增大的变化，可见，在正向吸纳和阻止反向吸纳双弱的体制中，不仅体制外的反对派精英力量日益壮大，体制内的反对派的力量也不断增强，支持体制的精英派别力量越发弱小。力量强大的反对派别在总统选举后发动了80万人参与的人民力量运动，成功阻止了马科斯对叛乱军队的镇压，逼迫其不得不逃离国外，威权体制被反对派推翻。菲律宾威权体制仅延续了14年，可见体制性吸纳能力越弱，即正向吸纳和阻止反向吸纳都更弱，那么现体制更易于崩溃。

菲律宾民主转型的模式为决裂模式，1983年的阿基诺刺杀事件被视为菲律宾民主转型的起点，该事件引发了一系列大规模的社会抗议运动，而民主体制的建立也是通过人民力量运动将马科斯赶到国外而实现的，体制外的反对派精英及其所发动的社会运动是转型的主导因素，反对派不仅在总统选举上可以和马科斯相对抗，还让镇压军队反叛的两千多全副武装配以坦克的士兵无功而返，这表明其在力量上已经彻底压倒威权派，可见体制性吸纳造成体制外反对派力量强过支持体制的力量，决裂模式就易于发生。

第三节　东南亚国家的政治体制

独立以后，东南亚国家的政治体制经历了长期演变，既吸收了西方发达国家和苏联、东欧国家政治制度的许多内容，也保留和发展了东南亚国家某些传统的统治形式，具有以下显明的特点。

一、政治体制的不稳定性

东南亚国家正处于从传统社会向现代社会的转变之中。在此期间,政治体制的演变是其中的重要内容。东南亚国家国内各种社会矛盾错综复杂,民族矛盾和宗教矛盾相互交织,一些国家经济发展滞后,严重的经济问题往往导致政局不稳。独立以来,东南亚国家的军事政变层出不穷,政权更替频繁,政治体制也随之经常变更。在一些国家,军人通过政变推翻文人政府之后,成立军政府,这些国家的政治体制形式也由原来的议会制或总统制转变为军人执政制。经过一段时期的军人统治之后,通过"还政于民"或自我演变,军人政权又重新被文人政府所取代,如此循环往复,使东南亚国家的政治体制自然呈现出多变的特点。此外,某些东南亚国家根据形势的需要,往往通过"宪政改革"改变国家的政治体制形式,这也是东南亚国家政治体制多变性的重要表现之一。

二、政治体制的不成熟性

在东南亚国家的各种政治体制中,新旧因素并存,传统和现代机制相互交织。其中,既有以现代西方政治理念和政治文化为模式的统治形式,也有以原始宗教和本民族文化为金科玉律的体制模式;既有以现代工业发展所造成社会分化为基础的社会政治制度,也有以传统部落关系为纽带的部落酋长制,传统的行为原则和地方势力仍然对东南亚国家的政治发展产生巨大的影响。具体到投票行为上,选民通常只选举来自本部的候选人担任国家公职,国家权力的分配和官员的任免都毫无例外地受到部族因素的影响。现代化的官员与传统的部落酋长共聚一堂,商讨国家大事,已成为东南亚国家政治生活中一个普遍而奇特的现象。

三、政治体制的多样性

东南亚国家的政治体制相对世界其他地区而言更加复杂多样，除了有世界普遍存在的政治体制形式之外，东南亚国家的政治体制往往还呈现出两种或多种不同类型政治体制的共同特征，即使在那些"实行同一类型政治体制的国家内部，也往往会在权力主体的产生方式、国家机构的组织形式、权限及任期等各方面有所差异"[①]。可以说，东南亚现有11国"集中了世界各主要类型的政府组织形式"[②]。在类型学上，东南亚11国的当前政治体制共计6种亚类型，分属四大类型（即君主制、议会制、总统制、人民代表制）。

（一）君主独裁制

君主独裁制，是君主制的一种亚类型，即君主（由世袭产生）兼任首相，不设（民选）议会，例如文莱。

文莱全称为文莱达鲁萨兰国（Negara Brunei Darussalam）。文莱自1984年1月独立之日起即宣布以"马来伊斯兰君主制"为国家纲领，其内涵为：国家维护马来语言、文化和风俗的主体地位，在全国推行伊斯兰法律和价值观，王室地位至高无上；该纲领将伊斯兰教确认为文莱国教，反对政教分离。文莱于1959年9月颁布第一部宪法，1971年和1984年曾两度修宪，宪法规定，文莱苏丹为国家元首和宗教领袖，拥有立法、行政和司法等全部国家权力，国家设有5个委员会，即宗教委员会、枢密委员会、行政委员会、立法委员会及王位继承委员会，协助文莱苏丹理政；2004年第三次修宪，内容涉及政体、司法、宗教、民俗等多个方面，共13项内容，包括赋予文莱苏丹无须经立法会同意而自行颁布紧急法令等法令的权利；制定选举法令，让人民参选从政；伊斯兰教为国教，但人民有宗教信仰自由等。文莱1962年曾举行议会选举，1970

---

① 李文主编：《东南亚：政治变革与社会转型》，中国社会科学出版社，2006年，第67页。
② 张锡镇：《东南亚政府与政治》，台湾扬智文化事业股份有限公司，1999年，第63页。

年取消选举,议员改由文莱苏丹任命。1984 年 2 月文莱苏丹宣布终止立法会,立法以文莱苏丹圣训方式颁布,2004 年 7 月文莱苏丹宣布重开立法会。现任国家主要领导人是博尔基亚(1967 年就任文莱苏丹,1984 年兼任首相)。

(二)议会君主制

议会君主制,是议会制的一种亚类型,即议会主导首相的任免,君主由世袭产生,例如柬埔寨、泰国、马来西亚。

柬埔寨全称为柬埔寨王国(Kingdom of Cambodia)。现行宪法于 1993 年 9 月经制宪会议通过,宪法规定,实行君主立宪、多党制和自由市场经济,立法、行政、司法三权分立,国王是终身制国家元首、武装力量最高统帅、国家统一和永存的象征,有权宣布大赦,在首相建议并征得国会主席同意后有权解散国会。法案须经国会、参议院、宪法理事会逐级审议通过,最后呈国王签署生效;国会每届任期五年,第七届国会成立于 2018 年 9 月,由 125 名议员组成;参议院每届任期六年,第四届参议院成立于 2018 年 2 月,由 62 名议员组成。政府首相由赢得国会多数议席的政党候选人担任。现任国家主要领导人是西哈莫尼(2004 年就任国王)、洪玛奈(柬埔寨人民党青年运动主席,2023 年就任首相)。

泰国全称为泰王国(Kingdom of Thailand)。二战后军人集团长期把持政权,政府一度更迭频仍。2014 年 2 月,泰国举行下议院选举,因反对派抵制,部分地区投票无法顺利举行,3 月宪法法院判决大选无效,5 月宪法法院判决总理英拉非法调动高级公务员违宪,英拉随即被停职。随后,军方以"国家维稳团"名义接管政权,7 月颁布临时宪法,国家立法议会组成,8 月立法议会选举"国家维稳团"主席、陆军司令巴育为新总理,随后国王批准内阁名单。现行临时宪法于 2014 年 7 月生效,主要涉及国家立法议会、内阁、国家改革大会、制宪委员会等机构组建及职能等内容,共 48 条。国家立法议会负责制定法律,行使国会和上、下两院职权,立法议会议员最多不超过 220 名。泰国目前处于君主立宪框架下准军政府执政的政治过渡期。现任国家主要领导人是哇集拉隆功(2016 年就任国王)、赛塔·他威信(2023 年就任总理)。

马来西亚(Malaysia)实行君主立宪的联邦制。1957年颁布马来亚宪法，1963年马来西亚成立后继续沿用，改名为马来西亚联邦宪法，后多次修订。宪法规定：最高元首为国家首脑、伊斯兰教领袖兼武装部队统帅，由统治者会议(由柔佛等9个州的世袭苏丹和沙捞越等4个州的州元首组成)从9个世袭苏丹中轮流选举产生，任期五年，拥有立法、司法和行政的最高权力；1993年3月，马来西亚议会通过宪法修正案，取消了各州苏丹的法律豁免权等特权；1994年5月修改宪法，规定最高元首必须接受并根据政府建议执行公务。国会是最高立法机构，由上议院和下议院组成；下议院共设议席222个，任期五年，可连任；上议院共70席，由全国13个州议会各选举产生两名，其余44名由最高元首根据内阁推荐委任，任期三年，可连任两届。以巫统为首的政党联盟国民阵线曾在马来西亚长期执政，但在2018年5月大选中败于希望联盟而下野。现任国家主要领导人是阿卜杜拉·艾哈迈德·沙阿(2019年就任最高元首)、安瓦尔(希望联盟主席，人民公正党主席，2022年就任总理)。

(三)议会总统制

议会总统制，是议会制的一种亚类型，即议会主导总理的任免，总统由直接选举产生，例如新加坡。

新加坡全称为新加坡共和国(Republic of Singapore)。1963年9月，新加坡并入马来西亚后，颁布了州宪法；1965年12月，州宪法经修改成为新加坡共和国宪法，并规定马来西亚宪法中的一些条文适用于新加坡；宪法规定，总统为国家元首，1992年国会通过修宪法案，规定从1993年起总统由议会选举产生改为民选产生，任期从四年改为六年，2016年11月，国会通过修宪法案，改革民选总统制度，实施保留选举机制，在该机制下，若华族、马来族、印度族和其他族群中，有任何一个群体历经五个总统任期都没有代表担任总统，下一届总统选举将优先保留给该族候选人；总统委任议会多数党领袖为总理，总统有权否决政府财政预算和公共部门职位的任命，总统在行使主要公务员任命等职权时，必须先征求总统顾问理事会的意见。国会实行一院制,任期五年;国会议员分为民选议员、非选区议员和官委议员,其中民选议员由公民选举产生,非选区议员从得票率最高的反对党未当选候选人中任命,最多不超过六名,从而确保国会中有非执政党的代表,官委议员由总统根据国会特别遴选委员会的推荐任命,任期两年半,以反映独立和无党派人士意见;本届国会 2020 年 7 月 11 日选举产生,共有 92 名民选议员。新加坡独立以来,人民行动党长期执政,政绩突出、地位稳固,历届大选均取得压倒性优势。现任国家主要领导人是尚达曼(2023 年就任总统)、李显龙(人民行动党秘书长,2004 年就任总理)。

(四)总统议会制

总统议会制,是总统制的一种亚类型,即总统(由直接选举产生)和议会共同影响总理的任免,例如东帝汶。

东帝汶全称为东帝汶民主共和国(Democratic Republic of Timor-Leste)。2002 年 3 月,东帝汶制宪议会通过并颁布宪法,规定东帝汶是享有主权、独立、统一的民主法治国家,国民议会、政府和法院是国家权力机构,总统是国家元首和武装部队最高统帅,由全民直接选举产生,任期五年,可连任一届。国务委员会是总统的政治咨询机构,由总统主持,成员包括前总统、国民议会议长、总理、议会按比例代表原则选出和总统委任的公民各五人,其权限为:就解散国民议会和政府、宣布战争与媾和及宪法规定的其他事务发表意见。议会称国民议会,实行一院制,代表全体公民行使制定法律、监督政府和政治决策权,由选民直接选举产生,共有 65 个议席,每届任期五年。政府由总理、部长、副部长和国务秘书组成,向总统和国民议会负责,总理是政府首脑,由议会中拥中最多席位的政党或政党联盟提名,总统任命。现任国家主要领导人是奥尔塔(2022 年就任总统)、夏纳纳·古斯芒(2023 年就任总理)。

(五)总统内阁制

总统内阁制,是总统制的一种亚类型,即总统(由直接选举产生)兼任内阁首脑,内阁和议会均不可解散,例如印度尼西亚、菲律宾、缅甸(总统由议会选举产生)。印度尼西亚全称为印度尼西亚共和国(Republic of Indonesia)。现行宪法为"四五宪法",于1945年8月颁布实施,曾于1949年12月和1950年8月被《印尼联邦共和国宪法》和《印尼共和国临时宪法》替代,1957年7月恢复实行,1999年10月至2002年8月间先后进行过四次修改;宪法规定,印度尼西亚为单一的共和制国家,"信仰神道、人道主义、民族主义、民主主义、社会公正"是建国五项基本原则(简称"潘查希拉"),总统为国家元首、行政首脑和武装部队最高统帅,2004年起,总统和副总统不再由人民协商会议选举产生,改由全民直选,每任五年,只能连任一次,总统任命内阁,内阁对总统负责。人民协商会议,由人民代表会议(国会)和地方代表理事会共同组成,负责制定、修改和颁布宪法,并对总统进行监督,如总统违宪,有权弹劾罢免总统,每五年换届选举,本届人协于2019年10月成立,共有议员711名,包括575名国会议员和136名地方代表理事会成员。国会,全称人民代表会议,行使除修宪之外的一般立法权,国会无权解除总统职务,总统也不能宣布解散国会。地方代表理事会系2004年10月新成立的立法机构,负责有关地方自治、中央与地方政府关系、地方省市划分及国家资源管理等方面立法工作,成员分别来自全国34个省级行政区,每区4名代表,共136名。现任国家主要领导人是佐科(民主斗争党,2014年就任总统)。

　　菲律宾全称为菲律宾共和国(Republic of the Philippines)。独立后共颁布过三部宪法,现行宪法于1987年2月由全民投票通过并生效,宪法规定:实行行政、立法、司法三权分立,总统是国家元首、政府首脑兼武装部队总司令,拥有行政权,由选民直接选举产生,任期六年,不得连选连任,总统无权实施戒严法,无权解散国会,不得任意拘捕反对派,禁止军人干预政治,保障人权,取缔个人独裁统治。国会是最高立法机构,由参、众两院组成;参议院议员由直接选举产生,任期六年,每三年改选1/2,可连任两届;众议院议员由直接选举产生,任期三年,可连任三届;本届国会于2016年7月产生。现任国家主要领导人是马科斯(2022年就任总统)。

　　缅甸全称为缅甸联邦共和国(Republic of the Union of Myanmar)。1974年缅甸制定了宪法,1988年军政府接管政权后,宣布废除宪法,并于1993年起召开国民大会制定新宪法,2008 年 5 月,新宪法草案经全民公决通过,并于 2011 年 1 月生效;宪法规定,实行立法、行政和司法"三权分立",联邦议会由民族院(上议院)和人民院(下议院)组成,联邦议会中 75% 的议席由直选产生,另外 25% 的议席保留给军人代表;总统是国家元首兼政府首脑,由联邦议会选举产生,任期五年,最多连任两届。2010 年 11 月,缅甸举行多党参与的联邦议会大选,代表军方利益的联邦巩固与发展党以绝对优势赢得大选,2011 年 2 月,联邦议会选举登盛为总统,随后军政府移交权力。2015 年 11 月举行新一届联邦议会大选,昂山素季领导全国民主联盟赢得压倒性胜利。2016 年 3 月,联邦议会选举廷觉为总统。2021 年 2 月,副总统敏瑞就任代总统。

(六)人民代表制

人民代表制,是社会主义国家的政治体制类型,即人民代表机关(作为最高国家权力机构不可解散)主导国家主席和总理的任免,例如越南、老挝。

越南全称为越南社会主义共和国(Socialist Republic of Vietnam)。现行宪法是第五部宪法,于 2013 年 11 月在国会通过,2014 年 1 月生效,是对 1946 年、1959 年、1980 年、1992 年宪法的继承和发展,体现了越南社会主义过渡时期的国家建设纲领。国会是国家最高权力机关,任期四年,通常每年举行两次例会,现为第 14 届国会,共有 494 名国会代表。越南共产党是越南唯一政党和执政党,1930 年 2 月成立,同年 10 月改名为印度支那共产党,1951 年更名为越南劳动党,1976 年改用现名,现有党员约 450 多万人。2016 年 1 月召开的越共十二大总结了革新 30 周年的理论和实践,提出要建设廉洁、稳健的越南共产党,发挥全民族力量和发扬社会主义民主,全面、同步推进革新事业,牢牢捍卫国家,维护和平、稳定的环境,力争早日将越南基本建设成为迈向现代化的工业国。现任国家主要领导人是阮富仲(2011 年就任越共中央总书记)、武文赏(2023 年就任国家主席)、范明政(2021 年就任总理)。

老挝全称为老挝人民民主共和国(Lao People's Democratic Republic)。

1991 年 8 月,最高人民议会通过了老挝人民民主共和国第一部宪法。宪法明确规定,老挝人民民主共和国是人民民主国家,全部权力属于人民,各族人民在老挝人民革命党领导下行使当家做主的权利。国会（原称最高人民议会,1992 年 8 月改为现名）是国家最高权力机构和立法机构,负责制定宪法和法律,每届任期五年,每年召开两次会议,国会议员由地方直接选举产生,本届（第九届）国会于 2021 年 3 月选举产生,国会议员 164 名。老挝人民革命党是老挝唯一政党和执政党,前身为印度支那共产党老挝支部,1955 年 3 月建立,原称"老挝人民党",1972 年改为现名,现有党员约 25 万人,其宗旨是领导全国人民进行革新事业,建设和发展人民民主制度,建设和平、独立、民主、统一和繁荣的老挝,为逐步走上社会主义创造条件。2016 年 1 月,老挝人民革命党十大通过了社会发展"八五"规划、十年战略和十五年远景规划。现任国家主要领导人是通伦·西苏里（2021 年就任老挝人民革命党中央总书记和国家主席）、宋赛·西潘敦（2022 年就任总理）。

综上所述,东南亚国家的政治体制呈现出多样化格局,它形成的原因是多方面的,既有历史根源,也有现实因素,既有主观的选择,也有客观的无奈。从历史上看,从 15、16 世纪开始,东南亚地区遭受西方殖民者的入侵,葡萄牙、西班牙、荷兰、英国、法国、美国依次将本地区瓜分殆尽,各宗主国在实施殖民统治的过程中, 按照各自意愿向殖民地灌输了各种不同的政治思想与文化, 深刻地影响了二战后东南亚民族独立运动的领袖和精英们对独立后本国政治发展道路的选择。从现实上看,东南亚国家社会经济发展水平极不平衡,有跻身发达国家之列的新加坡,也有位列世界最不发达国家的缅甸和老挝,社会经济发展水平的不同造成了政治发展与政治体制的多样化。另外,一个国家的政治发展状况还受到该国人民的思想和文化传统的影响,每一个政治体系都植根于对政治行为的一类特定导向中, 而东南亚地区有着全世界最复杂多样的民族、宗教和文化体系,素有"种族博物馆"与"宗教博物馆"之称,各个种族都有自己信仰的宗教,有自己的文化和语言,还有自己的思想和行为方式,这也是造成东南亚各国政治体制多样化的重要因素。总之, 从比较政治学的角度看,"东南亚不是一个政治上高度一致的地区,组成东南亚的各国无论在政治上还是文化上的不同都要大于组成欧洲的各个国家"①。

---

① ［新］尼古拉斯·塔林:《剑桥东南亚史》(第一卷),贺圣达等译,云南人民出版社,2003 年,第 1 页。

第八章 东南亚国家的族际政治发展

　　东南亚的绝大多数国家都是多民族国家，每个国家拥有数量不等的不同族群或种族。目前东南亚的十个国家[①]，总人口为 5.2 亿。在这些国家中，印度尼西亚族群数量最多，有学者认为，仅土著印尼族群就有 200 到 300 个。印度尼西亚全境所使用的语言有 700 多种。在东南亚最小的国家新加坡，除有三大种族，即华人、马来人和印度人外，还有其他不到 2% 的小的种族。[②]东南亚各国的族群与宗教联系在一起。东南亚地域广阔，总面积为 440 多万平方千米。从有记载的历史以来，这个地区经历了多次移民浪潮。外来移民带来了新的宗教和文化，也就形成了东南亚多种文化共存的局面。历史久远，已经与这些国家的传统密切结合在了一起。在东南亚共存的多种文化中，最有影响的是婆罗门教-印度教、佛教、伊斯兰教和基督教等四大宗教，他们在该地区拥有很多信众，各自有分布区域。东南亚分为半岛地区和海岛地区。前者绝大多数国家信仰印度教，也有部分人口信仰基督教，后者信仰伊斯兰教。不过与欧洲和中东国家的宗教状况比较，东南亚国家的不同宗教之间表现出较大的包容性。外来的宗教进入这一地区后，与当地宗教和文化汇集，形成不同宗教相互影响、互相吸收的局面。无论在古代社会还是近代以来，东南亚国家内部都存在着不同利益集团的对立，但"宗教纽带"作为一种国家的凝聚力，有效地遏制了地区民族或宗教的分裂影响。多民族、多文化共

---

　　① 张蕴岭等主编：《简明东亚百科全书》（上卷），中国社会科学出版社，2007 年，第 3 页。书中作者列举了 10 个国家：文莱、柬埔寨、印度尼西亚、老挝、马来西亚、缅甸、菲律宾、新加坡、泰国和越南。

　　② ［美］戴维·莱文森编：《世界各国的族群》，葛公尚等译，中央民族大学出版社，2009 年，第 376 页、465 页。

居一个国家的现实对这一地区各国政治发展构成了重要影响。

第一节 从族裔分层性公民走向平等公民

政治发展是传统的政治体制向现代政治体制运行的过程。在走向现代政治体制中,随着独立国家边界的确立,国籍问题,也就是公民身份问题成为独立国家面对的问题。在前殖民时代,东南亚地区的人民生活在不同的王朝或地区性的各种共同体,如酋邦、部落或村寨之中。在这样的共同体中,人们更多地作为一个共同体成员或一个王朝的成员而存在,隶属于国王、苏丹,或是地方的"头人""山官""土司""伊玛目"。殖民者到来后,在殖民统治的范围内,民族群体的成员身份并没有得到彻底改变,即使随着殖民开发、城市和商贸中心的建立以及城市中工人、商人和学生的出现,传统社会建立起来的身份依然对国家公民的社会构成了重要影响。此外,东南亚国家还存在着等级制传统。在大到国家官僚系统,小到地方共同体内部注重等级身份的条件下,族际关系同样打上了等级的烙印,族际间"亚洲的前殖民时代不是一个庀的民族和谐与平等的时代。相反,许多前殖民国家和王国是在强大的种族等级制度基础上运作的,在中心的'文明'群体和边缘的'落后'群体之间存在着根深蒂固的区别"①。新兴国家的建立,无疑是一次伟大的"整合式革命"②。各国独立后都先后建立了自己的宪法,明确规定了"公民"身份原则和相关国籍获得和承认的法律。有了公民身份,公民个人的生命、自由和财产才得到了保证,同时随着各国的经济和社会的发展,公民也可以从国家获得某种福利和保护;从国家角度来看,国家获得了公民信息,为国家建立国家认同和资源汲取提供了条件。并且通过赋予公民身份,不断瓦解生活在大小不同族群和地方性共同体间的联络纽带,促进了传统体制的瓦解。在缅

---

① Will Kymlicka & Baogang He, *Multiculturalism in Asia*, Oxford: Oxford University Press, 2005, p.8.

② [美]克利福德·格尔茨:《文化的解释》,韩莉译,译林出版社,1999年,第303页。

甸,1947年9月通过了《缅甸联邦宪法》,宪法确立了"公民"规则。规定公民"无论出生地、宗教信仰、性别和种族",在法律面前平等。另外规定:"在公民与公民之间、阶级与阶级之间不应该有任何的歧视。"[①]1948年缅甸政府颁布了《缅甸联邦入籍法》和《缅甸联邦选择国籍条例》;在印度尼西亚,1950年8月颁布了《印尼共和国临时宪法》,其中设立了有关公民制度。这些涉及公民身份的条款对这些国家的政治发展影响是巨大的,但同时它所受到的"原生民族情感"挑战也是不可忽视的。

东南亚各国都生活着数量不等的族裔群体。这些群体有的在一个地方居住了相当时期。在历史的发展进程中,不同族群在它们特定的生活环境中形成了复杂的文化、认同和情感。民族群体的心理和情感已经与他所生活的区域融合在一起,并通过血缘关系、种族、语言、地域、宗教、习俗等因素表现出来,结成了一种固化了的关系网络。网络内部的不同群体间在强大的网络面前也不得不相互涵化。虽然,独立后的国家通过宪法和行政管理等方式,将境内的居民列为管理对象,承认或是部分地承认了居民的公民身份,实现了"整合式革命"。比起传统的臣民或"子民"来,这种制度设计和安排,瓦解了古老的封闭性群体,其中包括民族群体,因而它具有了"革命"的意义。但这种"公民身份"的降临并非源于这些国家内部经济和文化的发展,而是出于行政力量和国家安全的需要。然而对于独立初期的东南亚国家,涌动在这种"公民制度"下的是一种根深蒂固的"原生的民族"情感和文化。"整合式革命"[②]并没有改变这种民族生活的情感和格局,相反在相当的时期,它们在架空或修正着"公民制度",并力求使公民制度适应"原生民族情感"的需要。原生论创立者格尔茨以东南亚国家为背景时指出:"新兴国家的人民大众因为是多民族的,通常是多语言的,有时还是多种族的,因此认为这种隐含在'自然'多样性中的直接的、具体的而且对他们来说是由内在意义的分类是他们个性的实质性内容。放弃这些具体而熟悉的识别方式,而拥护一种概括的承

---

① [英]米歇尔·E.布朗等主编:《亚太地区的政府政策和民族关系》,张红梅译,东方出版社,2013年,第177页。

② [美]克利福德·格尔茨:《文化的解释》,韩莉译,译林出版社,1999年,第303页。

诺,将自己置于高高在上的、在某种程度上陌生的公民分类秩序中,要冒失去自主和个性的风险。"①

在一个具有"原生民族情感"的社会中,如何既要有"公民身份",又要承认"族群"的存在? 在东南亚国家中发明了一种特定的形式——"分殊性公民"(differentiated citizenship)②,即根据公民的民族族裔背景进行分层次管理。这种状况在缅甸得到了集中体现。缅甸是一个多民族国家,主要有缅族、克伦族、克钦族、掸族、克耶族、若开族、孟族等 135 个民族。据专家研究,缅甸各民族分属三个族系,即藏缅族系、华泰族系和孟·吉蔑族系。③在缅甸诸多民族中,缅族是缅甸的主体民族,大约占全国人口的 69%,但居住地不到全国的一半。缅族主要集中在伊洛瓦底江中、下游,孟加拉湾沿岸地区和北部的部分地区,笃信小乘佛教;其他少数民族散居在缅甸的西、北、东部山区及南部沿海、三角洲和平原地带,占全国一半以上的土地。由于民族众多,且受到高山大河的阻隔,缅甸自古以来就很难形成一个强有力的中央集权国家,境内民族关系松散,处于若即若离的状态。缅甸历史上曾出现过蒲甘王朝、东吁王朝、雍籍牙王朝等,18 世纪末沦为英国殖民地。殖民者到来后,对缅甸采取"分而治之"政策,这对缅甸的民族关系构成了重要影响。第二次世界大战后,缅甸经过与英国谈判获得独立,但缅甸内部存在的松散的民族关系依然流传了下来。出于缅甸独立国家建构的需要,缅甸也建立了公民制度,但这种制度受到了内部复杂的民族关系的影响。1982 年,缅甸议会通过了新的《缅甸公民法》,该法律将公民分为三种类型:第一,真正的缅甸公民,即在 1832 年第一次英缅战争前定居在缅甸的纯土著民族;第二,客籍公民,即在独立前迁居缅甸,曾提出过入籍申请,且符合 1948 年颁布的《缅甸联邦入籍法》和《缅甸联邦选择国籍条例》规定的外侨;第三,归化公民,即在独立前迁居缅甸,未提出过入籍申请,但符合新的入籍规定的外侨。④上述三个方

---

① [美]克利福德·格尔茨:《文化的解释》,韩莉译,译林出版社,1999 年,第 307 页。

② Robert W. Hefner, ed., *The Politics of Multiculturalism: Pluralism and Citizenship in Malaysia, Singapore and Indonesia*, University of Hawaii Press, 2001, p.28.

③ 转引自韦红:《东南亚五国民族问题研究》,民族出版社,2003 年,第 54 页。

④ 韦红:《东南亚五国民族问题研究》,民族出版社,2003 年,第 54 页。

面划分中的第一项与后两项权利与义务明显区分。如 1982 年 10 月 8 日奈温指出的，对于客籍公民和归化公民可以给他们一定的权利，"即给予他们正当的谋生和过一般人生活的权利。除此之外，我们再也不能给他们更多的权利了"。关键是"我们不能相信他们"，他们尽干有损国家利益的非法的事情。[①]在大学生招生和分配上，也按照民族划分五等，第一等为缅族，第二等为土著民族，第三等为克钦族，第四等为第三代华侨后裔，第五等为汉族。马来西亚是另一种族际关系。马来半岛是个民族众多、土邦林立、语言宗教颇为复杂的地区。18 世纪后半期英国殖民者入主马来西亚后，由于英国殖民者对马来半岛开发的需要，引进了不少华人。19 世纪起，到 1840 年中英鸦片战争以后，大批华人移居此地，形成新客华人。同时，英国殖民当局也从印度招募了不少劳工。这样在马来西亚就形成了马、华、印三大民族共存的局面。为了保证英国的统治地位，英国殖民当局同样采取了"分而治之"的政策。马来人主要居住在乡村，华人主要从事种植园和矿山开发。二战后，1957 年 8 月 31 日，马来亚联合邦宣布脱离英国独立。在独立后的马来西亚，马来人占统治地位，非马来人则享有经济上的优惠待遇。按照独立后的宪法规定，马来族享有各种特权。政府的法令和条款定了关键部门马来人应占的比例，如外交部、内务部和海关等应占 75%，而在实际执行中，远远超过这一比例。政府的最高一级则基本上是马来人。军队也全部由马来人组成。非马来人在政治上无权无势。1963 年马、新合并组成马来西亚联邦。但新宪法并没有改变原来的公民制度，马来族享有更多的公民权利，而非马来人所享有的权利依然受到诸多的限制。

族裔分层性公民本质上就是要确保某些民族在政治上和经济上的优先地位。而其他民族在政治上和经济上则处在边缘地位。这种状况不能不引起被边缘化的民族群体的反抗和抵制。由此，民族平等原则深入人心和公民社会的发展，有力地推动了东南亚国家公民平等原则的发展。

不过在实现平等的公民或推进"国民"建设上，各国的侧重点不同。在缅甸，奈温时期，政府既采取了"分殊性公民"政策，同时也力求推进"缅甸人"

[①] 韦红：《东南亚五国民族问题研究》，民族出版社，2003 年，第 54 页。

的一体化活动。奈温强调各个民族的团结、和睦相处、同甘共苦,以建立一个单一的共同体——缅甸人民,超越克伦、掸族等的区分。1965 年,最初合并到马来西亚联邦的新加坡,由于华人受到马来西亚政府的歧视和排挤而退出联邦。独立后的新加坡深感民族平等原则的重要价值。尽管本身受到过马来政府的排斥,但独立后的新加坡并没有把旧账算在生活在新加坡的马来人的身上,而是积极推进了民族平等。一方面,政府并没有由于华人占优势地位而赋予华人以特权。新加坡位于东南亚,它的南北受到伊斯兰国家的影响,任何民族主义的一种冲动都可能带来国家纠纷。加之新加坡国家自身资源和地理上的局限性,采取华人优先的原则势必被孤立。因此,新加坡要在基于"平等原则"的基础上对待所有不同的种族。新加坡是东南亚的一个移民国家,处在马来半岛上。19 世纪初,这样一个小渔村随着英国殖民者的到来,成为英国的一个直辖殖民地。殖民当局利用这里得天独厚的地理位置开发了海岛,发展了海上过境贸易,遂使新加坡发展起来。大量的华人汇集到这里,使新加坡成为一国新兴的移民聚居地。在这里,华人占据了多数,其次为马来人和印度人,还有其他种族。新加坡成为一个多种族社会。1965 年新加坡从马来西亚联邦独立出来后,为了保证国家的独立和政治稳定,新加坡更强调"新加坡人"的意识,强调新加坡公民的平等。如《联合早报》指出的:"尽管华人占人口的大多数,他们没有使马来人或印度人沦为'二等公民'。"新加坡也承认不同种族确实存在着差别,但它不是通过分殊性方式对待公民,而是通过积极的帮助,使那些经济和文化上发展落后的民族,如马来人,"在政治、教育、宗教、经济、社会和文化方面的利益和马来语言"等方面尽快地发展起来。另一方面,新加坡发展了国民一体化。也就是生活在新加坡的不同种族在政治、经济、文化等领域达成一致,从而使民族意识与国民意识发生重合,进而融合成一个民族——新加坡人。李光耀多次强调,新加坡"人民应该有成为一个民族的意志。……没有这种意志,这种坚持自己当家作主的集体意志,那么我们就要毁灭"[1]他反复强调,新加坡要建立一种新加坡人的意识,"我们不是马来人,不是中国人,不是印度人,也不是西欧人,我们

---

① [英]亚力克斯·乔西:《李光耀》,上海人民出版社,1976 年,第 315 页。

应该不管人种、语言、宗教和文化的差别,大家作为新加坡人团结起来"①。

"分层性"公民和平等公民的建设是二战后东南亚多民族国家政治发展中的两个重要样式。"分层性"公民更多是从管理角度认识公民问题的,这种状况在农业经济占统治地位的国家尤其明显。面对民族国家状况,一方面,需要从平等的角度对待国民,东南亚国家为了实现国家对境内成员"无差别"的管理,最大限度地降低和解构国内存在的各种地方势力,其中包括族裔群体的威胁,保证国家的统一和政治凝聚。另一方面,独立后的不少东南亚国家基本都是农业国家,或者农业经济占主导地位。面对现实,不能不通过分类化管理的方式对待境内的不同族裔群体,使这些群体安于现实,服从秩序安排。因而分类管理公民的主要目的不是强调"权利",而是"义务"。在东南亚国家"权利与义务的不均衡是亚洲国家在现代化进程中的一个重要特点"②。在缅甸、泰国,这种状况表现得尤为明显。然而伴随着现代化发展,"平等的国民"身份建设代表了一种更为现代的政治发展方向。随着国家日益镶嵌于全球化,国家之间的竞争日益激烈,由此也就需要将境内民众动员起来,参与到国家和世界的竞争中去,国家也从这种竞争中获得更多的财政资源和国防力量支持,在这种条件下,象征平等的公民身份或"国民"身份也愈加重要。

在马来西亚,马来人优先的原则在 20 世纪 70 年代对提升马来人的发展能力有重要的影响,马来人和非马来人之间的收入差距在缩小,而非马来人的经济状况并未因政府的政策而受到破坏,相反他们的经济状况也得到了改善。20 世纪 80 年代中期,向马来人倾斜的政策开始减少。同时,随着马来西亚城市化的发展和经济的增长,利益共享淡化了族群主义。以教师、律师、科学家、医生、公务人员等为重要组成的中产阶级的日益兴起,为"马来西亚人"的意识奠定了基础。同时,在马来西亚社会内部,伊斯兰复兴运动也使宗教狂热力量飙升,冲击着马来西亚的政治稳定。以一种国人的意识来平衡马来西亚不同民族群体之间的关系也就提上议事日程。1995 年 11 月,马

---

① [英]亚力克斯·乔西:《李光耀》,上海人民出版社,1976 年,第 368 页。
② 龚洁群:《信徒与公民:泰国曲乡的政治民族志》,北京大学出版社,2009 年,第 359 页。

来西亚总理马哈蒂尔在《2020 年宏愿》中明确提出"马来西亚民族"的概念，指出马来人和华人都生活在"同一个国家，不要再分彼此，而要互相容忍和接纳"①。进入 21 世纪以来，马来西亚的族群政治呈现逐渐衰退的趋势。跨族群的社会运动、跨族群的公民参与得到了发展。尤其是 21 世纪以来，马来西亚民众对政府缺乏透明度、腐败，以及对执政联盟收买和欺骗选民的不满在上升，支持反对联盟的情绪在高涨。政府和政党方面的不公，逐步形成了不同族群的大联合，公民政治有了新的发展。在泰国，同样存在着复杂的公民身份结构。但 21 世纪以来，宪法对公民权利的赋予和保护也更加具体和丰富。1997 年宪法第三章中："泰国公民的权利与自由"不仅条款数量增至 39条，条款内容也翻了一番，其中不仅对权利规定进行了更详尽的修订，而且增补了公民的知情权、请愿权、社群自治权等政治权利，"使得 1991 年宪法对公民政治权利的原则性宣示真正落到了实处"②。

第二节　从排斥性政治体制走向包容性政治体制

一、政治体制变革的基础及其动力

东南亚国家族群格局呈现出一族居优格局，即在一个国家中某个民族群体占有突出地位，在全国人口中基本过半。这些民族群体大多居住在地理条件较好的地区，比起其他少数民族，无论在经济上、政治上还是文化上都处在优势地位，对一个国家的政治和文化构成了重要影响。而生活在这些国家的少数民族或是近代以来伴随外国殖民需要而来的移民，或是历史上因

---

① 《南洋商报》，1995 年 8 月 31 日。转引自韦红：《东南亚五国民族问题研究》，民族出版社，2003 年，第 134 页。

② 周方冶等：《东亚五国政治发展的权力集团研究》，中国社会科学出版社，2016 年，第 200 页。

各种原因迁移到这些国家的族群。他们生活在山区或边缘地带，不仅人口少，而且在经济上难以与主体民族竞争。一些有着相当历史的少数民族群体形成了自己特有的体制、文化和语言。在一族居优的环境中，"国王与神灵在东南亚历史文化中构成了两个主要的文化元素"[①]。与世界上的其他地区比较，东南亚国家往往被视为神的统治中心，皇帝或国王握有"天命"，官员行使权力，他们被认为是上天在人间的代表。传统社会的统治者和被统治者、政府和社会的关系往往是复杂的、等级化的。沃尔特斯(O. W. Wolters)将东南亚权力关系图解为曼陀罗(mandala，一个难以言传的梵文词，意味没有固定边界的政治组织，但是其权力是以中央朝廷的权威为基础的)。[②]这也是这些国家前殖民时代和后来现代国家政治发展的重要遗产。与非洲国家比较，这里的民族基本保持了自己的古老传统和文化。在前殖民地时代，不少国家的族群之间就形成了中心和边缘的关系。那些较大的民族在王朝或王国中构成了中心。殖民者到来后，各个国家的原住民基本上保留下来，并没有发生像非洲那样的奴隶贸易和拉丁美洲土著人的大规模死亡。原住民的存在延续了这些国家的宗教和文化。尽管殖民主义时代的亚洲有不少外来的移民，如华人和印度人移入这些国家，但原住民构成了这些国家的中坚力量，原住民的文化和政治秩序成为殖民统治可以利用的资源。然而也要看到，随着殖民者的到来和本土知识精英到海外学习，大量西方文化，尤其是宗主国家的文化和体制也逐渐被引入这些国家，对这些国家的政治体制选择产生了重要影响。

与世界上诸多殖民地独立建国的历史相同，东南亚国家在反对殖民主义的统治中，民族主义成为动员国内不同族裔群体的一面旗帜。此前，殖民地内部不同族裔，尤其是人数多的民族内部不同派别在反对殖民主义的统治中摒弃前嫌，团结起来，在进行民族独立的斗争中，涌现出诸多的民族主义精英和民族领袖。在东南亚诸多殖民地中产生了如越南的胡志明、印度尼西亚

---

① 张红云：《东南亚神王文化研究》，中国社会科学出版社，2017年，第2页。

② 转引自［英］彼得·丹尼尔斯等：《人文地理学导论：21世纪的议题》，邹劲风等译，南京大学出版社，2014年，第664页。

的苏加诺、缅甸的昂山、马来西亚的东古·拉赫曼等。他们或受到了西方民族主义的影响,或受到了苏联模式的影响。他们的人格魅力和超凡的领导才能深深地影响着殖民地的人民,也得到了非本族的民族群体的积极响应。各方群体集合起来展开了对殖民主义者的斗争,通过革命或是通过与殖民当局的谈判最终获得了独立。国家独立后,传统的政权或是在革命中被推翻,如印度尼西亚、越南北方,或是在与宗主国(如英国)达成协议的基础上,建立了各自的政治体制。然而需要看到的是,由于东南亚国家缺乏发达的市场经济基础,内部存在着多元的利益和多种异质性群体,现代政治体制都是引进的,而不是自生的。因而新的政治体制,尤其是西方的自由竞争体制、议会民主制更是与这些国家的权威主义文化、传统的庇护关系格格不入。因而政治体制难以起到组织人民、规范权力的作用。而长期被传统文化熏陶成长起来的精英、地方势力和民族群体更不愿意丢掉自己传统的特权和利益。

独立后的民族主义随着新政权的建立和内部争权夺利的斗争而不断消解,但在民族独立运动中发展起来的各种"民族政党"和其他政党组织雨后春笋般地发展起来。比如,在印度尼西亚出现了各种伊斯兰政党和非宗教性政党;在马来西亚产生了马来西亚民族统一组织和马来西亚华裔协会;新加坡有人民行动党、工人党、印度国大党;在缅甸出现了社会党、克钦民族大会、克伦人联盟、山民族统一大会等政党或准政党组织。这些组织在争取国家独立斗争中联合起来一致对外。而大功告成后,这些力量也就成为国家权力的竞争性力量。对于新生的国家来说,最大的问题是保持稳定,最主要的任务是发展经济。独立后移植过来的西方体制并不能解决国内的问题,还严重影响着国内和平、统一和稳定,而这一切都需要一个强有力的政权。在此背景下,东南亚开始了强人政治的时代,独立后的东南亚国家都不同程度地强化了政权的力量。在缅甸、印度尼西亚、新加坡、马来西亚、菲律宾、泰国、老挝、越南、柬埔寨等国家都以不同的形式凸显了政党领袖、政党或军人集团的地位,依靠这些强势人物和强势集团推进了国内的经济发展。面对国内出现的一些部落或民族地方力量的反叛,国家强力推进中央权力向民族地区的渗透。然而随着现代化的高歌猛进,政治上的铁腕治国并没有如愿以偿,相反又进一步导致了东南亚 20 世纪 70 年代和 80 年代国内族际关系的恶化和民族冲突的发展，甚至一些民族分裂主义势力和民族极端主义得到发展。在印度尼西亚，爪哇人和亚齐人之间的矛盾演变成大规模的民族武装冲突；在菲律宾爆发了北部政府军与南部伊斯兰极端主义的冲突；在泰国南部马来伊斯兰力量与中央权力之间形成对抗；在缅甸，联邦政府与克伦族等地方武装发生冲突。这些冲突与国内存在的阶级矛盾和社会矛盾交织在一起，这种状况驱使一些国家，如缅甸、泰国，通过采取强制措施的方式对待异族，甚至将它们归入"不守法""破坏性"力量一方。新上任的政治领袖受一民族一国认识的影响，认为获得政权的目的就是建立一种同质性的国家。在这些领导人看来，"建立一个新的、同质性的共同体，而放逐异己分子或难以同化的分子"[1]，是建立共同体的手段和目的。然而在一个有着悠久历史的异质性社会中，同质性的追求难以如愿以偿。同时威权政治表现出来的排斥性越来越引起来自社会不同群体，其中也包括民族群体的反抗。

二、政治体制变革的主要类型

随着现代化的发展和民主化浪潮的推进，一些东南亚国家开始在威权控制的范围内，以和平的方式增加民主的内容，有中国学者将其称为"对冲机制"[2]，其实，在东南亚的一些国家中，威权民主主要集中在新加坡、马来西亚、印度尼西亚、泰国、越南、老挝等国家。不过这些国家也有一定的变化，有的后来变得更加开放，民主的因素更多一些，其中印度尼西亚、泰国即为代表。20世纪90年代末，印度尼西亚才告别威权政治转向了议会民主；而泰国飘摇不定，一定时期民主政治的因素更多一些，但军人政权的力量及国王的存在都使这一国家在威权和民主之间徘徊。除此之外，菲律宾在马科斯统治

---

[1] ［美］塞缪尔·亨廷顿：《变革社会中的政治秩序》，李盛平等译，华夏出版社，1998年，第302页。

[2] 中国学者房宁曾用"对冲机制"概念，认为所谓的对冲就是权利对公民的开放和"权力"的封闭，即精英政治（参见房宁：《亚洲政治比较研究的理论性发现》，《中国社会科学》，2014年第2期）。实际上，在亚洲比较有代表性的威权国家，如新加坡、马来西亚、印度尼西亚等国家的威权政治下，也在进行着一定限度的或受到控制的民主。如新加坡的半民主、马来西亚的种族性的半民主，以及印度尼西亚的"有领导的民主"或"有秩序的民主"。

期间出现过独裁政治,但在 80 年代中期后开始走向民主。伴随着政治体制上的变革,东南亚国家的政治体制中也建立了协调族际政治的机制,主要有下列两种类型:

首先,威权性与吸纳性组合。即在保留权威影响力的前提下,在一定的民主机制中吸纳民族群体代表,主要体现在以下方面:

其一,确立了某种力量的优势地位,确立了某种政治集团的核心地位。这一政治集团以包容的形式,容纳了各民族群体的成员。如新加坡的人民行动党、马来西亚的巫统、印度尼西亚的专业集团、越南共产党、老挝人民革命党等,都带有较强的总体性。这些政党不仅包括了来自不同民族群体的代表,而且控制了国家权力。

其二,国家主义倾向。国家超越于具体的种族、族群或宗教群体,甚至在一定的条件下,为了保证国家的统一和民族团结,有意地压制和控制某些强势的民族群体或宗教群体的要求。在 1965 年新加坡独立时,华人占全国人口的 77%[①],在选择以什么语言作为官方语言上,华人当然愿意选择华文作为官方语言,然而李光耀排众议选择了英语。李光耀深知,在一个多种族、多语言组成的国家,如以华文为官方语言,势必带来其他语言群体的抵制,甚至导致新生的国家陷入政治动荡。李光耀指出,选择华语为官方语言是"不明智的","比较聪明的说法应该是这样:我们是一个多元种族的国家,需要以多种语言为官方语言。以华语为官方语言,会吓坏马来人、印度人和其他民族的人"[②]。即使将来中国富强了,华文变成了国际语言,新加坡仍将英文作为工作语言。相反,如果以英文为官方语言,新加坡人可以很好地了解世界,也让世界了解他们。在以英文为官方语言的同时,华人、印度人和马来人都可以将自己本民族的语言作为第二语言。这样既保证了国家有统一的语言,也可以保证各个民族的文化得到保留和传承。马来西亚和印度尼西亚这两个伊斯兰文化具有重要影响的国家,都没有像中东不少国家那样将其确立为国教,采取政教合一的政治体制,相反其在确立本国的基本体制上,

---

① [加拿大]贝淡宁:《超越自由民主》,李万全译,上海三联书店,2009 年,第 175 页。

② [新加坡]吴元华:《新加坡良治之道》,中国社会科学出版社,2014 年,第 204 页。

采取了世俗主义的原则。政治权力的合法性不是从宗教的教义和制度中产生和寻求依据,而是根据民族主义或国家主义的原则建立自己的政治制度,政治领袖通过强有力的权力运用,"成功地压制了种族与宗教冲突,创造了政治稳定与经济发展"①。1994 年,马来西亚政府对那些威胁到政府计划的宗教活动进行了明确的限制,取缔了一个"宗教激进主义"的伊斯兰团体,逮捕了其领袖阿沙利·穆罕默德(Ashaari Mohanmed)。在印度尼西亚这样一个伊斯兰教人口占多数的国家,并没有像南亚的巴基斯坦、伊朗那样确立政教合一的体制,相反在立国的原则上采取了世俗原则,并把民族主义作为了其中的重要内容,而宗教信仰不过是"建国五原则"②中的一项,其中并没有明确将伊斯兰教作为国教。而从建国的五项基本原则的基本精神上看,更多强调的是"国家整体"的首要位置。

其三,吸纳民族群体的代表进入政党和议会。即通过一定的协商形式,保证不同族群能够在政治平台上反映其意见。比如,新加坡在议会中设立了比例代表制,即按照民族群体的人数比例分配适当的议席;在马来西亚建立了巫统和包括华人及其他族裔群体代表在内的议会组织。在印度尼西亚苏加诺时期实行了"有领导的民主",苏哈托采取了"有秩序的民主"。将世俗性政党和宗教性政党经过整合纳入人民协商会议。类似的状况也出现在越南国会、老挝的国民议会(最高人民议会)中,两国的议会中安排了来自少数民族的席位。

其次,竞争性组合,主要通过"权力分享"实现政治整合。20 世纪 80 年代,亚洲的一些多民族国家受西方影响,同时也在内外压力下改革原有的政治体制,建立了竞争性民主机制。在这种体制中,原来为一个政党或一个人垄断或控制的政权让位给了多党竞争体制。这种状况主要在菲律宾、印度尼西亚、泰国等国家的政治体制中得到反映。在这种竞争性民主体制中,多党

---

① [加拿大]贝淡宁:《超越自由民主》,李万全译,上海三联书店,2009 年,第 177 页。
② "建国五原则"也就是潘查希拉,即建国五项基本原则。1945 年由苏加诺提出,其内容为:第一,民族主义;第二,国际主义(或人道主义);第三,协商一致(或民主);第四,社会繁荣;第五,神道。1945 年的宪法最终确立"潘查希拉"的排序为信仰神道、正义和文明的人道、印尼的统一、协商一致的民主、社会正义。参见韦红:《东南亚五国民族问题研究》,民族出版社,2003 年,第 239 页。

政治成为竞争性体制的基础。在这种多党体制中，一些民族性政党或具有强烈的民族或宗教性的政党为获得议会席位展开竞争，这种状况在巴布亚新几内亚得到集中体现。

巴布亚新几内亚独立国（Independent State of Papua New Guinea），简称巴布亚新几内亚，是南太平洋西部的一个岛国，是大洋洲第二大国，英联邦成员国，主要涵盖新几内亚岛东半部及附近俾斯麦群岛、布干维尔岛等共约600个大小岛屿。国名由巴布亚和新几内亚两部分组成，得名于岛名。该国西邻印度尼西亚的巴布亚省，南部和东部分别与澳大利亚和所罗门群岛隔海相望。巴布亚新几内亚全国人口 732.1 万（2013 年）。城市人口占全国人口的15%，农村人口占全国人口的 85%。98% 属美拉尼西亚人，其余为密克罗尼西亚人、波利尼西亚人、华人和白人。华人、华侨约 10000 人。

在这个国家中，民主政治已经运行了 40 多年，公民参与政治的程度很高，且政府都是和平交权。然而这一国家既是一个发展中的国家，也是一种存在大量的族群语言的国家。在 2002 年的选举中，不少候选人来自不同的族裔群体。但他们一旦当选，都会"运用政治权力从政府汲取资源，然后分配给那些曾经支持过他们的选民，也就是他们运用权力很大程度不是用于国家或是所有的选民，而是更多地运用到那些选举他们的部落成员，或是用到那些支持过自己并需要官位的人，以此来支持他们下一次的选举"①。另一种情况是在间接选举中，参加选举的全国性政党必须要考虑地方的、民族的或宗教教派的要求。具体而言，一些国家力图超越民族群体、地方群体的限制，要求所建立的政党必须是全国性的政党组织。也就是根据法律，一个政党必须要在全国的若干地方建立一定数量的党员和支部。目的是要打破民族或宗教的限制，防止选举的政党被某个族群或宗教所俘获。然而这种选举设计在不少国家是不实际的。许多国家更多采取了间接选举的方式，以达到全国性选举的目的。如在菲律宾，曾经要求政党的选举必须要在全国的 16 个地

---

① Benjamin Relilly, *Democracy and Diversity：Political Engineering in the Asia-Pacific*, New York：Oxford University Press, 2006, p.65.

区中至少要获得 9 个选区选民的支持。①也就是获得选票必须要得到超过全国多数地区的支持。这种选举，能够将更多的族群包括进去，表达和代表族群的意见和要求。

此外，权力分享与吸纳。这一现象大量出现在多民族国家中，在东南亚一些多民族国家，如马来西亚、菲律宾，以及民主转型后的印度尼西亚的民主建构中大量出现。在制度安排上通过一定的权力组织(如议会或政府)将一些民族群体吸纳进来。不过由于采取的制度形式不同，其表现形式也不同。在总统制国家，选民根据候选人的利益偏好排队，只有赢得绝对多数选票的候选人才能当选。这种类型的选举有利于加强少数人的影响。为了赢得绝对多数，候选人必须进入少数人的团体中赢得选票；在议会制国家中，通过选举获得一定比例选票的代表进入议会和内阁。这两种形式在民族、宗教、地区、语言和意识形态等"深度分化"的民主政治中得到了广泛运用。②根据东南亚国家的民主实践，赖利将这种机制称为"权力分享"。即"在行政层次上看，内阁构成的过程既可以是基于正式的，也可能是非正式的包容方式。在这种背景中，正式的权力分享涉及法律上的授权规定，旨在将某些特定政党或社会团体成员纳入政府中来，如宪法规定，部长位置按照比例分配给某个政党总的位置或票数(如斐济)，或是预留一些关键位置给特定共同体的成员(如黎巴嫩)。另一种是非正式的政府权力分享，它不是出于法律的规定，而是取决于平时不同政党或团体的代表就包含在作为现有政治生活一部分的内阁中。这种非正式的权力分享运用范围比较广泛，从部长中的族群，或是地区性代表到同时包括民族联合政府'大联合内阁'的所有政党，不同于基于正式的权力分享规则基础上的行政内阁，这种包容性的内阁源于政治计算而不是宪法规定"③。东南亚的一些国家采取了这种非正式的权力

---

① Benjamin Relilly, *Democracy and Diversity: Political Engineering in the Asia-Pacific*, New York: Oxford University Press, 2006, p.132.

② Benjamin Relilly, *Democracy and Diversity: Political Engineering in the Asia-Pacific*, New York: Oxford University Press, 2006, p.146.

③ Benjamin Relilly, *Democracy and Diversity: Political Engineering in the Asia-Pacific*, New York: Oxford University Press, 2006, p.147.

分享体制,以将不同族群的代表包容进来。赖利将马来西亚作为"权力分享"的典型。不过笔者认为,马来西亚的权力分享特点更多寄托在马来人优先这一规则上,带有一定的威权政治的内容。菲律宾的权力分享模式则带有更多的"民主"或"开放性"的特点。在这一国家中,每一届新的总统都要考虑"这个国家地区、语言、族群和宗教的划分"①结果,总统内阁班子习惯上由来自不同族群、地区和宗教群体的代表组成。在巴布亚新几内亚,多族群的权力分享同样在政府中得到体现,来自不同族群、地方的代表组成了政府。在民主转型后的印度尼西亚,后苏哈托时代,民族联合内阁同样如此。而在一党制度国家中,如老挝 1997 年的国民议会构成中,"有 46 名来自少数民族(占29%)"②;在政治局中,有 3 名委员来源于少数民族。这种组成不仅表明了老挝人民革命党对民族群体的承认和尊重,而且也可以有效地将不同民族群体代表纳入一定的体制中。在越南,也在国会中为少数民族代表安排了一定的席位,同样对维护民族团结意义重大。

第三节 从简单治理到复合治理

东南亚国家的不同民族的生活区域呈现出不同的特点。从东南亚 11 个国家国内民族生活的状态来看,大致有这样几种状况:第一种,一族居优型。缅甸有缅人、钦人、克钦人、掸人、孟人、华人等 135 个民族,缅人人口占全国人口的 65%,但缅人的民住地不到全国的一半,其他民族,特别是北部的山地民族如克钦族等聚居程度较高。越南有越人(京人)、芒人、岱人、泰人、苗人、瑶人、华人、高棉人、占人等 54 个民族。但越人主要分布在平原和沿海地区,人口占全国人口的 87%。柬埔寨有高棉人、缅人、华人、越人、马来人、佬

---

① Benjamin Relilly, *Democracy and Diversity: Political Engineering in the Asia-Pacific*, New York: Oxford University Press, 2006, p.148.

② [澳]约翰·芬斯顿主编:《东南亚政府与政治》,张锡镇等译,北京大学出版社,2007 年,第 128 页。

人、泰人等民族。但高棉人分布于全国各地区，人数占全国人口的 87.5%。第二种，一族广布型，即一个民族分布较广，占全国人口总数的一半左右。如老挝有六十多个民族统划成三大民族，其中老龙族(佬人、泰人)占全国人口的 60%；在马来西亚，马来人及其他土著占全国人口的 66.1%，华人占 25.3%，印度人占 7.4%。①第三种，民族广布型，没有一个民族分布于全国的大部分地区。如印度尼西亚，全国有 100 个民族。主要民族有：爪哇族，约占全国人口的 42%，分布于中爪哇和东爪哇；巽他族约占全国人口的 13.6%，分布于西爪哇；马都拉族约占全国人口的 7%，米南加保族约占全国人口的 3.3%②，散居于苏门答腊岛西部。除上述民族外，还有若干小民族。菲律宾有 90 多个民族，其中人数在 100 万以上的有 6 个。米沙鄢人占全国人口的 43.1%，主要分布在萨马尔、莱特、保加、宿务、内格拉和帕奈等岛上；他加禄人占全国人口的 22%，分布在吕宋岛中部、马林杜克岛、波利略岛和民都洛岛的大部分地区。还有其他民族生活在岛屿的不同地区。此外，摩洛人(穆斯林)占全国人口的 4.6%，分布于棉兰老岛和苏加禄群岛。从东南亚国家的上述民族状况看，东南半岛和岛屿构成了不同民族生活的两大区域，并对这一地区的族际关系和格局构成了重要影响。半岛地区的一族居优状况比较突出。而在群岛地区的民族群体多呈分散状况，即使是同一民族也被岛屿相隔。这种状况不能不给这些国家的族际关系和政治发展带来影响。

　　面对如此复杂的族际关系和民族问题，如何治理也构成了东南亚多民族国家政治发展中的一个重要问题。如果说第二节中涉及的政治制度安排主要从政治权力的分配上解决民族群体代表参与问题，国家治理主要涉及国家通过怎样的体系解决国内存在的民族问题，即通过治理维护和推进国内的政治发展。

　　首先，实现从同化性治理向复杂性治理的转变。东南亚国家独立后都面临着国家统一的重要任务，国家统一、认同性建构是摆在这些国家面前的一项重要任务。各国在发展现代化的同时，也在政治和文化上加强了统一国家

---

① 张蕴岭等主编：《简明东亚百科全书》(下)，中国社会科学出版社，2007 年，第 1351 页。

② 张蕴岭等主编：《简明东亚百科全书》(上)，中国社会科学出版社，2007 年，第 34 页。

的治理活动。在此方面一些国家采取了更为极端的措施。早在20世纪40年代，泰国銮披汶政府就曾经向泰南穆斯林信徒推行同化政策，但并没有获得良好的效果，相反导致了泰南穆斯林的抵制和反抗。20世纪70年代缅甸奈温政府强制推行缅甸语言政策。在马来西亚，20世纪50年代，政府大力发展马来教育，挤压华文学校和泰米尔学校。在印度尼西亚新秩序期间，通过意识形态统一来限制内部成员民族、宗教、种族和阶级等敏感话题的讨论并对华人采取同化政策。这些政策都带有明显的同化或变相同化的特点，但这些政策均遭到了来自一些民族群体的抵制或反对。同时，民族利益的差距带来的一些民族矛盾促使一些少数民族群体提出了自治或民族群体权利的要求。20世纪80年代以来，各个国家在对待少数民族群体的治理体系、政策等方面在发生着新的变化。

其次，混合性治理体系获得了发展。东南亚多民族国家根据本国的实际建立了混合性治理体系。这里的混合可以表现为两种形式：一种是联邦制，另一种是单一制。两种国家结构形式彼此相对，但又吸收了对方的某些因素。

一、联邦制

在东南亚一些国家中，不少地方的部落组织、地方势力集团或宗教教派组织依然保留着自己的传统体制，如有的民族群体依然处在原始公社的阶段，也有的已进入封建农奴制度。不同的民族群体各有自己的宗教信仰、生活区域和管理体制。它们聚集一方，既不足以独立，又不能统治或同化其他的民族群体，现代主权国家的建立使它们共存于一个政治共同体中。在这样的国家中，中央政府缺乏自主性，严重的多元制衡环境使其中央权力难以深入到民族地方。这种局面不能不使政府和地方或民族群体之间就共同性事务采取合作治理的方式，联邦制也就成为一些国家的选择，目前比较有代表性的当属缅甸和马来西亚。

根据《布莱克维尔政治学百科全书》的解释，"联邦制是一种区域组织形式，它通过其存在和权威都各自受到宪法保障的中央政府与地方政府之间的分权而将统一性和地区多样性同等纳入一个单一的政治体制之中"①。在联邦制国家中,任何一级政府的存在都受到宪法的保护,而不是靠其他组织的批准和授予。西方学者伯吉斯指出:"联邦制精明之处在于它有无限的能力去通融和化解一国之内竞争者,甚至是冲突的、政治上有重要地位的各种群体。容忍、尊重、妥协、谈判、相互承认是它的'口号','联邦'与'自治'相结合是它的标志。"②然而联邦制并不一定意味着对少数民族的包容机制,甚至一些联邦制本身是否定少数民族群体权利的,作为领土联邦制③最为典型的是美国。也有的联邦制成为"多数群体"用来"削弱少数民族的权力工具"。④不过在联邦制的设计中,确有一些国家通过联邦制或混合联邦制度机制,使少数民族能够在所居住的邦内享有更多的自治权力。这样也就使一些民族群体在宪法和制度的框架内有了宪法和法律赋予的权力,从而在与中央政府或多数人社会博弈时,获得一定的利益。这种状况在"多民族联邦制"⑤和"混合联邦制"⑥中得到了较多体现。在此方面,缅甸的联邦制安排具有代表性。

目前,缅甸分为 14 个地区,包括 7 个邦(根据居住在该地区的主要民族命名)和 7 个省(主要是缅族人占多数的地区)。它们与 12 个军区的划分基本重合。1946 年缅甸独立时,缅甸各方曾在昂山的影响和主持下签订了《彬龙协议》。1947 年制定了缅甸联邦宪法,形成了准联邦联盟框架。该联盟包括

---

① [英]戴维·米勒:《布莱克威尔政治学百科全书》,中国问题研究所等组织翻译,中国政法大学出版社,1992 年,第 254 页。

② [加拿大]威尔·金里卡:《少数的权利:民族主义、多元文化主义和公民》,邓红风译,上海世纪出版集团,2005 年,第 90 页。

③ 领土联邦制是一种国家分散权力的方法,它以领土为依据划分行政区域,而不是以民族为单位。领土联邦制的典型为美国。参见[加拿大]威尔·金里卡:《少数的权利:民族主义、多元文化主义和公民》,邓红风译,上海世纪出版集团,2005 年,第 99 页。

④ [加拿大]威尔·金里卡:《少数的权利:民族主义、多元文化主义和公民》,邓红风译,上海世纪出版集团,2005 年,第 95 页。

⑤ 多民族联邦制是指在边界划分和权力分配上反映了少数民族群体需要和期望的联邦制。[加拿大]威尔·金里卡:《少数的权利:民族主义、多元文化主义和公民》,邓红风译,上海世纪出版集团,2005 年,第 100 页。这种联邦制度的典型为非洲的埃塞俄比亚、尼日利亚和南亚的印度等国家。

⑥ 混合联邦制(hybrid federalism)涉及特定的混合制度上的安排。在这种安排中,中央和国家中的主要部分保留在一个单一的体系中,同时,只有一个或两个边缘地区或单位被下放或被提供给了地区自治地位。See Baogang He, *Federalism in Asia*, Cheltenham, UK: Edward Elgar, 2007, pp.13-18.

一个中央联盟政府和邦委员会管辖的各成员邦(以种族为基础),一些邦(掸族和克耶邦)享有10年后退出联盟的权利。掸邦的世袭统治者在传统的行政和法律权威方面享有一些地方自治权,这有损中央政府的合法性和权威。该国家结构的安排试图维护民族团结。然而独立后的政府并没有履行承诺,一些民族群体借此发难。不少民族地方,如克伦、克钦等多个民族群体武装割据,缅甸陷入民族冲突之中并对缅甸今天的族际政治格局构成了重要影响。

马来西亚的联邦制属于强中央权力的联邦制或 "最小的联邦制"(minimalist federalism)①。1957年马来西亚独立时,国内共有包括原马来联邦4州、马来属邦5州,以及槟榔屿和马六甲内的11个州。建国后不久,首任政府总理东姑·拉赫曼提出了与北婆罗洲及原属海峡殖民地的新加坡合并为一个统一的马来西亚的构想。领导新加坡的人民行动党由于渴望从英国手中获得自治地位的同时也面对蓬勃发展的共产主义运动影响,因此积极响应合并的提议。独立后的马来西亚采取马来人优先的原则,致使马、华矛盾激化,1965年,新加坡从马来西亚独立出来,从此之后马来西亚也就形成了目前由11个州和吉隆坡、布城、纳闽3个联邦之下区组成的联邦制国家。作为联邦制国家,从形式上看,中央和各州均有自己的政府机构和宪法。但马来西亚联邦是一种强联邦政府权力的联邦制。首先,该联邦制确立了马来人优先原则,尤其在政治上和军事上保证了马来人掌握统治权力。最高元首由西马9州(即除马六甲、槟榔屿之外的9个原苏丹国)的世袭苏丹组成的统治者会议选出。其次,宪法规定了首相由议会选举中获胜的政党领袖担任。尽管马来西亚采取多党制,但巫统在联盟党中占有优势。实际上议会的多数始终控制在马来人手中,但其中不排斥少数民族也有代表在议会中拥有席位。再次,虽然马来西亚在宪法上规定了中央和各州的权力,中央和地方的权力有明确的宪法和法律规定,但在立法、行政等诸多权力上,联邦的宪法、立法和行政有着首要地位,以此保证国家的统一和完整。各州的地位和权力因各州状况不同而存在差异,由此保证了中央和地方之间存在一定的灵活空间。最

---

① Baogang He, *Federalism in Asia*, Cheltenham: Edward Elgar, 2007, p.124.

后,东马二州(沙捞月和沙巴州)曾有十年过渡期(1957—1966年),在过渡期内可以使用英语为官方语言,拥有一定的地方性宗教。不过这种特殊地位逐渐被削弱,并最终取消了两州的特殊待遇,使之与其他州趋同。金里卡在评价马来西亚联邦时指出,这种制度"成功地容纳了沙巴和沙捞越的愿望和需要,允许他们控制移民,成功地遏制了那里的分离运动,阻止了争取自治的暴力抗争"①。马来西亚在2020年愿景中提出:"要建立一个团结的马来西亚,塑造一个政治效忠和为国献身的马来西亚族。"②这样,马来西亚的强中央权力的联邦制推进了马来西亚的国家建构,同时也从一个方面说明了,政治发展并不仅仅是政体变革的一种因素,国家建构是政治发展的基础。各个民族的共存必须是在强有力的中央权力下的共存。在一个脆弱的国家,是不可能实现"多元共存"的。这种状况与缅甸形成了鲜明的对照。马来西亚的政治发展带有及其重要的价值,它实现了现代化发展的五项指标,即增长、公平、民主、稳定和自主发展。

二、单一制下的民族区域自治

单一制是由若干行政区域构成的单一的主权国家的制度。它只有单一的宪法和一个最高国家政权机关,是国际法中的单一主体。罗德·黑格指出:"但多数现代国家都是单一制的,这意味着主权完全控制在中央政府手中,即国家政府当局,无论是地区政府还是地方政府,都可以指定并落实政策,但是他们必须经过中央政府的允许。"③在东南亚,多民族国家绝大多数是单一制国家。但鉴于国内存在着多民族的状况,一些国家在单一制框架内建立了民族区域自治制度,比如印度尼西亚、菲律宾等。这些国家各有不同的表现形式,形成的过程也各有特点。但总体上,在这些国家中,就地域和民族人

---

① Baogang He, *Federalism in Asia*, Cheltenham: Edward Elgar, 2007, p.26.

② [马来西亚]林水(木豪)等:《马来西亚华人史新编》(第三册),马来西亚中华会室总会,1998年,第106~108页。

③ [英]罗德·黑格等:《比较政府与政治导论》,张小劲等译,中国人民大学出版社,2007年,第334页。

口的居住环境来看,一些民族群体在一定的范围内占有相当的区域,与主要民族生活区域存在着相当的自然隔离性,而且人口集中,历史久远,形成了自己的文化、宗教和经济生活方式。这种状况在印度尼西亚中央政府与亚齐关系的解决上得到了集中体现。

亚齐是印度尼西亚的一个省,面积为5.539万平方千米,约占印度尼西亚国土总面积的3%。居民以亚齐族为主。此外还有卡约人、阿拉斯人。在全国人口中,亚齐族位居第9位,约403万人(2005年统计),98%的人信仰伊斯兰教。亚齐地处欧亚大陆东南角的外海,战略地位显要;亚齐在相当长时期内主要以农业为主,工业基础薄弱。众多岛屿的限制影响了亚齐与其他地方的交往和交流;在政治认同上,亚齐较早形成了亚齐王国,建立了自己的行政区。其中,苏丹是亚齐王国的象征和最高统治者;乌略巴朗本身是军事领袖,也是实际的世俗领导人;乌里玛则负责亚齐各地的伊斯兰教事务,也包括管理宗教活动和组织宗教学校;农民则是亚齐最小的社会细胞。这是一个政教合一的海上商业王国,但又是一个松散的社会。在殖民主义者到来前,亚齐已经进入封建社会,具有了国家特点。殖民者到来后本想将其尽收囊中,但经过了艰苦的努力,依然未能如愿以偿。到20世纪初殖民者改变策略,对乌略巴朗采取怀柔政策,将其纳入殖民体系中,承认其存在的合法地位,给予一定的经济特权,以保证"和平统治"。殖民者出于开发印度尼西亚的需要,一些公路、交通和邮电设施在印度尼西亚逐渐建立起来,大大改变了传统的封闭状态。二战期间,日本对印度尼西亚的占领,极大地唤起了亚齐和印度尼西亚的地区和民族意识,民族主义运动的发展催生了"全亚齐伊斯兰教学者同盟",使亚齐的民族主义运动有了自己的组织和领导,从而进一步增强了亚齐认同,这种状况对印度尼西亚以后的国家统一构成了重要影响。

印度尼西亚独立后,亚齐进入国家统治范围。1971年油气资源被发现后,随着油气开发,大量的与油气相关的企业在亚齐建立起来。但巨额的油气收入流入中央政府和爪哇人的腰包,而亚齐获得的利益微乎其微,难以应对亚齐当地产生的一系列社会和环境问题。大量外来人口所具有的文化特点与亚齐社会的伊斯兰教文化发生了矛盾冲突。亚齐当地政府难以对中央产生有效的制约和监督。凡此种种决定了亚齐和中央政府的合作陷入危机之中。

印度尼西亚政府对亚齐实施榨取性行为，其根本原因与印度尼西亚威权政治体制和榨取性政策有着直接的关系。印度尼西亚自独立以来曾一度采取议会民主制，但议会内部不同宗教派别和党派的斗争使印度尼西亚的议会政治体制难以实现族际合作的目的，致使地方武装叛乱不断发生，严重威胁到印度尼西亚的统一和政治稳定。1959 年 7 月，苏加诺强化了行政权力，实施"有领导的民主"，建立了威权政治。到苏哈托当政时，中央权力集权加强。1974 年的《印尼共和国法令》进一步强化了中央权威，建立并巩固了中央对各级政府的垂直领导，按照法令规定，地方机关由地方行政首脑和地方议会组成，在实施管理权的过程中，地方行政机构和地方议会之间有明确的职责划分，两者具有同等重要的地位。各级地方行政长官首脑是政权的掌握者、建设的主管人和社会的领导者。在这个体系中，地方的行政受控于苏哈托个人。按照 5 号法令的规定，省长的任命先由议会推选候选人，再由国家内政部提交总统，最后由总统从候选人中委任确认省长。亚齐的政府首脑也是这样产生的。权力安排上的失衡，使亚齐议会形同虚设，难以发挥族际合作治理的作用。同时，由于权力主要集中在中央，地方无权导致了中央和地方之间矛盾冲突不断。为了保证中央政策和国家利益的实现，苏哈托政府力求使其权力渗透下去，以配置忠于中央政府的统治集团。在苏哈托的政治体制中，专业集团是苏哈托实现其威权政治所依赖的力量。在新秩序下，印度尼西亚形成了地方政府的首脑—军队—专业技术集团三位一体的统治机构，以求弱化和取代地方的传统政治力量。与之不同的是，在亚齐，由于受到伊斯兰教的影响，已经在当地形成了具有亚齐特点的政治组织结构，从而与专业集团形成的控制体制相对立。

威权时代的经济发展计划促进了印度尼西亚的发展，严格地说促进了爪哇地区的发展。而做出重大贡献的亚齐人大量地失业，陷入贫困状态。不同民族在利益分配上的强烈反差驱使亚奇人走上寻求独立之路。在民族主义旗帜下，"自由亚齐运动"兴起，公开与中央政府分庭抗礼。民族矛盾演变成武装冲突。此时，东帝汶的独立对印度尼西亚其他地区的分离运动产生影响,向印度尼西亚的单一制体制发起了挑战。在这种条件下,民族和解是唯一出路。在内外各种因素的联合作用下,尤其是在 2005 年的印度洋海啸对印度尼西亚和亚齐人的冲击和影响下,最终对立的双方停止冲突,达成妥协。中央获得对亚齐的管辖权力,但同时要承诺其对地方的权力的有限性;而亚齐要承认和维护国家的统一,同时享有了一定自治权。2006 年 12 月,亚齐第一次实现了直接选举,产生了自己的省长。同时,中央政府和亚齐对权力和利益进行了重新划分,使得亚齐人和中央政府走向合作。

三、政策治理

在东南亚国家,除了在国家治理体系上保证不同民族参与国家事务外,在政策上也进行了较大的变革。尤其在越南、老挝等一党制国家,政策的调整特点更为突出。如果说在联邦制和单一制通过一定的刚性规则赋予了民族地区一定的自治权和自主权,那么在这些制度安排下,政策性安排更为灵活、适应和务实,弥补了制度中的种种局限。

首先,涉及政策的原则确立。东南亚国家有着社群主义的传统。重视社群,强调社会整体的利益高于群体和个人的利益是政策治理的重要内容。1994 年 11 月,马来西亚总理马哈蒂尔指出:"种族间和谐生活是马来西亚取得卓越成就的关键因素。"他呼吁马来西亚人民"远离冲突与纷争",彼此之间"不要有政治区分,或者种族仇视"[1],共同促进"马来西亚民族"的发展[2]。在政策上,马来西亚政府努力在政治、经济与文化等领域推进不同民族合作局面的形成。在印度尼西亚,这个具有和谐文化传统的国度中,尽管存在着爪哇民族与华人和亚齐族群的矛盾,甚至冲突,在最初由苏哈托建立的"建国五基(潘查希拉)"中,这一穆斯林人口占全国人口的 88% 的国家中,伊斯兰教与其他宗教处于平等的地位。重要的是,体现在这些原则中的协调平衡观点成为处理宗教与民族关系的重要准则。20 世纪 90 年代末,印度尼西亚实现民主化转型后,潘查希拉原则依然得到继承。总统瓦希德提出:"潘查希

---

① 《南洋商报》,1994 年 11 月 19 日。
② 《南洋商报》,1995 年 8 月 31 日。

拉是一系列原则,它将永存,它是我们努力追求的国家信念,我将用生命保卫潘查希拉……"①

其次,平衡各个民族之间的关系,力求保持不同民族之间的平衡。20世纪80年代,不少国家开始实现政治转型。转型时期正是一个新旧制度容易出现漏洞的时期。一些国家,如印度尼西亚、菲律宾等出现过内部殖民主义、依附性发展等现实,并由此引发了少数民族群体与国家之间的矛盾,甚至冲突,更甚者影响到了国家统一。如何处理国家利益与民族群体的利益构成了多民族国家进行政治整合的核心问题。众所周知,东亚国家的发展离不开资源的开发和利用,而不少资源又在民族地区,因此对民族地区资源的利用问题同时又是国家和少数民族关系的问题,处理不当往往引发民族之间的矛盾和冲突。进入21世纪以来,在东亚一些国家采取了分利方式,即国家承认少数民族群体对居住地方资源的权利,通过合理的利益分配化解彼此之间的利益冲突。2005年,印度尼西亚处理中央政府与亚齐当代民族之间的矛盾则属此例。亚齐拥有丰富的天然气资源,过去印度尼西亚中央政府从亚齐获得了不少资源,而对当地补偿不够。2005年,印度尼西亚中央政府和"自由亚齐运动"正式签署了谅解备忘录,其中在经济方面的条款中,规定了亚齐可以自行制定本省利率,拥有对外贷款的权力;亚齐政府对本地区的自然资源拥有管辖权,70%的自然资源的收益归亚齐当地所有。②2006年7月,印度尼西亚国会通过了《亚齐自治法》。该法令规定,亚齐开发石油和天然气收入的70%将由本省支配。而亚齐政府要承认中央的权力,解散自由亚齐运动组织,实行非军事化等。双方和平共存于一个国家之中。在泰南,泰国政府在相当长的一段时期内只注意主体民族泰族的发展,而疏于对这一地区的发展,因而泰南与泰族之间发展的差距明显悬殊。20世纪80年代以后,泰国政府加强了对这些地方的投资和扶贫力度,改善了主体民族与当地穆斯林之间的关系。

---

① Douglas E. Ramage, *Politics in Indonisia:Democracy,Islan and the Ideology of Tolerance*, London and New York: Routledge, 1995, p.45.

② 张洁:《民族分离与国家认同:关于印尼亚齐民族问题的个案研究》,社会科学文献出版社,2012年,第174页。

再次,通过政策和法律引导,正确处理文化差异问题。多民族国家中的国家建设与民族建构背后的承认与认同构成了政治整合成效的两个关键因素。否认民族群体、歧视民族群体都属于国家或作为外部表现形式的宪法和法律制度对民族群体差异性否认或扭曲的承认。"承认政治"理论的创立者泰勒认为,民族不平等往往容易带来"扭曲的承认"。"扭曲的承认不仅表现为缺乏应有的尊重,它还能造成可怕的创伤,使受害者背负着致命的自我仇恨。"①现代政治是一种尊严政治。在这一政治中,人的平等与尊严要求国家通过宪法和法律承认各个民族的尊严和权利,承认不同民族群体的权利和文化差异。但正如前面提到的,用权力形式表明对差异的承认,有带来社会"断裂"的可能。因此,现代国家在承认差异和族群权利的同时,也从法律和制度上规定了民族群体对国家认同的义务。在新加坡,宪法和法律明确规定了各个民族的平等地位。不给任何民族以特殊地位和权利,强调公平竞争;承认民族差别,尊重民族特性,保留民族文化,让各个民族按照自己的愿望和习俗去选择自己的生活。然而在全球激烈竞争的状况下,各个民族群体的发展存在着不平衡,不免出现一些民族落后于其他民族的状况。这种局面对于国家的统一是不利的。那么是采取"中立"或"善良的忽略"②态度,还是国家积极干预?新加坡政府选择了后者。李光耀曾指出:"如果社会上的一部分人落后于其他部分,国家的统一与完整就会受到损害。"③因此,对那些落后的民族群体,政府有责任为这些民族的发展提供保障。在新加坡,马来民族与华人比较明显落后,为了平衡两个民族的关系,新加坡宪法规定:"政府应该承认新加坡本土人民马来人的特殊地位,政府应以这种态度行使职能,因而保护、保障、支持、照顾、促进马来人在政治、教育、宗教、经济、社会和文化方面的利益和马来语言,应是政府的职责。"④

---

① [加拿大]查里斯·泰勒:《承认的政治》,参见旺辉:《文化与公共性》,生活·读书·新知三联书店,1998年,第291页。

② 库卡塔斯主张:国家只是一个"仲裁者","其目的仅仅在于提供秩序而使人们能够和平地生活在一起"。参见常士闾主编:《异中求和:当代西方多元文化主义政治思想研究》,人民出版社,2009年,第439页。

③ [英]亚历克斯·乔西:《李光耀》,上海人民出版社,1976年,第99页。

④ 许心礼:《新加坡》,上海辞书出版社,1983年,第8页。

在马来西亚,虽然在其宪法和法律上规定了不少马来人优先的规定,但从 20 世纪 90 年代以来,马来西亚高层在此方面开始转变。马来西亚政府反复强调民族平等,并将这种平等原则转变为经济、文化与社会政策。在经济领域中,土著与华人联合经营的局面已经形成,巫华合作开发联合经营在不少项目中得到了发展;在文化领域中,政府走出传统的同化主义政策,允许华人讲自己的民族语言,开办自己的学校。需要指出的是,尽管政府在民族政策上提出了平等合作的政策,但目前马来人优先的原则在宪法和法律等方面依然保留,成为制约民族关系和谐发展的一个重要因素。但在全球化竞争的社会中,较之 20 世纪 70 年代以来的政策已经大有改观。在印度尼西亚,20 世纪 90 年代以来,印度尼西亚政府对亚齐的政策及对作为第三民族群体华人的政策,反映了在承认和认同、民族认同与国家认同之间的调整。苏哈托倒台后,新政府开始调整政策,时任印度尼西亚总统瓦希德在泰国法政大学演讲时说,"政府应该尊重少数民族的权利","民主意味着接受分歧。接受分歧有时并不容易,但却是有必要的"。[①]

在对待亚齐的问题上,20 世纪 50 年代以来,印度尼西亚政府以民主和共同发展为代价来换取一时的政治整合选择,是以不平等的承认为特点的,导致亚齐民族的反抗。一位亚齐当地民众曾说:"亚齐现在经济上落后,政治上受虐待。我们为什么还想成为如此对待我们的国家的一部分呢?"[②]这种带有很强民族分离主义倾向的言论反映了印度尼西亚中央政府与民族之间的关系已经进入了一种僵局。而走出僵局的努力正是通过适当的认同与承认之间的调整,而使国家免于分裂。2005 年,经过长期战火和自然灾害双重打击下的亚齐和印度尼西亚中央政府终于走向和解。从中央政府一方而言,承认了亚齐的自治权利要求,而亚齐放弃独立的要求,认同了印度尼西亚中央政权的合法性。

最后,建立专门的政策协调机构和组织,及时安排政策调整。东南亚国家存在着复杂的族际关系,这些关系一般体现在更多的具体事务中。具体事

---

① 《泰首相担心印尼局势不稳定》,《联合早报》,2000 年 5 月 11 日,转引自张洁:《民族分离与国家认同:关于印尼亚齐民族问题的个案研究》,社会科学文献出版社,2012 年,第 204 页。

② [美]马克兰·德勒:《新危机对印尼统一构成更严重的考验》,《纽约时报》,1999 年 11 月 20 日。

务解决得好,政策能够得到落实,问题能够得到解决,则族际之间的矛盾也就能够得到一定的缓解。这主要表现为在政府部门中设立专门的民族或宗教事务部门或设立专门官员进行统筹协调。如新加坡设有"总统咨询委员会",专门处理马来人及其宗教——伊斯兰教事务。新加坡政府在合作主义思想指导下发展了半官方、半民间性的民众联络所、居民委员会和人民协会等组织,使这些非政府组织经常把最下层的群众和社会利益集团的要求反映到政府决策层,而政府在作出重大决策前,非政府组织为政府提供咨询和信息服务,积极影响政府的政策制定。在泰国,2003年开展了政府、开发僧与农民三位一体的"一村一品"村落振兴运动。其中,"开发僧"积累资金,成立互助组,采取后支付方式为村民提供肥料、培训互助组成员、政府扶植和开发僧协同组合等政策。菲律宾政府发展了与商界、劳工界和非政府组织的"战略联盟"。在菲律宾,在政府和非政府组织的对话基础上为贫民建立了融资体系。这是一种新的土地交易制度,具体做法是,贫困社区以组织形式与地主交涉,在居住土地达成交易的情况下,以该土地为担保,同时从政府获得长期低利率融资。马来西亚政府提出公共部门不再控制和指导,而是采取与私人部门之间建立合作关系①的政策。印度尼西亚在苏哈托下台后,公民社会团体或非政府组织迅速成长,由450个非政府组织成立的国家环境论坛成为影响政府环境政策和管理环境的重要力量。

如果说西方等早发的现代国家的政治发展,是在基于市场经济和民族国家建构的相互作用中实现的,与早发的西方国家的近代政治发展不同,东南亚国家的政治发展是在多民族存在巨大差异下开始现代发展进程的。在这种背景下,东南亚国家的政治发展所面对的基础不是独立的个人,而是有着各种不同民族文化差异的族群。政治发展的一项重要的任务是建立"国家—民族",而不是像西方那样的"民族—国家"。因此,国族国家②也就成为东南亚国家政治发展的重要内容。在这种背景下,政治发展的内容就是如何将个人和不同的群体组织起来,纳入一个政治秩序中。因此,政治发展不是

---

① Ian Marsh ed., *Democratisation, Governance and Regionalism in East and Southeast Asia: A Comparative Study*, London and New York: Routledge, 2006, p.139.

② 周平:《多民族国家的族际政治整合》,中央编译出版社,2012年,第227页。

公民个人的发展,而首先是集体和权威的发展。通过集体和权威的力量将个体组织起来,以实现国家的进步。按照这样的逻辑,东南亚国家的政治发展不是基于个人或公民来组织国家,而是基于整体的需要来组织国家。在这一整体的需要中,吸纳和包容多元。不过,由于各国具体状况不同,而各有侧重。

东南亚国家的政治发展又是在东西方文明的接触、碰撞和交流中的政治发展。与世界上的其他多民族国家相比,由于受到东方文化和东亚价值的作用和影响,东南亚国家较早地形成了各自的民族与文化的历史。在后来的发展中,不断有新的文化和宗教进入,从而形成了不同文化和文明交流与共存的局面。正是在这种文化的共存中,东南亚的诸多国家在历史上形成了不同的王朝、王国和苏丹国家。这些古代国家通过一定的政权力量培育了各自的文化认同和核心活动领域。因而东南亚国家的政治发展是在有着一定的文化和文明的基础上的政治发展。近代以来,东南亚国家绝大多数沦为殖民地和半殖民地国家,但外来的文化从根本上依然没有彻底改变这些国家的根基。东南亚国家独立后,在外部文明和文化的影响下,建立了现代国家形式。不过在现代形式面前,有的国家传统的力量大于现代国家形式,虽然主要是西方的国家形式,但终归东南亚国家已经走向开放。东南亚的多民族国家在实现政治发展、建立由多民族组成的国家中逐渐地站立了起来。20世纪80年代末,世界上的不少多民族国家,特别是苏联和东欧国家发生了剧变。如果说这些国家的政治发展是在"颜色革命"下,通过改变中心凝聚结构而实现政治发展,那么东南亚国家的政治发展却表现出一定的独特性。虽然,东南亚大多数国家政治发展也发生在这样一个世界巨变的时代,而且在这一过程中,也有一些国家实现了政治转型,从原来的威权政治走向了民主政治,但是由于历史和文化所具有的强大凝聚力,这些国家并没有发生分裂。相反,在亚洲"四小龙"和"四小虎"的作用下,尤其是在中国崛起所带来的巨大影响力作用下,这些国家通过增强自身的凝聚力和适应力而实现了自己的政治发展。

东南亚国家从独立时期开始就是多民族国家,多民族、多语言、多宗教、多文化构成了这些国家的普遍状况。与西欧和北美等国家的多元文化主义不同,如果说这些国家采取多元文化主义政策时,国内的民主、法治、社会一体化、工业水平、国家福利水平都拥有相当基础,而在东南亚国家,多元文化先于国家独立前就已经存在,并历史久远。独立后,这些国家的政治制度、法治状况、经济发展水平、社会一体化程度还存在不确定因素。由此决定了东南亚多民族国家的政治发展状况一直受到国内高度异质性状况的限制。因此,对于这些国家而言,保持国家的自主性和中心性,通过政权的优势维护稳定和发展经济一直是这些国家的重要任务。

第九章　东盟与东南亚国家的政治发展

发展中国家的政治发展从来不是脱离了国际政治环境的政治发展,尤其是在人类社会相互依存的时代,各国的政治发展离不开与周边国家和整个国际环境的关系。具体到东南亚国家,其政治发展尽管更多是在各国自主下实现的,但其政治发展也同样离不开东盟组织的作用和影响。因此,对于东南亚国家的政治发展,有必要从东盟的发展状况与这一地区的国家的政治发展之间的联系上作一分析。

第一节　东盟组织成立及其方式

一、东盟组织的成立

在以无政府状态为基本结构性特征的国际社会中,作为主要行为体的国家由于彼此之间实力的差异,历来就有大小与强弱之分,而国际关系的历史发展也在很大程度上演绎和证实了修昔底德关于"强者可以随心所欲,弱者只能被动接受"[①]的论断。为此肯尼思·沃尔兹曾经强调:"国际政治的一般

---

① Thucydides, *History of the Peloponnesian War*, London: Penguin Books, 1972, p.302.

理论必然是着眼于大国关系。"①雷蒙·阿隆甚至断言："没有大国,体系中的事情不论多么重大,都不能得到处理。"②一般认为,相对于大国而言,小国先天具有脆弱性、敏感性、依赖性和边缘性等基本属性,因此也更能够体验到国际无政府状态带来的种种影响。在面对威胁时,小国的处理能力弱,选择手段少,"像着了火的房子",总是担心国家的生存问题。③与大国相比,它们"对于国际体系有着更为强烈的依赖程度"④,更加依赖一个建立在法律与秩序上的国际体系⑤。但是与此同时,它们在国际体系结构中又客观上处于边缘位置,无法单独对国际体系产生影响,只有通过国际组织、平衡战略与集体行动等方式保障其生存与安全。⑥按照罗伯特·罗斯坦因的说法,"小国不能主要通过运用其自身的力量来获得安全","为了实现自身的安全,它必须依赖于其他国家、制度、进程和发展的帮助"。⑦

作为传统意义上"世界体系"的"边缘地带",东南亚地区具有丰富而多元的民族、宗教和文化特征,加之殖民宗主国文化和国家治理理念的后天影响,使得该地区呈现出小国林立的状态,并在国家实力、空间形态和相对位置等方面形成了一种"有趣的联系","这突出表现在越南版图的狭长形、泰

---

① Kenneth N. Waltz, *Theory of International Politics*, New York: McGraw-Hill, 1979, p.73.

② [法]雷蒙·阿隆:《和平与战争:国际关系理论》,朱孔彦译,中央编译出版社,2013 年,第56页。

③ Arnold Wolfers, *Discord and Collaboration*: *Essays on International Politics*, Baltimore: The Johns Hopkins University Press, 1962, pp.13-16.

④ Ralph Pettman, *Small Power Political and International Relations in Southeast Asia*, Sydney: Holt, Rinehart and Winston, 1976, p.8.

⑤ Bjorn G. Olafsson, *Small States in Global System*: *Analysis and Illustrations from the Case of Iceland*, Ashgate Publishing Limitied, 1998, p.2.

⑥ Robert O. Keohane, Lilliputians' Dilemmas: Small States in International Politics, *International Organization*, Vol.23, No.2 (Spring, 1969), p.296.

⑦ Robert L. Rothstein, *Alliances and Small Powers*, New York and London: Columbia University Press, 1968, p.29. 关于小国外交行为的特征,珍妮·A.K.海将其归纳为以下几点:低层面地参与世界事务;在一个狭小的范围内解决外交问题;强调国际法和基本准则及其他道义理想;尽可能地加入多边机制;选择中立地位;依靠大国;合作与避免冲突;花费巨大的外交资源确保政治安全和生存;更多地使用外交和经济手段而不是武力;限制自己地区的行动。See Jeanne A. K. Hey, *Small States in World Politics*: *Explaining Foreign Policy Behavior*, Lynne Rienner Publishers, 2003, p.5.

国的蝌蚪形以及菲律宾、印度尼西亚版图的复杂和支离破碎。菲律宾与世界最大的伊斯兰国家为邻,国内受到强大的离心力的冲击。柬埔寨和老挝分隔了这个地区最强大的越泰两国,形成了越泰两国之间的缓冲带。世界上最重要的且最具有战略意义的水道之一——马六甲海峡位于马来半岛和印度尼西亚苏门答腊岛之间,新加坡是它的最南端,北端隐约可见世界上人口最多的国家"。①第二次世界大战前,除泰国保持了形式上的独立外,这些国家都曾沦为英、法、荷、美等国的殖民地,太平洋战争期间又遭受了日本军国主义的侵略、奴役和剥削,长期的殖民统治使"许多东南亚人不仅仅遭受着肉体摧残,还经历着情感折磨"②。虽然伴随着二战的结束,这些国家都相继获得独立,但由于受到东、西方冷战的影响,各派政治势力之间的激烈斗争导致政局动荡。同时,由于不得不继承了昔日殖民统治所遗留的地理和文化分界线,领土纷争和种族冲突严重困扰着这些国家,使它们彼此之间难以建立起足够的信任。在复杂的国际、地区和国内形势下,这些国家普遍面临着清除敌对势力巩固国家认同、化解民族矛盾促进种族融合、推动经济发展维护地区稳定等多重任务和挑战。正是出于对和平、独立和自由的珍惜和追求,这些国家逐渐走上了合作发展之路。

一般认为,东南亚国家间谋求区域合作的努力最早可以追溯到二战后独立初期③,而它们建立区域合作组织的首次尝试,则是 1961 年 8 月由马来西亚联合邦、泰国和菲律宾三国成立的东南亚联盟,这也被认为是东南亚区域一体化进程的开创之举。作为本地区首个政府间组织,该联盟聚焦于东南亚

---

① [美]H. J. 德伯里:《人文地理——文化、社会与空间》,王民、王发曾、程玉申等译,北京师范大学出版社,1988 年,第 53 页。

② Robert O. Tilman,*Southeast Asia and the Enemy Beyond*, Boulder and London:Westview Press, 1987, p.17.

③ Roger Irvine,The Formative Years of ASEAN:1967–1975,in Alison Broinowski, ed.,*Understanding ASEAN*, London: Macmillan Press, 1982, p.8.

区域内部事务,为东南亚地区联合开创了一个重要先例。[①]1963 年 6 月,由印度尼西亚推动、马来西亚和菲律宾参加的三国外长会议又正式启动了马菲印联盟(Maphilindo,又译马菲印多)。不过,随着 1963 年 9 月马来西亚联合邦的建立和菲律宾提出对北婆罗洲(沙巴)的主权要求,马菲关系陷于紧张直至断交,并最终导致该联盟夭折。[②]作为本地区首个区域安全组织,马菲印联盟的目标被界定为保持三国及其邻国间的持续和平、进步和繁荣,并在处理安全、稳定、经济、社会和文化发展等问题上达成相互理解与合作。[③]可见在这一历史阶段,东南亚国家彼此之间的内部冲突成为它们走向联合的最主要障碍。

上述两个区域合作组织虽然历史短暂且无所作为,却是二战后区域主义在东南亚首次出现的例证,为后来东南亚国家联盟组织结构的创建和核心原则的确立奠定了基础。[④]20 世纪 60 年代中期,东南亚地区在经历了多年的政治动乱后进入了相对稳定时期。苏哈托、马科斯等人上台后实行与邻国和解政策,菲律宾、印度尼西亚先后与马来西亚复交,三国关系趋于缓和。1965 年 8 月,新加坡脱离马来西亚联合邦而独立,成为东南亚地区的第 9 个国家。曾卷入越南战争的泰国,此时其国内也出现了要求摆脱美国控制、寻求和平中立和区域合作的呼声。正是出于对地区和平以及发展经济的普遍要求,东南亚国家间由关系紧张而达成和解,并最终走向了联合。1967 年 8 月 8 日,印度尼西亚、泰国、新加坡、菲律宾四国外长和马来西亚副总理在曼谷举行会议,发表了《东南亚国家联盟成立宣言》,即《曼谷宣言》,正式宣告

---

① 正如标志东南亚联盟成立的《曼谷宣言》所称,该组织是致力于推动东南亚深化经济和社会的共同行动的新开始,是东南亚经济、社会和文化合作组织。See Bangkok Declaration,1961,in Michael Hass, ed.,*Basic Documents of Asian Regional Organizations*,Vol.4,New York:Oceana Publications,1974,pp.1259–1260.

② Vincent K. Pollard,ASA and ASEAN,1961–1967:Southeast Asian Regionalism,*Asian Survey*,Vol.10,No.3,1970,pp.244–255.

③ Manila Accord,1963,in Michael Hass,ed.,*Basic Documents of Asian Regional Organizations*,Vol.4, New York:Oceana Publications,1974,pp.1261–1263.

④ 梁志明:《东南亚区域主义的兴起与东盟意识的增强》,《当代亚太》,2001 年第 3 期;Association of South East Asian Nations and Its Antecedents,in Michael Hass,ed.,*Basic Documents of Asian Regional Organizations*,Vol.4,New York:Oceana Publications,1974,pp.1229–1240.

成立东南亚国家联盟(Association of Southeast Asian Nations,ASEAN,简称东盟)。①尽管《曼谷宣言》只有一页纸的文字,而且并非法律文件,只是五个国家共同发表的一纸声明,它所宣布成立的也只是一个国家间的协作机制,但对于东南亚地区来说是一个新的起点,一个新的里程碑。因为东盟的诞生揭开了东南亚地区国际关系新的一页,同时也拉开了东南亚区域一体化的序幕。

二、东盟原则的形成

客观地说,东盟的成立在当时并未在世界范围内引起任何波澜②,因为这毕竟已经是"东南亚条约组织"名存实亡之后,东南亚国家在短短几年之内第三次进行地区合作的尝试了,而且此前无论是"东南亚联盟"还是"马菲印多",都因为成员国之间的龃龉而很快趋于瓦解。③但令国际社会意想不到的是,以东盟的成立为标志,此后东南亚国家的联合进程终结了以往反复"折腾"的状态,开始进入一个相对稳定、不断壮大和持续深化的阶段。经过前后50多年的发展,东盟成员国由最初的5个扩大到了今天的10个,涵盖了除东帝汶之外的所有东南亚国家,成为东南亚地区涵盖国家面积最大、成员国数量最多、涉及问题领域最广的政府间国际组织。在东盟的牵引和推动下,东南亚国家的地区合作进程半个世纪以来不仅一直没有中断,而且呈现出持续发展的良好势头。50年来,东盟已经从东南亚地区的一群贫困弱小国

---

①　按英文原意,association 主要指联合、联系、合伙,在用于组织时常译为协会、社团。根据东盟的松散性质,"ASEAN"较恰当的中文译文应是"东南亚国家协会",因为它与欧盟这样的国家联盟组织有很大差别。

②　在《曼谷宣言》发表之后,英文媒体中只有《远东经济评论》与《纽约时报》对该事件进行了简单的报道,中方则在随后的《人民日报》上将其斥为"美帝国主义反华包围圈的一个组成部分"。See Rodolfo C. Severino, *Southeast Asia in Search of an ASEAN Community*:*Insights from the Former ASEAN Secretary-General*, Singapore: Institute of Southeast Asian Studies, 2006, pp.1~5;《美帝走狗拼凑的"东南亚国家联盟"出笼,美国主子急忙为其反华反共反人民的反动联盟喝彩叫好》,《人民日报》,1967 年 8 月 12 日。

③　Nicholas Tarling ed., *The Cambridge History of Southeast Asia*, *Volume 2*, *The Nineteenth and Twentieth Centuries*, Cambridge: Cambridge University Press, 1992, pp.603~604;[加拿大]阿米塔·阿查亚:《建构安全共同体:东盟与地区秩序》,王正毅、冯怀信译,上海人民出版社,2004年,第68~69页。

家变成了一个拥有 6.23 亿人口(2014 年数据)、2.52 万亿美元国内生产总值总量(全球排名第七位)、2.53 万亿美元对外贸易额(全球排名第四位)的区域一体化组织,成为东南亚乃至亚太地区至关重要的一极,初步实现了该地区经济增长、社会进步、文化发展及和平稳定等目标。

作为非西方一体化建设的典范和样本,东盟之所以能够取得如此令世界瞩目的成就,除了得益于成员国坚持不懈地努力推进地区合作进程外,最根本的原因在于它能够根据东南亚国家自身的特点①,通过一套行之有效的原则和规范体系为成员国提出了一条友好相处之道,进而探索出了一条符合东南亚地区实际情况的联合之路。关于东南亚国家之间开展合作的基本原则,1967 年发表的《曼谷宣言》将其界定为四个方面:一是加强团结、平等合作;二是互相谅解、睦邻友好;三是保障各成员国免遭外来干涉,维护它们的民族特性;四是维护正义、法治和遵守联合国宪章。该宣言的重要意义在于确立了东南亚区域合作的目标,这就是遵循平等与合作精神,通过坚持不懈地维护正义和法治及遵守联合国宪章的原则,以促进本地区的和平、进步与繁荣。②1971 年,东盟五个创始国外长在吉隆坡签署了《和平、自由和中立区宣言》,首次提出了建立东南亚"和平、自由和中立区"这一具有明显地区主义色彩的秩序主张,这是东盟成立后首次以"一个声音"陈述己见,因此引起了国际社会的极大重视。为了确保有关大国承认和尊重这一主张,该宣言重申了以下三项基本原则:一是互利合作;二是反对外来干涉,维护民族特性,确保国家的自由、独立和领土完整;三是遵守联合国宪章。③

1976 年 2 月,东盟成员国在印度尼西亚巴厘岛举行了成立以来的首次

---

① 按照菲律宾学者塞维里诺的看法,正是东南亚各国的历史经验、文化、宗教和战略观点的多样性导致了它们之间关系的脆弱性和敏感性。参见[菲律宾]鲁道夫·C.塞韦里诺:《21 世纪会有一个新东盟吗?》,《欧亚杂志》,2004 年第 7 期。

② The ASEAN Declaration(Bangkok Declaration),Aug. 8, 1967, http://asean.org/the-asean-decla-ration-bangkok-declaration-bangkok-8-august-1967/,访问时间:2018 年 4 月 10 日。

③ Zone of Peace, Freedom and Neutrality Declaration, Nov.27, 1971, http://asean.org/?stat-ic_post=joint-press-statement-special-asean-foreign-ministers-meeting-to-issue-the-declaration-of-zone-of-peace-freedom-and-neutrality-kuala-lumpur-25-26-november-1971,访问时间:2018 年 4 月 25 日。

首脑会议,会议签署了《东南亚友好与合作条约》,以及强调东盟各国协调一致的《东南亚国家联盟协调一致宣言》。作为东盟发展史上最为重要的条约之一,《东南亚友好与合作条约》是经各成员国批准生效的一个具有法律效力的文件。它以《联合国宪章》、1955年亚非会议的和平共处十项原则及东盟历次宣言精神等为宗旨,将指导东盟国家间关系的准则归纳为以下六个方面:一是各国相互尊重彼此的独立、主权、平等、领土完整和民族特征;二是每个国家有权保持其民族生存不受外来的干涉、颠覆或压力;三是互不干涉内政;四是用和平手段解决分歧或争端;五是放弃使用武力或武力威胁;六是在缔约国家内实行有效的合作。①鉴于1975年越南南北统一后在苏联支持下加大了对老挝和柬埔寨的政治和军事影响力,《东南亚国家联盟协调一致宣言》则在进一步重申互利合作、民族自决、主权平等、互不干涉内政、尊重所有其他国家等原则的基础上,特别强调要"消除颠覆活动对东南亚地区和国家稳定所造成的威胁,以增强各成员国和东盟的抗御力"②。这两份文件所阐述的处理成员国关系的上述准则,被视为东盟团结合作的总纲领,并成为东盟与世界各大国进行对话的重器。

在这之后,这些"东盟原则"被长期坚持,并在冷战结束后得以延续。比如,1997年制定的《东盟2020年远景目标》继续强调各成员国间要增进合作、平等互敬、以和平方式解决各种争端;2003年通过的《东盟第二协调宣言》也继续重申要遵守联合国宪章和其他国际法基本准则、不干涉内政、协商一致、增强国家和地区抗御力、尊重国家主权、放弃威胁和使用武力、和平解决分歧与争端。特别是在2007年11月召开的第13届东盟首脑会议上,东盟十国领导人签署了具有重大历史意义的《东盟宪章》。这部宪章突出了东盟一体化,特别是建设三大共同体的历史使命,是一个具有法律约束力的纲领性文件,并被誉为东盟40年发展历史上的重要里程碑。尽管对于东盟组织的原则及决策形式,《东盟宪章》并没有在原有基础上作出太大的改变,

---

①　Treaty of Amity and Cooperation in Southeast Asia, Feb. 24, 1976, http://www.mofa.go.jp/region/asia-paci/asean/treaty.html,访问时间:2018年4月11日。

②　The Declaration of ASEAN Concord, Feb. 24, 1976, http//www.aseansec.org/1216.htm,访问时间:2018年4月11日。

但它的一个最重要的贡献"是将现有准则编撰成典"①,并将其确定为处理东盟国家间关系的基本指导方针。正如时任东盟秘书长王景荣在此次会议上指出的,《东盟宪章》将"赋予东盟法律人格地位,建立机制性的约束体系,加强东盟作为亚太地区重要参与者的角色"。②

必须看到,不管是《曼谷宣言》还是《和平、自由和中立区宣言》,也不管是《东南亚友好与合作条约》还是《东盟宪章》,其中一再强调的所谓"东盟原则"实际上并非东盟组织所独有,因为《联合国宪章》及其他国际组织的政治文献中都有类似的说法和表述。对于这些本质上具有"普适性"的国际关系原则来讲,关键的问题在于通过什么样的方式坚守和落实。换句话说,只有厘清了东盟组织如何以自身独特的方式运用和遵循这些原则,才能真正理解其成员国之间实现友好相处与合作发展的"成功之道"。根据阿米塔·阿查亚的研究,长期以来人们所谈论的"东盟规范"实际上涵盖了两种基本形式:其一是法律—理性规范,包括不使用武力与和平解决争端、区域自治与地区问题地区解决、不干涉主义、非军事条约和对双边防务安排的偏好等成文的正式规范和准则;其二是社会—文化规范,包括基于共同地区文化风格的非正式性、协商、一致、强调私人关系和整体的和谐等一系列明确或暗含的规范和准则。③显然,所谓"法律—理性规范"基本上属于上文所述"东盟原则"的范畴,而所谓"社会—文化规范"所体现的则是东盟在运用和遵循这些原则的过程中形成的一种独特规范。

---

① Wayne Arnold, ASEAN Leaders Sign Historic Charter, *International Herald Tribune*, Nov. 20, 2007.

② ASEAN Leaders Sign ASEAN Charter, Singapore, Nov.20, 2007, http://www.aseansec.org/21085.htm,访问时间:2018 年 4 月 11 日。

③ [加拿大]阿米塔·阿查亚:《建构安全共同体:东盟与地区秩序》,王正毅、冯怀信译,上海人民出版社,2004 年。

第二节　东盟组织与东南亚国家政治发展
环境的营造

政治发展离不开一定的国际环境,尤其是地区性组织及其规则的影响。尽管东南亚国家的成立及其政治发展主要由各国自主完成，但必须承认的是,良好的国际政治环境,尤其是地区性组织及其组织规则对这些国家的政治发展产生了重要的影响。如果说欧盟国家更多强调的是人权和法治原则,由此决定了欧盟对成员国内部事务的干预力度较大,那么在东盟的组织、运行方式和原则则相对要缓和与和谐得多。在此方面,作为"东盟方式"一词的较早使用者之一,印度尼西亚人穆托波将军曾在 1974 年将东盟的成功归结为"许多工作以协商为标志,我可以将其称为处理它的成员国所面临的各种各样问题的东盟方式"[①]。对此人们有许多不同的认识,比如新加坡前外长贾古玛曾将"东盟方式"总结为"非正式性、组织最小化、广泛性、深入细致地协调以达成一致、和平解决争端"。[②]马来西亚前外长沙费则将"东盟方式"看成是东南亚国家相近文化的结果,认为正是"共同的文化遗产"构成了"东盟方式"的基础。[③]在国内,张蕴岭提出"东盟方式"的核心价值体现为协商、和谐、合作三个方面[④];邹克渊则认为,"东盟方式"是一种包括非正式进程、微区域制度、共识性决策的"松散的安排",体现出"协商而不依赖强制性力量、和谐而互不干涉内部事务、协调的'软方式'而非法律的'硬方式'"三种核心价值[⑤];而任一雄则强调"东盟方式"蕴含着"求同存异"和"循序渐进"两大基本原

---

① 张振江:《"东盟方式":现实与神话》,《东南亚研究》,2005 年第 3 期。

② [加拿大]阿米塔·阿查亚:《建构安全共同体:东盟与地区秩序》,王正毅、冯怀信译,上海人民出版社,2004 年,第 87~88 页。

③ [加拿大]阿米塔·阿查亚:《建构安全共同体:东盟与地区秩序》,王正毅、冯怀信译,上海人民出版社,2004 年,第 90~91 页。

④ 张蕴岭:《可贵的"东盟方式"》,《人民日报》,2007 年 8 月 8 日。

⑤ Zou Keyuan, *China–ASEAN Relations and International Law*, Oxford: Chandos, 2009, pp.45–50.

则,其中求同存异原则体现为非正式性、非对抗性、不干涉内政和协商一致,而循序渐进原则则表现在始终坚持先易后难、逐步推进的方式,充分体现出传统文化中共有的理解、忍耐、务实的精神。①

"东盟方式"的内核是亚洲文明中的宽容与包容性精神,即尊重多样性、照顾差别性和进程渐进性②,因此,可以将其理解为东盟国家内部的一套独特的合作机制、行为方式、文化价值的总称。③鉴于东盟在处理东南亚国家、区域和全球问题时所遵循的一系列原则需要通过具体的行动来实现,"东盟方式"实际上体现为成员国间一种非正式的一致性构建与非冲突性的讨价还价过程。④概括地讲,作为东盟特有的组织和决策方式,"东盟方式"的核心是坚持互不干涉内政,坚持通过非正式协商来达成全体一致的原则。它要求东盟在组织和决策上具有非正式性、非强制性的特点,不谋求建立具有约束力的超国家权力机构,强调主权的神圣不可侵犯,追求国家间的绝对平等。⑤"东盟方式"之所以能够成为东南亚合作模式的代名词⑥,在于它虽然借鉴了欧洲合作的经验,却没有沿袭欧洲的路子,而是选择以区域合作而非区域治理来实现利益聚合,以各国共识而非组织强制来推进合作进程,从而为实现东南亚地区的和平与发展找到了一条新路。

在这样一种"方式"下,东南亚国家的主权获得了一个相对和平和自主发展的环境。自近代以来,主权是国家的核心,也是一个国家能够自主地安排自己国内事务的首要条件。然而在无政府的国际环境下,各国在国际环境中的实力不同,国家的这种自主性受到了不同程度的制约,甚至在一定的条件下,形成了主权被否定的局面。对于东盟各成员国而言,曾经作为殖民地的惨痛历史记忆犹新,其历史上的大多数时期也都被区域内的大国所左右,

---

① 任一雄:《求同存异,循序渐进:东盟方式行之有效》,《人民日报》,2003年6月26日。

② 张蕴岭:《东盟50年的思考》,《世界知识》,2017年第14期。

③ [加拿大]阿米塔·阿查亚:《建构安全共同体:东盟与地区秩序》,王正毅、冯怀信译,上海人民出版社,2004年,第97页。

④ Amitav Acharya, *Constructing a Security Community in Southeast Asia: ASEAN and the Problem of Regional Order*, London: Routledge, 2001, pp.206–210.

⑤ 陈寒溪:《"东盟方式"与东盟地区一体化》,《当代亚太》,2002年第12期。

⑥ 张振江:《"东盟方式":现实与神话》,《东南亚研究》,2005年第3期。

时至今天与众多大国之间的关系仍是东盟组织协调的重点。历史的经验教训使东盟国家在东盟原则中将"互不干涉内政"作为首要原则。1967年发表的《曼谷宣言》、1976年发表的《东南亚友好合作条约》和2007年发表的《东盟宪章》都一再强调了各国主权平等与不干涉内政原则。东盟不仅在内部各成员国之间实施这一原则，同时也不允许任何外部势力干涉东盟成员国的内政，这既体现了东盟国家传统的主权观念，也反映了东盟国家对于主权原则的敏感，更适应了东南亚地区国际政治的现实。东盟国家虽有大有小，社会制度、意识形态也不同，但所有成员国一律平等，相互尊重，互不干涉内政。这体现了东盟组织的包容性和开放性特点，既照顾了各成员国在政治、经济和文化方面的多样性，也符合东南亚地区和国家的政治文化传统。它使得彼此差别巨大的成员国之间能够实现和平相处，进而走上合作发展轨道，不仅有利于推动东南亚地区的团结，也有利于各国能够自主地安排本国的各项事务，实现本国的政治发展。同时，由于尊重了各国的主权，也有利于各国在一种和谐的环境中，参与到地区的发展中去。

　　回顾东盟半个世纪的历程，其最重要的贡献是协调与推动东南亚国家抓住了和平与发展这个最大的公约数，把一个长期被战乱和贫穷所困的东南亚带向了和平、稳定与发展。东南亚地区素有"东方巴尔干"之称，民族矛盾、宗教冲突、文化差异、政治分歧，甚至经济差距随时都有可能点燃这个"火药桶"，从而危及整个地区的和平与稳定。二战结束后，虽然东南亚国家相继获得独立，但是惨痛的历史记忆使这些国家的政治精英深刻认识到促进地区团结、避免大国支配本地区命运的重要性。一方面，独立之初的东南亚各国的国内政治仍很不稳定，彼此之间冲突和争端频发，建立区域组织的尝试也屡屡受挫；另一方面，随着西方力量的消退和苏联势力的介入，新一轮的大国争夺开始在该地区展开，东南亚各国面临着艰难的国际生存环境。在这样的背景下，东南亚联盟成立的初始动机毫无疑问来自政治与安全领域，而促进东南亚国家之间的和解、联合应对外部势力的威胁则构成了其安全目标的两个核心要点。正如徐本钦所指出的，东盟成立的原因可以归纳为美国在印度支那的干涉、超级大国在东南亚地区的争夺、东南亚联盟的失败、东南亚国家对于中国共产主义势力扩张的一种抵制，以及东南亚国家认识到在双边基础上无法解决它们之间的冲突。①对于当初签署《曼谷宣言》的东南亚五国来说,宣言文本中之所以强调经济合作而未提及安全合作,仅仅是因为"与政治和安全问题相比,经济合作的争议相对较小"②,但无论是实践者还是研究人员,却都无法否认"安全曾经是并且目前在很大程度上仍是东盟存在的核心"③。对此,《曼谷宣言》的签署者、时任泰国外交部部长他纳在1968年曾经承认,建立东盟的动机"不仅仅是经济的、社会的,毋庸讳言,还肯定是政治的"④,而时任马来西亚国防部部长兼国家发展部部长拉扎克在签署《曼谷宣言》后的讲话中更是清楚地揭示了成立东盟的安全动机,"这个地区的国家应该认识到,除非它们自己承担起决定自己的命运、防止外来干涉和干扰的共同责任,东南亚就会一直充满危险和紧张;除非它们采取决定性的共同行动,预防地区内部冲突的爆发,东南亚国家就会一直容易受人操纵,相互对抗"⑤。尽管对于如何实现自立与团结,当初东盟的创始者们尚没有一个十分清楚的认识和设计,但是推动实现东南亚地区的和平与稳定这一核心目标一直主导着东盟成立后的集体实践。

第三节 东盟组织与政治发展中的国家利益维护

各国的政治发展本质上都在于实现各国的国家利益。然而在各国核心利益彼此可能发生冲突的条件下,究竟是采取零和博弈的规则处理彼此核心利益,还是采取合作原则处理彼此相关利益,这对一个国家的政治发展影

---

① Shee Poon-Kim, A Decade of ASEAN, 1967—1977, *Asian Survey*, No.8, 1977, pp.753-755.

② Roger Irvine, The Formative Years of ASEAN: 1967—1975, in A. Boinowski, ed., *ASEAN into the 1990s*, Basingstoke: Macmillan, 1990, p.14.

③ [菲律宾]鲁道夫·C.塞韦里诺:《东南亚共同体建设探源:来自东盟前任秘书长的洞见》,王玉主等译,社会科学文献出版社,2012年,第141页。

④ Nicholas Tarling, *Regionalism in Southeast Asia: To Foster the Political Will*, Abingdon, Oxon: Routledge, 2006, p.134.

⑤ 王泽编译:《东盟》,中国法制出版社,2006年,第8页。

响巨大。如按照前者处理成员国之间的关系，那么不仅成员国之间将陷入矛盾和冲突之中，而且也会反作用于成员国自身的政治发展进程。而按照后者处理彼此关系，则不仅可以保证同盟的存在，而且也有利于各国能够获得一个和平环境的保证。在此方面，东盟国家将东南亚诸多国家所具有的"协商"与"合作"的文化传统运用于自身的组织原则和运行方式中，通过谨慎的态度处理边界、领土等涉及国家重大核心利益的问题。对此新加坡前外长贾亚库马尔曾经指出，"同欧盟不一样，东盟从未打算成为一个要求成员国交出某些国家主权的超国家组织。东盟没有欧盟委员会和欧洲议会那样的超国家机制来制定集体的政治政策"[1]。东盟原秘书长赛韦利诺也曾指出，"东盟方式"是"建立在领导人、部长和官员个人关系和同辈影响而非机构组织上，它依赖于共识和共同利益而非有约束力的承诺"[2]。

根据阿米塔夫·阿查亚的研究，东盟在成立初期最为重要的任务和目标是维护东南亚地区的和平与稳定，特别是解决各成员国之间有关政治尤其是领土上的争端。按照他的说法，东盟最初的目的并不在于建立一个军事条约组织来制衡区域外的其他国家，而是建立一种机制，来预防和解决成员国之间的争端，如印度尼西亚与马来西亚、新加坡与马来西亚和印度尼西亚两国，以及马来西亚与菲律宾之间剑拔弩张的严重争端。[3]面对这些争端，东盟并没有袖手旁观，但也没有直接干预，而是发挥其"软实力"作用，通过创建适度环境，力求让争端方平静下来，缓解气氛，寻求出路，要么先搁置，要么一方或双方让步，或者支持它们诉诸国际法院。在这其中，沙巴主权归属一直是马来西亚与菲律宾之间的悬案，而成功调解沙巴争端则成为东盟处理地区冲突问题的一个重要里程碑。[4]

---

① [美]彼得·恩格：《转变中的东盟》，《华盛顿季刊》，1999年冬季号。转引自倪峰：《论东亚地区的政治、安全结构》，《美国研究》，2001年第3期。

② 张云：《国际政治中"弱者"的逻辑——东盟与亚太地区大国关系》，社会科学文献出版社，2010年，第260页。

③ Amitav Acharya, Regional Military-Security Cooperation in the Third World: A Conceptual Analysis of the Relevance and Limitations of ASEAN, *Journal of Peace Research*, No.1, 1992, pp.10-11.

④ [加拿大]阿米塔·阿查亚：《建构安全共同体：东盟与地区秩序》，王正毅、冯怀信译，上海人民出版社，2004年，第71页。

1968年3月，马尼拉报纸上关于菲律宾向沙巴渗透突击队的报道引发了菲律宾和马来西亚两国紧张关系的升级。起初，东盟成员国都不愿意直接调停争端，也未对争端发表公开的观点。然而随着事态的发展，尤其是该年9月菲律宾国会宣布沙巴为菲律宾国土后，菲马两国彻底断绝了外交关系，且马来西亚还拒绝参加有菲律宾出席的任何东盟会议。菲马两国的沙巴争端导致东盟陷入近一年的瘫痪状态，严重威胁着刚刚成立不久的东盟的存续。在1968年8月到1969年12月的一年半时间内，东盟尝试通过召开外长会、设立各种专门委员会与常设委员会，为两国提供沟通的关键渠道，敦促双方把争端降到最低限度，并接受一个"逐渐冷却的时期"。最终，在1969年12月的一次东盟外长会议上，菲马两国同意恢复外交关系，从而有效地把这个问题临时搁置起来。①此外，在泰国与柬埔寨就柏威夏古寺附近土地的争端和印度尼西亚与马来西亚就苏拉威西海海域的争端中，东盟都没有选择直接介入，但是它的存在以及各方的区域合作意识还是对于和平解决争端发挥了重要作用。②事实表明，自东盟成立以来，尽管成员国之间的各种小摩擦不时出现，但从未发生过任何武装冲突。在推动解决成员国之间的政治与军事争端方面，东盟毫无疑问起到了至关重要的作用。按照马来西亚前总理马哈蒂尔的说法，"每当在骚乱、抗议、冲突，有时甚至是暴力冲突出现的关键时候，东盟发挥了如此重要的作用，以致使一个在历史上从未进行过合作的区域，变成了一个和平与繁荣的合作性地区"③。

与此同时，鉴于东南亚地区是冷战时期美苏两国竞相争夺的一个重要场所，东盟的建立与发展也必须放在冷战的大背景下进行综合考量。20世纪60年代末70年代初，东南亚地区所面临的新形势加剧了东盟对于大国势力

---

① 有关菲马两国的沙巴争端的后续发展，参见韦袆：《以马来西亚与菲律宾沙巴争端为视角透视"东盟方式"在解决领土争端中的作用》，《东南亚纵横》，2016年第5期。

② 姜美玲：《从案例看东盟国家领土争端的和平解决方法》，《中国地质大学学报》（社会科学版），2013年第6期。

③ Hashim Makaruddin, ed., *Reflections on ASEAN: Selected Speeches of Dr Mahathir Mohamad Prime Minister of Malaysia*, Subang Jaya, Selang or DarulEhsan, Malaysia, Pelanduk Publications(M)Sdn Bhd, 2004, p.vii.

在该地区展开新的角逐的担心[1]，于是东盟外长会议于 1971 年 11 月发表的《和平、自由和中立区宣言》明确表达了"采取必要努力保证承认、尊重东南亚成为和平、自由和中立区，免于任何形式的外部强权干涉的努力"的决心。[2]该宣言的发表为东盟及其成员国处理地区和国际事务提供了基本立场，并因此成为东盟成立初期在安全合作领域最为重要的实践之一。[3]在这之后，伴随印度支那战争的全面结束，1975 年成为东盟安全合作进程的第一个重大分界点。此间苏联及其支持的越南的一系列举措恶化了东南亚地区的安全形势，也激化了东南亚各国对"共产主义势力扩张"的恐惧，于是反对越南推行地区霸权便成为这一时期东盟各成员国深化政治与安全合作的催化剂。一般认为，当时对东盟的政治精英们影响最为深刻的认识主要有两个：一是对于所谓"共产主义扩张"的担心；二是通过提升"国家抗御力"来保障地区和平的信念。按照新加坡前外长拉惹勒南的说法，"当时东盟唯一的共同点，或者说是共同的兴趣，那就是对共产主义的担心"[4]。于是在印度尼西亚的推动下，"国家抗御力"和"地区抗御力"[5]的概念被所有东盟成员国政治精英所接受，并被写入了 1976 年 2 月发表的《东南亚国家联盟协调一致宣言》，而所谓"国家抗御力"和"地区抗御力"的核心要旨，就是要通过国家和地区整体的经济和社会发展来消除国家和地区内部的安全隐患，进而杜绝来自地区外部的干预。在此基础上，《东南亚友好与合作条约》将东盟开展安

---

① 曹云华主编：《东南亚国家联盟：结构、运作与对外关系》，中国经济出版社，2010 年，第 41 页。

② Zone of Peace, Freedom and Neutrality Declaration, Kuala Lumpur, Malaysia, November 27, 1971. http//www.aseansec.org/1215.htm.

③ ［菲律宾］鲁道夫·C.塞韦里诺：《东南亚共同体建设探源：来自东盟前任秘书长的洞见》，王玉主等译，社会科学文献出版社，2012 年，第 147 页。

④ Chan Heng Chee and Obaid ul Haq, eds., *The Prophetic & The Political : Selected Speeches & Writings of S. Rajaratnam*, Singapore : Graham Brash（Pte）Ltd., 1987, pp. 299–300.

⑤ "国家抗御力"一词由印尼语"Ketahanan Nasional"转译而来。按照苏哈托的说法，国家抗御力"涵盖强化国家发展的所有组成要素，因此包括意识形态、政治、经济、社会、文化和军事各个领域内的抗御力"，国家抗御力的提高最终也能增进地区抗御力，"每个成员国发展自身的'国家抗御力'，一种'地区抗御力'就会逐渐形成，成员国将有能力解决共同问题，一起为地区的未来和福利承担责任"。See Suhartuo, "Address by the President of the Republic of Indonesia", *in Regionalism in Southeast Asia*, Jakarta: Center for Strategic and International Studies, 1975, p.8.

全合作的基本原则与规范以条约的形式确定下来，显示了东盟在既有合作规范的基础上推进安全合作进程的决心，为东盟通过政治对话与协作应对地区安全问题奠定了政治基础。

促成柬埔寨问题的政治解决是冷战时期东盟最为引人注目的安全合作实践。1978 年 12 月，在苏联的支持下，越南开始了对柬埔寨长达十年的入侵与占领。这一态势不仅将东盟成员国泰国推至战争的前线地带，直接威胁到东盟的安全与稳定，还将东南亚各国卷入更广泛的中越、中苏和美苏竞争之中，使得东盟所追求的减少大国在东南亚作用的希望濒于破灭。针对这一"自东盟创立以来最严重的安全挑战"[①]，东盟作出了快速反应，1979 年 1 月东盟外长会议发表联合声明，谴责"外国侵略"柬埔寨。但是一开始，东盟各国对于危机的理解及应对方法却存有较大分歧。马来西亚和印度尼西亚担心柬埔寨冲突如果不能在区内解决，会导致中国势力的介入，因此主张说服越南从柬埔寨撤军，以换取东盟对越南在印度支那安全利益的认可。但是新加坡与泰国把苏联支持的越南视为地区和平与安全的主要威胁，因而拒绝对越南采取任何让步行为。"出于对东盟的规范、军事以及内部团结的综合考虑"[②]，东盟成员国最终团结到一个立场上，放弃了对越南妥协的方案。在长达十年的时间内，东盟国家积极利用国际社会的力量，在地区内部协调冲突相关方的利益和立场，主持召开了两次雅加达非正式会议；在联合国框架下积极敦促、支持、配合联合国有序地解决政治危机，促成了两次柬埔寨问题巴黎会议的召开。在中美等大国的积极配合下，东盟在国际社会孤立了越南，有效提升了其占领成本，从而使东盟在军事力量不对等的情况下能够有效阻遏越南在中南半岛的扩张行动。在这期间，东盟尝试提出多种方案，也在国际社会上孤立了韩桑林政权。作为柬埔寨问题最为积极的协调人，东盟实际上主导了 20 世纪 80 年代中期以前柬埔寨问题的协商与谈判。[③]尽管 80

---

① [加拿大]阿米塔·阿查亚：《建构安全共同体：东盟与地区秩序》，王正毅、冯怀信译，上海人民出版社，2004 年，第 112 页。

② Michael Leifer, *ASEAN and the Security of South-East Asia*, London: Routledge, 1989, p. 98.

③ Tim Huxley, ASEAN's Prospective Security Role: Moving beyond the Indochina Fixation, *Contemporary Southeast Asia*, Vol.9, No.3, December, 1987, pp.194–207.

年代中期以后，东盟在该议题中的发言权明显下降，但东盟所创建的印度尼西亚"鸡尾酒会"框架仍然成为重要的外交平台，巴黎和平会议中也为东盟国家保留了席位。①1991年10月，解决柬埔寨问题的《柬埔寨和平协定》在巴黎正式签署②，东盟六国外长先后在文件上签字，柬埔寨问题终于得到解决。东盟不仅在新的地区安全结构中获得了较为充分的战略运筹空间，也在柬埔寨问题上成为大国和东南亚地区大多数国家共同意志的执行者。国际社会对于东盟在柬埔寨问题上发挥的积极作用给予了充分的肯定，极大地提升了东盟的国际威望，使得原本在亚太安全体系中处于边缘地位的东盟"登堂入室"，成为亚太地区安全问题不可忽视的重要力量。

东盟应对柬埔寨问题的安全合作实践为其管理地区的安全事务提供了新的认识。在柬埔寨危机中，东盟的规范与安全合作模式赢得了较高的国际声誉，使东盟的政治精英对安全合作的"东盟方式"达成了较高的认可度。但该危机也使他们意识到，"地区问题地区内解决，这个愿望实际上只是一个口号，充其量是一种抱负"③，要真正管理地区安全事务、解决安全危机，没有大国的参与和支持，仅仅依靠东盟的外交协调与规范传播是无法实现的。④如何将内向性的东盟安全合作理念与规范转换、扩展到区域外，建立以东盟为主导的，又能容纳并发挥大国作用的地区安全合作机制，成为摆在东盟政治精英面前的一项重要课题。20世纪90年代初，冷战的结束使东南亚地区面临着全新的国际与地区安全形势，随着美苏势力的退出，东南亚地区出现了暂时的权力真空，这对于一直致力于排除大国干涉、实现区域自主的东盟国家来说，是一个绝佳的契机。在转瞬即逝的历史机遇面前，以苏哈托、李光

---

① 中方在这一时期的主要外交活动可参见钱其琛：《外交十记》，世界知识出版社，2003年，第43~67页。

② 《柬埔寨和平协定》又称《巴黎和平协定》（Paris Peace Accords），协定包括4个文件，即《柬埔寨冲突全面政治解决协定》《关于柬埔寨主权、独立、领土完整及其不可侵犯、中立和国家统一的协定》《柬埔寨恢复与重建宣言》和《最后文件》，所有文本有英、中、法、俄、柬五个文本。

③ Soedjati Djiwandono, Indonesia, ASEAN and the Pacific Basin: Some Security Issues, in Dora Alva, ed., *Cooperative Security in the Pacific Basin: The 1988 Pacific Symposium*, Washington, DC: National Defense University Press, 1990, p.244.

④ ［美］谢尔登·西蒙：《九十年代东盟的安全》，高伟浓译，《东南亚研究》，1990年第2期。

耀和马哈蒂尔为代表的老一代东盟领导人展现了独到的战略眼光，以 1992 年 1 月新加坡东盟峰会为标志，东盟在进一步扩大并推进一体化进程的同时，积极主动地开始了建设地区安全合作平台的尝试①，并最终于 1994 年 7 月建立了东盟地区论坛（ARF）机制。ARF 是东盟成立以来建立的首个有形的安全合作制度，也是亚太地区唯一的官方多边政治与安全对话机制。②整个 90 年代，ARF 在信息建设框架下，在信息分享、推进信息建设措施的实施以及增强军事透明度方面取得了重要进展，对于地区安全环境的改善、冲淡地区危机引发的紧张局势以及增进各国合作的信心与互信发挥了重要的作用。③在此基础上，2003 年 10 月召开的东盟第九届峰会通过了《东盟第二协调一致宣言》，正式宣布将于 2020 年实现建成"东盟共同体"的目标，东盟的安全合作实践也由此进入了以安全共同体建设为核心的深化发展阶段，2009 年通过的《东盟政治安全共同体蓝图》甚至为此制定了明确的路线图和时间表。除了继续加强政治外交协调、规范塑造、对话与信息建设等传统形式外，这一时期东盟的安全合作实践在非传统安全领域，尤其是在反恐、打击毒品等跨国犯罪方面取得了重大进展，东盟国防部长会议也已经成为东盟安全共同体建设的主要推动力量④，有效弥补了 ARF 在构建地区安全秩序方面行动力不足的缺陷。就目前的情况看，安全共同体已经成为东盟三大共同体建设中最有成效，也是潜力最大的一个支柱。⑤

---

① 关于 1992 年新加坡峰会对于东盟后续发展的重要意义，参见 Amitav Acharya, *A New Regional Order in Southeast Asia: ASEAN in the Post-Cold War Era*, London: Institute for Strategic Studies, 1993.

② 东盟地区论坛现拥有 27 个成员，覆盖范围远超亚太地区，成为亚洲地区规模最大、影响最广的多边政治与安全对话合作平台。

③ Ralf Emmers, *Cooperative Security and the Balance of Power in ASEAN and the ARF*, London: Routledge, 2004, p. 35.

④ Brunei Darussalam Joint Declaration of the ASEAN Defence Ministers, Bandar Seri Begawan, *Brunei Darussalam*, May 7, 2013.

⑤ Rodolfo C. Severino, Look beyond 2015, *The Straits Times*（Singapore）, January 3, 2014.

第四节　东盟组织与东南亚各国政治制度的选择

　　东盟国家各有自己的文化传统,在历史和现实的共同作用下,各自形成了自己的政治体制。东盟组织以尊重主权为首要原则,成员国选择怎样的制度自然也就成为各国自己的事务。即使是在各成员国深受大国影响的背景之下,东盟依然采取了中立的立场。这首先表现在东盟对于各成员国的政治制度及其政治发展的道路选择上所采取的包容态度。这种状况与欧盟形成了鲜明的对比,因为在欧盟内部仅有一种政府组织形式,即所有欧盟成员皆是民主国家,事实上这是成为欧盟成员的一个必要条件;①但是东盟十国的情况与此完全不同,因为这里的政体形式多种多样——从民主政体到军人独裁,从君主专制到一党执政,当今世界的基本政治体制类型几乎都可以在东南亚地区找到。简要来讲,东盟十国的政治体制至少包含了以下五种类型:一是总统共和制国家,包括印度尼西亚和菲律宾。印度尼西亚独立以来虽然先后颁布了3部宪法,但目前仍然使用1945年宣布独立时制定的宪法,该宪法确定了印度尼西亚建国的五项原则(潘查希拉)。印度尼西亚代议制度的特色是同时实行人民协商会议制度和人民代表会议制度。人民协商会议是印度尼西亚的最高权力机构,其主要职能是制定和修改宪法、制定国家的基本方针政策、选举和罢免5年任期的正、副总统。总统既是国家元首,又是政府首脑,并兼武装部队最高统帅,总统及其领导下的内阁向人民协商会议负责。人民代表会议是印度尼西亚的立法机关,负责日常的立法工作,实际上与国会差不多。菲律宾也是总统共和制国家。但与印度尼西亚不同的是,菲律宾总统由全国选民选举产生,任期6年,不能连选连任。菲律宾的立法机构是国会,由参议院、众议院两院组成。两院均有立法权,而众议院的权力更大一些,有关拨款、税收等重要法案均由众议院提出。

---

① ［新加坡］马凯硕、孙合记:《东盟奇迹》,翟崑、王丽娜等译,北京大学出版社,2017年,第146页。

二是议会共和制国家,以新加坡为代表。1965年新加坡从马来西亚联合邦独立出来,同年12月颁布了新加坡宪法。宪法规定,总统为国家元首,由国会选举产生;国会为一院制;实行立法、行政、司法三权分立,立法机构由议会和总统组成;内阁是行政权力的执行机构,由总理、副总理、各部部长组成,总统委任国会中多数党领袖担任总理。根据总理提名,总统任命内阁部长、最高法院院长、法官、总检察长。新加坡虽然是一个多党制国家,但一直都是人民行动党一党独大,建国后该党一直是执政党。尽管新加坡是一个权力较为集中的国家,但由于实行了比较严格的法治,加上领导层聚集了一批能洁身自好的社会精英,使得新加坡自独立以来既保持了较高的经济增长速度,又能够有效惩治腐败,真正做到了廉洁高效。

三是人民代表制国家,包括越南和老挝两个社会主义国家。越南宪法规定,越南是以工人、农民、知识分子联盟为基础的人民民主国家,实行人民代表制度;国会是人民行使权力的最高权力机关,集中了立法、行政、审判、检察等权力;政府负责行政管理工作,最高人民法院负责审判工作,最高人民检察院负责检查法律的执行工作;国会选举国家主席,国家主席作为国家的代表,不向任何机关负责。宪法规定越南共产党是国家和社会的领导力量,在共产党一党执政状况下,虽然允许其他政党的存在,历史上也曾存在过一些政党,但近年来已先后消亡。在进行经济改革的同时,越南也在逐步推进政治体制改革,加上一直以来与外部世界有较为广泛的联系,可以说越南的政治民主化进程是比较快的。老挝的政治体制与越南类似,执政党为老挝人民革命党。

四是君主制国家,包括泰国、柬埔寨、马来西亚和文莱四个国家。其中泰国、柬埔寨和马来西亚是君主立宪制,而文莱则是绝对君主制。泰国的君主立宪制政体自1932年政变后建立,此后又多次修改宪法。泰国国王是国家元首,兼武装部队统帅和宗教最高护卫者。国王根据国会提名任命内阁总理,根据总理提名任命各部部长。国会由上、下议院组成,是国家的立法机构。国家的行政机构是内阁,内阁总理享有实权,对国会负责。虽然国王没有实权,但由于泰国的传统和宗教及国王自身的奉献精神,使得国王在社会生活中具有突出的地位和作用,其地位和威望往往在泰国政治生活的关键时期发挥作用。柬埔寨在 1970 年朗诺政变前，一直是一个君主制国家，政变后曾实行总统共和制。其后在民主柬埔寨时期，又搞了一段"极左的社会主义"。但自 1993 年大选后，柬埔寨又恢复成为一个君主立宪制国家，被称为"柬埔寨第二王朝"。马来西亚也是一个君主立宪制国家，但与泰国和柬埔寨不同的是，马来西亚是一个联邦制国家，由 9 个苏丹州和 4 个州组成，因此国家元首是在 9 个世袭苏丹中轮流选举产生的。联邦议会、内阁和最高法院分别是马来西亚的最高立法、行政、司法机构。文莱是一个马来穆斯林的绝对君主制国家，世袭的苏丹为国家元首，拥有立法、行政、司法全部权力。苏丹本人兼任首相和国防大臣，而拥有实权的财政大臣、外交大臣等也均由亲王担任。

五是军政府国家，实际上专指缅甸。1948 年缅甸独立后，曾一度实行议会制。但 1962 年副总理兼国防部部长奈温发动军事政变，成立了以奈温为首的"革命委员会"，解散议会并终止宪法。1988 年奈温辞职后，以国防军总参谋长苏貌为主席，组成"国家恢复法律和秩序委员会"，接管了全国政权。1992 年国防军副总司令丹瑞取代苏貌成为国防部部长，1997 年把"国家恢复法律和秩序委员会"改为"国家和平与发展委员会"，丹瑞任主席，成为缅甸的国家元首。不过，于 2011 年上台的军政府首脑登盛明智地决定分享政治权力，缅甸由此开始了从军人执政向民主制的和平转型。

由于坚持不干涉成员国内政的原则，东盟在对待成员国内部事务及就成员国之间的冲突和矛盾进行调解时，也均采取了十分谨慎的态度。1975 年在印度尼西亚吞并东帝汶时，联合国和国际社会给予了强烈谴责，并一直不予以承认，但是东盟始终对此保持沉默。1999 年 8 月东帝汶通过全民公决宣布独立，随后支持独立和反对独立的两派之间发生了大规模流血冲突。尽管此时印度尼西亚政府已无力控制局势，但是东盟依然坚持不干涉内政的原则，没有采取任何调解行动。以至于最后不得不由联合国出面，授权澳大利亚组织多国部队进驻东帝汶接管了当地治安。[①]再比如，针对 1986 年菲律宾发生的推翻马科斯独裁政权的革命，东盟也没有采取干预行动，只是呼吁菲

---

① 刘樊德：《澳大利亚为何得以领军多国部队进驻东帝汶？》，《当代亚太》，1999 年第 1 期。

律宾和平解决国内政治问题，事实表明这一立场客观上支持了菲律宾的民主发展和政治转型。另外，1994 年泰国发生军事政变，曼谷出现了暴力活动，最终导致差猜政府被推翻。当时，东盟只是非常谨慎地表达了对于泰国局势的关注，并采取了包容性的方式，支持其进行和平与稳定的政治转型，后来还专门为此发表声明，表示接受泰国局势演变的任何后果。此外，在 1998 年苏哈托被迫下台导致印度尼西亚政局动荡等一系列事态发展中，东盟也都坚持了不干涉成员国内政的原则，尽可能避免对相关事态的发展施加影响。

冷战结束以来东盟所取得的一个最突出的进步，是实现了其对东南亚地区的全覆盖。冷战结束不久，东盟便积极寻求与印支三国和解，不失时机地让越南、老挝、柬埔寨加入《东南亚友好合作条约》，使之成为东盟的观察员，同时又与长期受孤立的缅甸加强联系，目的是争取实现其成立宣言中所确立的"向所有东南亚国家开放"的目标。[1]1994 年 5 月，东盟成功将东南亚十国代表召集于一堂，共同签署了《关于建立东南亚十国共同体设想的声明》。之后，伴随越南（1995 年）、老挝（1997 年）、缅甸（1997 年）、柬埔寨（1999 年）相继加入，东盟成员国最终扩大到 10 个。这是东南亚地区发展史上的一个重要转折，不仅对于东南亚地区，而且对于东亚和整个亚太地区的发展都具有重要影响。需要指出的是，在接受上述新成员入盟的问题上，东盟并没有把相关国家的国内政治体系和政府风格作为获得成员国资格的前提，而是在继续坚持不干涉国家内部事务的原则基础上推进其"大东盟"建设计划，并成功地将实行社会主义制度的越南和"高度压迫性"军人政权执政的缅甸纳入东盟，从而使得所有东南亚国家都被纳入一个统一的区域合作机制。这种处理方式既反映了东南亚地区国际政治的现实，又尊重并维护了各国的主权和独立，集中体现了东盟所具有的"最强大的包容度"。[2]

尤其是在接纳缅甸入盟的过程中，东盟并没有强制要求其只有改变军人统治体制才可入盟，而是采用典型的"东盟方式"，让缅甸自己逐渐与东盟

---

① The ASEAN Declaration (Bangkok Declaration), Aug. 8, 1967, http://asean.org/the-asean-declaration-bangkok-declaration-bangkok-8-august-1967/, 访问时间：2018 年 4 月 10 日。

② ［新加坡］马凯硕、孙合记：《东盟奇迹》，翟崑、王丽娜等译，北京大学出版社，2017 年，第146页。

体制接轨,进而接受东盟"软性集体压力"的监督。[①]由于缅甸军政府对反对派的政治活动进行控制,一些西方国家对缅甸实行了极为严厉的经济制裁,并不断向东盟施加压力,要求其对缅甸施加影响。在如何对待缅甸军政府的问题上,东盟内部也曾存在分歧,并一度出现过是采取介入、积极干预、排斥还是建设性接触的争论,最终还是采取了"积极与建设性接触"(positive and constructive engagement)方式,选择在恪守不干涉内政原则的基础上处理与缅甸军政府之间的关系。该方式支持缅甸军政府制定有时间表的和平过渡方案,而对缅甸的国内问题则一直保持沉默,最多也只是私下交换意见。[②]事实证明,这样的方式既达到了最终接纳缅甸入盟的目标,也避免了可能引发的缅甸国内的暴力性动乱,维护和促进了缅甸自身的稳定与和平转型。

值得一提的是,东南亚地区由众多中小国家组成,惨痛的殖民经历和艰难的民族独立进程使这些国家历来高度重视维护国家的独立自主,而对于大国势力则有着与生俱来的恐惧感。不过,在长期的外交实践中,这些国家逐步学会了与各大国保持"等距离外交"或曰"平衡外交"的生存技巧,这成为它们在国际体系特别是地区体系中典型的处世之道。实际上,早在1967年8月创建东南亚联盟时所颁布的《曼谷宣言》中就曾申明,该联盟不以任何方式与任何域外大国或大国集团建立联系,亦不指向反对其他任何国家。[③]而在1963年底面对美国欲将该联盟纳入其领导的军事联盟的企图时,新成立的马来西亚联邦政府又公开声明,它既不会成为任何军事联盟的成员,也不会卷入任何区域集体防务安排。[④]同样,1967年8月东盟创建时所颁布的《曼谷宣言》明确反对任何形式的外来干涉,主张依照各国人民的观念和抱负维护其国家认同及其稳定和安全,所有外国军事基地都不能从事伤及本

---

① 张蕴岭:《在理想与现实之间》,中国社会科学出版社,2015年,第81页。

② 范宏伟:《东盟对缅甸"建设性接触"政策评析》,《国际问题研究》,2012年第2期。

③ Bangkok Declaration, 1961, in Michael Hass, ed., *Basic Documents of Asian Regional Organizations*, Vol.4, New York: Oceana Publications, 1974, pp.1259–1260.

④ Vincent K. Pollard, ASA and ASEAN, 1961–1967: Southeast Asian Regionalism, *Asian Survey*, Vol.10, No.3, 1970, pp.246–248.

区域国家独立和自由的活动,不能危及各国正常的发展进程。①1971年11月,东盟外长会议发表的《和平、自由和中立区宣言》明确宣布要采取必要努力保证承认、尊重东南亚成为和平、自由和中立区,以确保该地区免于任何形式的外部强权干涉。②尽管由于东盟成员国内部情况比较复杂,该宣言并没有能够就所谓"中立化"的具体路径和措施达成一致,但在最初的马来西亚提议中,东盟的"中立化"必须具备两个重要的条件:一是美苏等大国要为东盟中立化提供保证;二是东盟内部成员互不干涉、互不侵犯、不卷入大国之间的竞争。③实际上在当时的一些官方文件中,也已经开始将"中立"定义为"区域内国家与外部大国之间保持一种不偏不离的关系,避免卷入各种冲突"④。当然,所谓"不偏不离"也并非绝对的平衡和"等距离"。因为外交毕竟是一门艺术,而"大国平衡"本身也只能是一种动态的平衡,它的目的就是要保持各大国在东南亚利益的整体平衡,只有这样才能够被各大国所接受。

第五节 东盟组织与东南亚国家多元文化共存

东南亚国家均是多民族、多种族、多语言、多宗教的国家。身份认同的多元性影响着多民族国家政治发展。斯皮克曼在其著作《和平地理学》中,曾精练地将其"边缘地带理论"的核心论断表述为:"谁支配着边缘地区,谁就控制亚欧大陆;谁支配着亚欧大陆,谁就掌握世界的命运。"⑤作为斯皮克曼理论视域下一个处于世界"十字路口"上的典型的"边缘地区",以及英国历史

---

① The ASEAN Declaration (Bangkok Declaration), Aug. 8, 1967, http://asean.org/the-asean-declaration-bangkok-declaration-bangkok-8-august-1967/,访问时间:2018年4月10日。

② Zone of Peace, Freedom and Neutrality Declaration, Kuala Lumpur, Malaysia, November 27, 1971. http//www.aseansec.org/1215.htm.

③ 曹云华主编:《东南亚国家联盟:结构、运作与对外关系》,中国经济出版社,2010年,第40页。

④ Shun Narine, *Explaining ASEAN*: *Regionalism in Southeast Asia*, Lynne Rienner Publishers, Inc.,2002, p.22.

⑤ [美]尼古拉斯·斯皮克曼:《和平地理学》,刘愈之译,商务印书馆,1965年,第112页。

学家费希尔笔下的"亚洲的巴尔干"①,"世界上没有任何一个地区如东南亚一般复杂多样"②。

按照马凯硕的说法,东南亚地区之所以"最具文化多样性",首先是因为它是唯一一个受到印度文明、中华文明、伊斯兰文明和西方文明四种不同文化浪潮影响的地区。而且在长期的历史发展进程中,东南亚地区一直与这四种伟大的普世文化和文明密切相关,并且深涉其中。③"在全世界,没有任何一个地区能够如东南亚一般,对差异极大的各种文明浪潮保持如此开放的姿态",以至于"世界上没有任何一个地区有着如此多的文化、宗教、语言和种族多样性"。④

目前,东南亚地区生活着7亿人口,但分属于不同的人类文明——犹太基督教、中国儒家学派、伊斯兰教、印度教和佛教。这些文明在世界上其他地区大多呈现分散状态,而东南亚却是各个不同文明共同居住的地区。在这么一个相对狭小的地理空间内,就有2.4亿穆斯林、1.3亿基督教徒、1.4亿佛教徒,以及700万印度教徒。另外,与欧洲人的文字都使用同样的拉丁字母体系(古希腊字母除外)不同,东盟十国的官方语言至少有拉丁语、泰语、老挝语、缅语、高棉语和爪哇语六种字母体系,可以说东南亚区域内语言的多样性在全世界是独一无二的。⑤

一般认为,东盟国家之间这种真实存在的多样性主要源于宗教因素,这些宗教包括基督教、伊斯兰教、佛教、印度教和道教,然而每一种宗教又有着更深层次的多样性。例如,马来西亚和文莱的国教是伊斯兰教;印度尼西亚

---

① Charles A. Fisher, Southeast Asia: The Balkans of the Orient? A Study in Continuity and Change, *Geography*, Vol. 47, No. 4, 1962.

② [新加坡]马凯硕、孙合记:《东盟奇迹》,翟崑、王丽娜等译,北京大学出版社,2017年,前言第14页。

③ 马凯硕将这四种文明对东南亚历史发展的影响视为"四次浪潮",并且认为鉴于它们的长期影响,甚至应该将其称为"海啸"。[新加坡]马凯硕、孙合记:《东盟奇迹》,翟崑、王丽娜等译,北京大学出版社,2017年,第3页。

④ [新加坡]马凯硕、孙合记:《东盟奇迹》,翟崑、王丽娜等译,北京大学出版社,2017年,第41页、145~146页。

⑤ [新加坡]马凯硕、孙合记:《东盟奇迹》,翟崑、王丽娜等译,北京大学出版社,2017年,第145~146页。

虽有众多的穆斯林,但该国奉行的是印度尼西亚建国的五项原则,又称"潘查希拉",五项原则之一就是对其他宗教的尊重;缅甸、泰国、老挝、柬埔寨和越南有不少人信奉佛教,但以大乘佛教为主流的越南和其他四个以小乘佛教为主流的国家,又有着很大差异。这样显著的宗教多样性使得东南亚和拥有共同基督教文化传统的欧盟、美洲国家组织以及拥有共同伊斯兰文化的阿拉伯联盟,甚至少数教派群体(阿拉伯基督徒、欧洲犹太人、波斯尼亚穆斯林)形成了鲜明的反差。①

更为重要的是,历史上文莱、马来西亚、缅甸和新加坡曾是英国殖民地,柬埔寨、老挝和越南曾是法国的殖民地,印度尼西亚曾被荷兰殖民,菲律宾则先后是西班牙和美国的殖民地,唯有泰国是没有被欧洲列强殖民过的国家。"各不相同的被殖民的历史,强化了本地区多样性的长期存在"②,而摆脱殖民统治的不同途径,又在很大程度上决定了它们对政治发展模式的不同选择。

在这里,每个国家都强调自己有着与众不同的文化身份,吸收了不同文明的精华,而不仅仅是某一个文明。③更为重要的是,普遍存在的多样性和差异性在很大程度上加重了东南亚国家之间关系的脆弱性。因此妥善处理多民族国家的认同不仅是一个国家的内部事务,也是地区和国际社会的一个重要问题。独立以来,随着各国交往的加强、文化的相互影响,尊重东南亚国家的文化多样性同样构成了东盟组织的一项重要原则。

从理论上讲,相较于世界上其他地区来说,东南亚国家应该是最不热心开展地区合作的。而且从历史经验来看,天然具有多样性和复杂性的东盟注定是要失败的。但是东盟恰恰就是在这样一个不利于地区合作的环境下取

---

① [新加坡]马凯硕、孙合记:《东盟奇迹》,翟崑、王丽娜等译,北京大学出版社,2017年,第146页。

② 按照马凯硕的说法,各不相同的殖民历史对东盟的发展确实影响很大。因为几千年以来,东南亚各国比邻而居,在历史长河中建立了有机联系。然而不同的殖民宗主国突然将它们之间的这种联系给割裂了。参见[新加坡]马凯硕、孙合记:《东盟奇迹》,翟崑、王丽娜等译,北京大学出版社,2017年,第147页。

③ [新加坡]马凯硕、孙合记:《东盟奇迹》,翟崑、王丽娜等译,北京大学出版社,2017年,第145页。

得了成功，并且维持了该地区长时期的和平与繁荣，这不得不说是一场奇迹。①客观地讲，塑造这一奇迹的原因固然多种多样，学术界近来的相关研究也在不断地丰富对于这一问题的认知，但是无论如何事实证明，以不干涉内政、弱机制化、非强制性和协商一致为核心的"东盟方式"，对于推动社会制度和文化具有多样性、发展水平差别巨大、成员众多的东盟组织的发展是行之有效的，因为它不仅确保了东盟国家内部政治进程的独立自主发展，而且还促进了东盟国家之间的政治团结，成为东盟在政治合作方面取得成功的一个根本性制度保障。

第六节　东盟组织与东南亚国家的经济发展

东盟组织和方式为东南亚国家地区和各国的繁荣和发展提供了重要的保障。正是依靠东盟为各国经济发展提供的地区环境，东南亚地区的诸多国家实现了集体性崛起。东盟成立时固然有政治和军事方面的考量，而且在其成立后至少十多年的时间内，各成员国之间事实上也一直是以政治、安全合作为主，但不可否认的是，经济上的驱动同样是创始五国对于成立东盟的共同考虑之一，而促进本地区的经济、社会和文化发展，也一直被界定为东盟组织发展的重要目标，并体现在东盟发展各阶段所发布的一系列重要文件之中。②

由于东南亚国家普遍经济落后，独立之初民族主义和保护主义一度盛行，而东盟组织本身又缺乏可用于支持区域合作和各国发展的资源，因此东盟选择了推动成员国间的市场开放，创建区域开放环境，吸引外部资源，推

---

① ［新加坡］马凯硕、孙合记：《东盟奇迹》，翟崑、王丽娜等译，北京大学出版社，2017 年，第41 页。

② 比如 1967 年 8 月 8 日的《曼谷宣言》就明确指出，成立东盟组织的目的是"促进东南亚的区域合作"，为此需要"加速本地区的经济增长、社会进步和文化合作"。参见托马斯·艾伦：《东南亚国家联盟·附录》，新华出版社，1981 年，第 410~412 页。

动区域内外合作,加快发展的方式。1976 年 2 月,东盟第一次首脑会议通过的《东南亚国家联盟协调一致宣言》首次提出在东盟成员国之间建立长期的特惠贸易制。次年 2 月,东盟各国签署了《特惠贸易安排协定》(Preferential Trading Arrangements,简称 PTA),并于 1978 年 1 月起生效。自此之后,东盟内部的经济合作逐步开展,主要包括产业合作、贸易合作、投资与金融合作,以及小区域合作。作为东盟各国有关经济合作的第一个计划和具体尝试,PTA 旨在减少东盟国家内部的贸易和投资障碍,改善东南亚区域市场环境,以实现经济上的共同繁荣。在 1987 年第三次东盟首脑会议上,东盟各国又通过了一份《特惠贸易安排增强方案》,目的是进一步增加东盟内部的贸易。[①]据统计,最初被列入 PTA 的商品仅 71 种,但到 1992 年已达到 20000 种,关税下降幅度也从初期的 10%提高到了 50%。这些合作虽然被认为成果有限,但毕竟对于推动东盟成员国间最初的贸易自由化、扩大东盟内部贸易起到了一定作用,也为后来的经济一体化进程打下了基础。[②]事实上,整个 20 世纪 70 年代直至 80 年代中期,东盟国家国内生产总值的涨幅普遍高于世界其他国家和地区。

20 世纪 80 年代末 90 年代初,世界经济出现全球化和区域化浪潮。1989 年亚太经合组织成立,同时欧洲和北美区域经济一体化也发展迅速,东盟对此趋势颇为敏感,而其对策便是加快自身的经济一体化。1990 年,对于自由贸易需求迫切的泰国率先提出"东盟自由贸易区"(AFTA)的倡议,随后东盟即将建立 AFTA 作为今后经济合作的中心任务。1992 年 1 月,东盟第四次首脑会议签署了《新加坡宣言》《东盟加强经济合作的框架协定》和《共同有效优惠关税协定》(CEPT)三个重要文件,决定从 1993 年 1 月 1 日起的 15 年内,即到 2008 年建成 AFTA,把东盟内部的关税降到 0~5%。同时,东盟经济部长会议批准将《共同有效优惠关税协定》作为建设自贸区的主要机制,以取代 1978 年开始实施的《特惠贸易安排协定》。[③]AFTA 的主要内容是削减关税、撤除非关税措施,与今天的"伙伴关系"等多领域的自由贸易协定相比要

---

① 王泽编译:《东盟》,中国法制出版社,2006 年,第 3 页。

② 陆建人主编:《东盟的今天与明天》,经济管理出版社,1999 年,第 96~98 页。

③ 陆建人主编:《东盟的今天与明天》,经济管理出版社,1999 年,第 101~106 页。

简单得多,不过对当时的东盟而言,却是其经济一体化历程中的一大飞跃。由于受到 APEC 等区域一体化组织迅速发展的影响,东盟从执行《共同有效优惠关税协定》开始,采取了逐步加快开放的积极作为策略,AFTA 进程因此也几经加速。1994 年,东盟经济部长会议将 AFTA 建成时间提前到 2003 年,并扩大了 CEPT 的减税范围;1995 年,CEPT 又增加了提前实现降税和免税商品的数量,以加快 AFTA 建设进程;1998 年底,东盟第六次首脑会议决定再次加快 AFTA 进程,将其建成的时间提前到 2002 年(老成员国),而刚加入的新成员国越南为 2003 年,老挝、缅甸为 2005 年;1999 年,东盟又决定 6 个老成员国到 2015 年、4 个新成员国到 2018 年实现所有商品零关税。截至 2002 年底,东盟 6 个老成员国兑现了第六次东盟首脑会议的承诺,98%纳入削减关税的税种已经完成 96.2%,平均关税已下降到 0~5%水平,而 4 个新成员国也已有 65%应减税产品纳入名录。AFTA 的目标得以基本实现。[①]

1997 年 7 月,一场空前严重的金融危机在东南亚爆发,让东盟经历了 30 年发展进程中最为严峻的一次考验。此次危机虽然起于泰国,但迅速扩展到整个东南亚地区,让东盟所有成员国均陷入了前所未有的困境。危机导致严重的货币贬值、经济衰退和资本外逃,一些国家的经济一下子后退了数年。在此危局之下,东盟求助西方大国和国际金融机构,但并未得到有效支援。与之相反,中国坚持人民币不贬值,并伸出了援助之手。由于东盟组织本身并没有资源可以用来对付危机,以至于东盟各国一度纷纷采取单边行动以求"自救",比如,泰国违反 1992 年东盟达成的《共同有效优惠关税协定》,宣布提高部分产品的进口关税;马来西亚宣布遣返 100 万印度尼西亚难民,同时呼吁本国公民将在新加坡银行的存款转存本国银行;新加坡则为抵御股市风险将银行存款利率提高,致使马来西亚货币大量流入新加坡。这种大难临头各自飞的做法不仅未能有效阻止危机的蔓延,反而加深了东盟各国之间的矛盾,也削弱了东盟的凝聚力。[②]在残酷的现实面前,东盟各国认识到危机的解决不能仅仅依靠一个国家的力量,而必须通过各国之间政治和经济

---

① 中国商务部:《东盟自由贸易区 2002 年例会在文莱举行》,http://www.mofcom.gov.cn/artclei/igjl/j/200209/20020900041486.shtml.

② 陈乔之等:《冷战后东盟国家对华政策研究》,中国社会科学出版社,2001 年,第 49~50 页。

上的共同合作,并且加强与东亚地区其他国家的联系,才能够真正应对各种问题,实现各国之间的共同繁荣。为此,东盟积极发挥区域组织的"动员功能",并采取了两个极为重要的举措来应对危机:一是加大市场开放力度,阻止保护主义蔓延;二是邀请中日韩三国对话合作,共同应对金融危机。①1997年12月15日,由马来西亚发起的首次东盟—中日韩领导人非正式会议在吉隆坡举行,其主要议题便是如何应对金融危机的燃眉之急。此次会议开启了东亚地区经济合作进程,也奠定了东盟与中日韩三国的"10+3"机制和"10+1"机制的基础。事实证明,东盟所采取的这些措施是积极有效的,无论是对于获得外部支持、救助陷入困境的金融机构,还是对于稳定地区经济形势、提振市场信心,都起到了至关重要的作用。可以设想,如果没有东盟作为区域组织存在,东南亚地区将极有可能因为此次危机而陷入"各自为政"和"以邻为壑"的保护主义灾难中。

进入21世纪,东盟在区域经济合作方面取得的一个重大进步是推动构建更大范围的自贸区网络。2000年,中国向东盟提议构建中国—东盟自贸区,东盟立即同意,由此开启了以"10+1"为框架的自贸区建设,此后东盟先后与韩国、日本、澳大利亚、新西兰及印度谈判建设自贸区。2008年国际金融危机之后,面对增强的保护主义和失信的市场,东盟决定推动更大区域的自贸区建设进程,并于2011年启动区域全面经济伙伴关系计划(RCEP)。2012年,东盟与中国、日本、韩国、澳大利亚、新加坡、印度6国达成共识,正式开启了RCEP谈判。RCEP不同于以往的多个10+1自贸区框架,而是东盟与其他6国统合在一个自贸区框架之内,这有助于实现东盟经济共同体与其他成员国经济的链接,为构建更大区域范围的经济共同体奠定基础。与此相适应,在2002年东盟自由贸易区基本建成后,东盟又再接再厉,于2003年10月在巴厘岛召开的第九届峰会通过了《东盟第二协调一致宣言》,提出在2020年建成"东盟共同体"的目标。随后在2004年,又将共同体建成的时间提前到2015年底,以显示东盟成员国推进区域一体化的决心和勇气。这标

① Koichi Hamada, Mitsuo Matsushita and Chikara Komura, eds., *Dreams and Dilemmas*: *Economic Friction and Dispute Resolution in the Asia-Pacific*, Singapore: ISEAS, 2000, pp.24—25.

志着东盟的一体化已经从单纯的自由贸易区阶段进入了政治安全、经济和社会文化全方位一体化的新阶段。

在此基础上,2007年第十三次东盟首脑会议签署了《东盟宪章》,首次以法律形式框定了东盟一体化的进程、目标和路线图,而东盟组织也自此由一个松散的国家合作机制转变成为一个具有法律地位的区域共同体实体。东盟经济共同体的目标定位在建设一个统一的市场和生产基地、一个极具竞争力的经济区、一个经济平衡发展的经济区,以及一个与全球经济接轨的经济区。东盟经济共同体不是要建立超国家的区域管理机制,而是要建立"单一的生产基地",即在自贸区的基础上进一步提高市场开放程度,进一步改善经济发展的环境,加强区域生产网络的链接,降低产业运营的成本,推进互联互通建设,使商品、服务、投资、资本和技术工人都能够自由流动。[①]2015年底,东盟宣布如期建成了"东盟共同体",不过随后又制定了《后2015东盟共同体愿景》文件,通过了《东盟迈向2025年吉隆坡宣言:携手前行》,规划了未来十年东盟共同体建设的路线图。这意味着"东盟共同体"建设将是一个长期的过程。不过无论如何,这一进程对于维护以开放发展为基础的全球化,特别是对于整合东亚地区市场形成新的发展动力无疑具有积极的意义。

第七节　东盟组织与东南亚国家政治发展前景

在东盟50多年的发展历程中,独特的"东盟方式"创造出了一个不同于欧洲一体化的地区一体化发展模式, 使得东盟成为国际社会公认的获得显著成功的区域性国际组织之一, 在维持东南亚地区团结稳定方面做出了积极贡献,也使得东盟成为东南亚地区乃至世界上的一支维护和促进和平、稳定、繁荣、发展的重要力量。正是在这种良好的外部环境下,东南亚各国可以在一个相对缓和的国际和周边环境中发展自己的政治制度, 进行有效的现

---

① 《东盟经济共同体蓝图》,http://www.asean.org。

代化建设,同时在实现政治转型中,保证了这些国家没有出现像巴尔干地区那样严重的民族冲突,甚至国家分裂。

但也需要看到,在"东盟方式"以其包容性、开放性特点营造出和谐的政治气氛,使相互差别巨大的国家走上地区合作轨道的同时,由于过度强调不干涉原则和协调一致,加上其本身所固有的组织机构松散等低机制化特征,使得它在维护东南亚地区和平、促进东南亚地区繁荣乃至推动东南亚国家政治发展过程中,越来越有一种"力所不逮"之感。比如面对 1997 年的亚洲金融危机,东盟一度反应迟钝,无法拿出遏制危机的有效措施,以至于东盟各国不得已采取了单边自救的应对方式。这种大难临头各自飞的做法,无疑加深了东盟各国之间的矛盾,削弱了东盟的凝聚力。[①]更为重要的是,由于对不干涉内政原则的过度强调,东盟在成员国之间发生政治危机时往往作壁上观,不能发挥调解和仲裁作用。比如,2008 年泰柬两国由于争夺柏威夏寺而爆发冲突,柬埔寨主动请求东盟出面协调解决,但由于泰国拒绝了东盟的提议,导致东盟无法干预争端,除了呼吁之外未能发挥任何实际作用,以致该争端延续至今一直未能得到彻底解决。事实上,由于缺乏超国家权力机构的建设,而且不具备集体行动能力,东盟不仅对于民主、人权等国际社会普遍关注的诸多事项难以发挥积极作用,而且对可能造成跨国影响的经济和政治事件也难以进行有效干预。比如,1997 年印度尼西亚发生森林火灾,严重影响了邻近各国的环境和公众健康。但是东盟反应迟缓,最后甚至不得不求助于联合国有关机构。这说明"东盟方式"已经面临着严重的挑战,即使是在环境问题这样的"低端政治"领域,东盟所能发挥的作用实际上也极为有限。

显然在新的历史条件下,东盟要谋求进一步深化发展,就必须对"东盟方式"有所改变,通过不断加强机制化、法制化建设,转变松散的组织形象,使其更具行动能力。同时也应重新思考"不干涉内政"原则在环境、人权等非传统安全领域里的适用性,并在一定程度上回应国际社会对东盟在相关问题上的期望。实际上,针对"东盟方式"存在的缺陷,从 20 世纪 90 年代开始,

---

① 陈乔之等:《冷战后东盟国家对华政策研究》,中国社会科学出版社,2001 年,第 49~50 页。

东盟内部要求变革的呼声便已开始出现。鉴于不干涉原则是"东盟方式"的核心部分,是东盟缺乏超国家权力和集体行动能力的关键所在,一些国家便着重针对不干涉原则提出了改革建议。比如在 1997 年金融危机爆发后不久,时任马来西亚副总理的安瓦尔首先提出了"建设性干预"(constructive intervention)原则,主张对不干涉内政原则进行反思,并认为不干涉内政原则应该逐步让位于"建设性干预"原则。在 1998 年 6 月召开的东盟外长会议上,泰国外长素林再次提出应当对不干涉内政原则做出改变,并建议以"弹性介入"(flexible engagement)取而代之。素林认为,"现在是修改东盟不干预原则的时候了,要允许东盟在预防或解决那些其影响超过本国国界的国内事务方面起到建设性的作用"①。同年 12 月,在河内召开的东盟首脑会议进而提出了一个"加强相互影响"的方针。根据该方针,在某一成员国发生将会对邻国的安全造成严重威胁的事态时,东盟其他成员国可进行适当的干预,以维护自身和整体的利益。②到了 2000 年 7 月,根据泰国总理川·立派的提议,东盟外长会议在其联合声明中提出了一个更为大胆的想法,这就是设立由东盟现任、前任和下任主席国外长组成的"三驾马车"机制,在必要时可要求召开紧急外长会议,根据东盟外长会议的意见调解地区危机事宜,对付"可能跨越国界波及数个国家的冲突和问题"。这一机制的建立,将是对"东盟方式"的一大变革,东盟将会拥有第一个欧洲式的超国家机构来解决地区安全问题。③

但是要在短期内对"东盟方式"进行实质性改革并非易事。事实表明,安瓦尔提出的"建设性干预"概念并未得到大多数成员国的赞成,而素林的提议也由于大体类似的原因而未能通过。尽管东盟外长会议决定设立"三驾马车"机制,但由于其启动的必要条件是接到当事成员国的请求并获得全部外长的共识,而且在实际操作过程中也往往出现有些成员国表面支持、实际抵

---

① Amitav Acharya, Realism, Institutionalism, and Asian Economic Crisis, *Contemporary Southeast Asia*, April 1999, p.19.

② 王小民:《东盟不干预原则的演变:从不干涉内政到加强相互影响》,《东南亚南亚研究》,2000 年第 2 期。

③ 陈寒溪:《"东盟方式"与东盟地区一体化》,《当代亚太》,2002 年第 12 期。

制的情况,以至于该机制目前只能局限于贩卖人口、走私毒品和海盗活动等跨国的非政治领域,而在其他方面则难以发挥实质性作用。造成这种局面的深层次原因很大程度上源于该地区依旧复杂的多样性,特别是各成员国之间在政治、经济、文化乃至宗教方面所继续呈现的多元化。实际上正是这种"多样性"和"多元化",使得一些东盟成员国对于主权问题依然高度敏感,并本能地对于任何试图干涉本国内政的行为予以抵制和反对。从这个意义上讲,多元化的东南亚地区依然需要"东盟方式",特别是在东盟合作进程仍将继续谋求推进的情况之下,"东盟方式"所具有的优点和长处仍将发挥不可替代的作用。在这样一种背景下,各国依然有更大的空间不断地完善自己的政治体制,以提升国家的治理能力。

结语：东南亚国家政治发展的
基本经验及反思

在政治发展的问题上，人们有不同的解释。派伊对于政治发展的观点可归结为十个方面：①政治发展是经济发展的前提；②政治发展是工业社会的典型政治形态；③政治发展就是政治现代化；④政治发展是民族国家的运转；⑤政治发展是行政和法律的发展；⑥政治发展是大众动员和大众参与；⑦政治发展是民主制度的建立；⑧政治发展是一种稳定而有序的变迁；⑨政治发展是动员和权力；⑩政治发展是多元社会变迁过程的一个方面。[①]上述十个方面在一定程度上反映了政治发展的内在要求。但如果进一步解读就可以发现，上述十个方面又显出一定的问题和局限；对此，在笔者看来，政治发展并不是一个孤立的现象，其发展进程和目标受到历史、时代、发展场域、民族状况等方面的影响。就是派伊本人在对政治发展的十个方面的总结中，如①、③、⑦不过是西方发达国家的经验，而且其内容也显得抽象。就②而言，政治发展是工业社会的典型形态。诸多的发展中国家的政治发展的起点恰恰是农业社会。就是在独立半个多世纪之后，工业社会的体系依然是初见规模，关键是用来支持工业社会的文化、价值、规范、人员素质、科技水平等依然残缺不全。就⑦而言，发展中国家的民主制度的建立，就内容和标准而言不过是西方的经验。从亚洲的经验看，它们更支持"务实型政府"[②]。就④而

---

① ［美］鲁恂·W.派伊：《政治发展面面观》，任晓、王元译，天津人民出版社，2009年，第49~61页。

② ［美］帕拉格·康纳：《亚洲世纪：世界即将亚洲化》，丁喜慧等译，中信出版集团，2019年，第241页。

言,发展中国家是要促进民族国家的发展,但这个"民族国家"绝非西方建立在"公民"个体基础上的"民族—国家",而是一种"国家—民族"。也就是在发展中国家,政治发展并非是"民族—国家"在先,相反对东南亚国家而言,民族国家是政治发展所追求的目标。东南亚国家政治发展的场域状况是一个"异质共存"、民族国家薄弱的状态。政治发展的首要任务是先有国家,通过国家把多元的民族群体聚合起来,组成"国家—民族"。就⑧而言,政治发展是一个稳定有序的进程。实际上,在东南亚政治发展进程中,政治发展进程充满了曲折, 就是新加坡和马来西亚这样增量型政治发展中国家同样存在着一个不断的磨合过程。凡此种种说明,派伊所说的政治发展虽然在一定程度上接触到了政治发展的一些现象和逻辑,但并不是一种普遍的模式,东南亚国家的政治发展恰恰是在东南亚国家的场域状况中发展的, 它有着自己的起点、领导核心、推动力量。政治发展恰恰是这些诸多因素发展的结果。对此派伊在阐述政治发展时也认识到,政治发展"不是直线进行的,也不是可以截然分明地划分阶段的,它将会遇到一系列分别或共同产生的问题"。可以说,政治发展从时间的角度看,可以是正向的,也可能是逆向的;从空间的展开程度看,是"复合"的。也就是政治发展中的各个因素存在着独立适应环境的方面,也存在着各个因素之间的权宜反应,以产生出一种适应于各自国家的最佳状态。因此,通过对东南亚国家政治发展单独的和历时性及共时性的结构性分析,可以看到,东南亚国家的政治发展是一个从局部到全局的共同演进的过程。这里主要有五个方面:

第一,国家建构。政治发展的一个首要前提就是建立适应于现实社会和历史环境的政治体。从东南亚国家政治发展历程来看,国家建构是政治发展的首要内容。东南亚地区历史上存在过各种不同的政治体。不少国家的名称有的是后来才改变的,如泰国,古称暹罗,到近代时才改为泰国;菲律宾在殖民者到来前并没有自己的独立名称,"菲律宾"的名称是西班牙殖民主义者为纪念其西班牙国王"菲利普"而提出。对于大多数东南亚国家而言,独立后的一个现实问题就是国家建构。国家建构与国家建设存在着差异。对东南亚国家而言, 国家建构是基础性的。从独立后的东南亚国家的政治发展实践来看,主要涉及如下内容:①划定和巩固国家边界。边界是一个国家主权行使的最高边界，但由于边界的划定涉及国家利益，划定的动力受到各国民族主义的影响和统治集团意志的影响。各国都在努力维护自己的利益，因而独立后的东南亚各国，有的国家边界已经划定，有的国家依然尚未最终确定。上述状况的存在都对东南亚国家的国家利益、国家认同构成了巨大的影响。②价值确立。国家建构的关键是认同建构。东南亚国家政治发展的重要内容就是逐渐将国内多元的认同转向对所在国家的认同上来，以此保证国家的政治发展能够得到境内国民的支持。在此，新加坡、印度尼西亚、马来西亚、泰国、缅甸、越南、老挝或是通过议会确立了国家的核心价值，或是确立了领导人的思想作为基本的政治思想，以此影响和统一境内不同群体的认同。应该看到，正是这些国家的努力才取得一定的效果。不过由于东南亚国家受到了多元文化的影响，此问题依然是一个未竟的事业。③国家的基本架构建设。其中涉及中央和地方的关系，不同群体在国家中的地位，以及与此相关的宪法、国体和政体等诸多问题。独立后的东南亚国家在此已经进行了大量的实践，进而确立国家的基本政治制度。可以说，正是有了这些国家建构的实践，才使东南亚国家的政治发展有了新的发展。

西方国家往往从政体上来评价发展中国家的政治发展，认为东南亚国家的政治发展已经按照"政治民主化"的方向发展，这会使政治发展和国家建构脱离开，从而使政治发展变得偏狭和孤立了。从东南亚国家政治发展的实践来看，政治发展首先是固本，本质上就是固国。国家建构在相当时期中是东南亚国家政治发展的起点。不过随着基本架构的形成，国家建设问题也凸显出来了。因而国家建构仅仅解决了宏观的和总体布局的问题，将更多的宏观建构的因素下降为中观的和微观政治生活的各个环节，最终成为社会成员对现实政治关系和秩序的认同，即他们的政治行为还有很长的路要走。在此，国家建设逐渐成为东南亚国家政治发展的一项重要任务。

国家建设与国家建构有着交叉的方面。严格来说，国家建设更多是功能性的，也就是它通过国家功能的不断完善而使国家建构的各个环节更加系统和科学。国家建设的本质是"建设"，也就是它通过国家职能的运用，不断地完善国家。因此，东南亚国家在国家建构上取得了一定成果的同时，国家建设构成了各国的重要内容。如在价值架构上，国家逐渐将宏观的价值变成各种具体的政策和法律规定。如东南亚国家在核心价值中都强调了民族团结的内容。又如新加坡、马来西亚等国家都明确规定了公民在语言行为中不能有破坏民族间关系的用语。在制度建设上,建立了相应的"民族事务委员会",从最高层次上通过运用国家权力防止议会或政府在运用权力时破坏族群关系。在处理国家与宗教的关系上,马来群岛国家多信仰伊斯兰教,但都强调了"国家原则"。这一原则具体体现在处理国家与宗教的关系上,均强调了政教分离和国家的重要地位。

第二,威权进化。从东南亚国家政治发展的历程可以看到,政治发展的道路选择和设计首先是在政治精英的作用下进行的。从教育状况看,东南亚国家的政治精英没有独立前或处在传统社会,或受到了西方殖民主义的影响;从实践状况看,不少成长于民族主义斗争或反对殖民主义的斗争中。历史和现实,将一些杰出人物推到了前沿,使他们承担起了拯救民族、领导国家的重任。由他们所领导的政治力量或军队在反对殖民主义和国内反动力量的进程中发挥了重要作用。国家独立后,国家建构的重任自然也落在了他们身上。东南亚国家独立后也形成了一定的城市,形成了一定的市民力量和本土的资产阶级,但由于农业社会的作用,社会中的大量成员主要在乡村。分散的乡村中的地方势力使社会难以聚合,而这一切都使东南亚国家独立后首先需要的就是权威,运用权威的力量来凝聚社会力量。由于本土文化发展的特点,不少政治精英或是成长于本土,或是在国外,主要是在西方国家接受了教育。东南亚国家政治发展的关键是要有国家权威。与发达国家不同的是,秩序在前,自由在后。也就是东南亚国家的政治发展并没有循着西方"人权""自由"的路径进行,而是首先通过权威的作用将分散的和多元的力量纳入一定的秩序中,形成新的政治行为、利益链接和文化习惯。由此也就体现了政治发展理论的代表人物亨廷顿所言的,对于发展中国家而言,所需要的不是"自由",而是秩序。

在东南亚的政治发展中,随着现代化进程的发展和社会的变迁,威权政治也在发生着不同的变化。如果说在东南亚国家建国初期,国家内部面临着复杂的社会矛盾,因而在独立后的一定时期,不少国家的发展主要依仗于杰出领导人、政党或是一定的军人集团的作用,他们凌驾于社会之上。在这样一种威权与社会的关系中,会出现不同的结果:一是实现了社会进步。整顿社会秩序,推进经济发展,带来了社会的变革和进步,培育了新的社会力量,同时也为新的社会变革和政治体制的发展奠定了基础。在此方面,新加坡和马来西亚的增量型变革即为代表。在社会主义国家的越南和老挝,经历了反对帝国主义和国内战争之后,也于20世纪80年代末开始了革新的进程。二是阻碍了社会的发展,带来了社会的激烈对抗。在社会内部的对抗中,威权和社会的多元力量之间进行博弈。威权政体让位于民主政体。印度尼西亚、菲律宾即如此。在这样的"民主政体"中,多元的力量获得了"胜利",行政的、军事的或是某个政党的力量受到了一定的限制;或是威权和多元的力量继续博弈:时而威权为主,时而民主为主。地位的变化均以双方所倚重的力量而变化。泰国和缅甸就是比较典型的国家。在这样一种力量的变化中,威权政体在与社会力量的较量中反思自我并进行着自我调整,以适应变化了的社会。即使重获权柄,在统治的内容、观念、治理方式上也难回昔日,在一定程度上融入了一些新的内容。如缅甸2021年的政局变化后,军方虽然逮捕了缅甸民主同盟主席昂山素季,废除了2021年1月的选举结果,但不像早先那样进行军事极权统治,而是确立了新的投票时间。从东南亚国家政治发展的大势来看,威权政治在曲折中发展,无论在内容上还是统治形式上都有了相当的进步。康纳指出,亚洲国家被认为是"不自由的",但"越来越多的亚洲国家正朝着混合型政权的方向前进,使民主与强有力的管理者结合。如果一个稳定的领导层可获得广泛支持,那就不能轻易将其视为独裁"①。

第三,经济发展。在派伊对政治发展的研究上,他把"政治发展视为工业社会的典型形态",又讲"政治发展是经济发展的前提"。上述两个方面主要都把政治发展和经济联系起来。在上述两个观点中实际上都蕴含了大量西方国家的经验。而在东南亚国家,情况却相反,独立后的相当长时间里,这些地方主要还是以农业为主或是农业占有相当的比重,工业不仅未形成体系,而且已经具有的一些工业设备也主要是殖民主义者的遗留物,设备已经非

---

① [美]帕拉格·康纳:《亚洲世纪:世界即将亚洲化》,丁喜慧等译,中信出版集团,2019年,第269页。

常落后。独立后的东南亚国家普遍比较贫穷。一些国家由于长期受到战争的影响,社会更是羸弱不堪。因此,对于东南亚国家而言,首要的是经济发展,而不是先"政治发展"再"经济发展"。从东南亚国家的政治发展经验可以看到,"合宜"首先就是要解决民众的物质生活需要,因而发展经济是政治权力的首要任务。从后发展国家的一般特点来看,"随着开始发展时间向后推移,以强组织力的机构指导发展的趋势越来越强。后发展国家既缺乏资本又期望经济迅速腾飞以免受制于人,所以往往需要集中有限的资本投入已经被先发展国家的发展证明是成功的产业中。资本的集中和投入都需要有较强组织能力的机构来完成,而且越后发展,时间越紧迫、挑战越多、竞争越大,就越需要有更强组织力的机构来介入"[①]。

正是在威权政府的推动下,东南亚国家和地区的经济有了巨大的发展。战后先是有亚洲"四小龙"(中国香港、中国台湾、新加坡和韩国)领先,后又出现亚洲"四小虎"(泰国、马来西亚、印度尼西亚和菲律宾),这些国家和地区的崛起相互影响,并进一步影响到越南、老挝、柬埔寨、文莱等国家,他们优势互补,融为一体。自1997—1998年亚洲金融危机以来,亚洲国家间贸易额增长的速度快于世界经济的增长速度。2007—2008年,西方金融危机爆发时,亚洲国家对于美国和欧盟的出口下降,但是亚洲内部的贸易非常强劲,弥补了出口下滑带来的损失。此后,相关经济数据也表明:"2014年以来,东盟国家GDP以每年4.6%左右稳定增长,在全球主要新兴市场中处于中上游水平。"[②]最权威的国际货币基金组织(IMF)提供数据显示,2018年中国、印度、东盟五国的经济增长率,分别为6.5%、7.4%和5.2%[③],尤其重要的是,随着中国"一带一路"的发展,中国和东南亚国家越来越紧密地联系在了一起。东南亚国家通过推出更多的积极政策,搭乘中国改革开放带来的巨大地区优势,连续二十多年实现了经济高速增长。在这些增长的背后都可以看到国

---

① 朱天飚:《比较政治经济学》,北京大学出版社,2006年,第65页。

② 《东南亚市场的崛起,是什么吸引投资人前赴后继?》,https://www.sohu.com/a/164566449_353770.

③ 《2018世界经济看亚洲,中国、印度和东南亚领衔》,https://www.sohu.com/a/213590537_534686.

家的作用和影响。这一事实恰恰说明,东南亚国家的政治发展并非政治制度变化本身,而是和经济发展联系在一起,并且通过经济发展带来的绩效合法性而不断地支持和巩固政治发展,简而言之,真正体现出现代民族国家的两个重要层面是内部的经济一体化和对外部经济的参与。实际上在合宜机制作用和影响下的东南亚国家,只有在不断地满足国内日益发展的物质需要时,政治发展才能持续地、稳步地发展下去。

第四,国家能力。在派伊对政治发展十个方面的列举中,缺乏对"国家治理能力"的分析,即使在后面"政治发展中的危机"一章中也没有分析。其实,政治发展不仅是上述诸多方面,更重要的是国家治理能力的发展。从东南亚国家政治发展的效果来看,其中一国的政治发展与国家能力的发展是联系在一起的。甚至在一定条件下,正是强劲的国家治理能力推进了政治的现代化和国家经济发展。刚刚从殖民统治下独立的国家虽然有一定的工业基础,但总体上依然是一个贫穷、落后且内部存在着各种多元异质群体的国家。虽然各国独立后进行了一定的国家建构工作,但将宏观的框架变成微观的机制和政治行为,直到所确立的宏观秩序与社会之间完全融合还需要一个相当的磨合期,在这样一个艰难进程中,还需要进行更为复杂的工作。能够弥补这样一个空白的只能是来源于社会与国家的合作性治理。东南亚国家合宜机制中所具有的治理机制为解决政治发展进程中存在的种种问题提供了种种条件。

如前所述,政治发展是一个从传统政治体制向现代政治体制转变的过程,涉及方方面面,因而治理同样也会涉及方方面面。从东南亚国家政治发展的实践看,以治理统帅和影响制度及其他方面的建设为一大特点。首先,从治理的主体看,在东南亚国家中,行政权力、政治精英是政治生活的中心。尤其在国家建构不甚深入的条件下,更凸显了行政权力和政治精英的重要地位,可以说,东南亚国家的国家建构主要是通过这些精英和行政权力建立起来的。其次,在东南亚国家中,面对内外多元复杂的环境和社会发展的要求,一个有效率的且有能力治理的政府比起民主政治来更为实惠。比起美国等西方国家出现的"有民主而无治理""有权利而无民主"①,亚洲国家更需要的是务实的、有效率的政府。在此方面,从新加坡、马来西亚、印度尼西亚的经验可以看到,这些国家的民主基本上都经过威权时期的政府治理,各种物质的、文化的、经济的条件得到极大改善后才推进了民主政治。即使是民主政治有了进步以后,这些国家同样还是通过治理的发展而得以巩固的。

通过治理来促进民主是东南亚国家政治发展的一个特点。然而治理并不是天方夜谭,而是通过各种能力体现出来的。这里的能力主要是指主观转变为客观的各种条件。人员、资源、技术是其中最为关键的条件。就人员而言,治国需要有治国的人才。国家治理涉及各个方面,而且随着现代化程度的提升,自然涉及人才数量和质量的体现。在此,独立后的东南亚国家在教育和职业培训上进行了探索,以新加坡为代表的国家治理,最大的特点就是建立了一支强有力的"技术官僚"队伍,使其成为新加坡实现腾飞的力量。在评价新加坡技术官僚队伍状况时,康纳指出,新加坡政府试图将民主制度的包容性与技术官僚的有效性结合起来。"民主反馈对于确保政府走上正确的道路至关重要,但民主本身并不是目的。许多西方评论家赞美政治舞台,仿佛它是纯粹民主的化身,但是民主并不能保证国家实现有效治理和改善民众福祉等更高目标。的确,过多的政治行为会败坏民主,而过多的民主则会阻碍政策的推行。民主关乎立场,而政策关乎政策的执行;民主产生妥协,技术官僚则产生解决方案;民主能满足需求,技术官僚政治则可将其优化。"②

治理涉及资源的运用。这里涉及的资源有物质资源,也有人力资源。从东南亚国家的实践看,资源的运用主要与国家的发展计划及资源的公平分配联系在一起。在各国的发展进程中,初期主要与国家的基础设施的建设联系在一起。其目的就是要实现国家的一体化和国内市场的发展。毕竟畅通的邮电、交通网络是各国发展的重要基础,而且正是这些网络的建立,不仅为经济发展提供了重要的基础,还为国家认同的提升奠定了基础。正是在公共

---

① [美]帕拉格·康纳:《亚洲世纪:世界即将亚洲化》,丁喜慧等译,中信出版集团,2019年,第269页。

② [美]帕拉格·康纳:《亚洲世纪:世界即将亚洲化》,丁喜慧等译,中信出版集团,2019年,第249页。

基础设施的不断建设中，国家用来调配的资源越加多样，从而才能满足不同地区的需要，实现经济较为平衡的发展。在资源的运用中，东南亚国家也在汲取前人发展的经验和教训的基础上，注意了资源合理和公平的分配。如在泰国，近代的发展主要集中在中心区域，随着现代化进程的发展和南部边缘地区的不断抗争，泰国政府逐渐加大了对泰国南部穆斯林人口居住地区的邮电交通、基础设施的投入；在新加坡，在政府的作用和影响下，实行了居者有其屋的制度，解决了新加坡居民的居住问题。以上状况说明，资源的分配和使用为人力资源的开发提供了基本条件。

但也要看到，随着现代化的发展，一些国家的治理能力并非变强，而是减弱。一些国家只是在形式上实现了"民主"。由于东南亚一些国家"民主化"带来的是"家族"和地方势力的发展，国家权力受到削弱。在菲律宾，"中央政府欠缺权威"①政治体制内部带来的相互缠斗严重削弱了政府的公共形象和政府权威。腐败盛行而导致的治理"无能"，更使菲律宾社会治安水平低下，两极分化严重，社会公平成为较大的社会和政治问题。显然威权政治可能带来国家秩序的整顿和政治稳定，但由于威权政治转向了民主政治，政府权威下降带来的政府权威"空心"化、治理"无能"和"低效率"同样导致国家发展、社会发展走向畸形化道路。

第五，内外融合，即建构一个包容的环境。东南亚国家基本都是由多个族体组成的国家。东南亚国家的经验表明，这些国家多族体状况所形成的环境主要有四种：①大多数国家基本上存在着一个人数较多的族体，同时又有其他若干族体存在；②生活在边境地区的族体具有跨境特点；③地区性不同族体之间的复杂联系随着地区和人员的交流出现了"大融合"的状况；④由于地处东南西北的交汇地带，世界各国民众随着经济、文化、社会和政治的交流而迁移到东南亚国家。同时东南亚国家内部不同族体之间相互嵌入、彼此影响的状况构成了东南亚国家政治发展的环境。这既可以助推这些国家的政治发展，也可能反作用和影响着国家的政治发展。尽管各国在政治发展

---

① 黄云静等：《国家·发展·公平：东南亚国家的比较研究》，中国社会科学出版社，2016年，第225页。

进程中主要是在各国国内存在的主体力量的作用下前进的，然而任何一种政治力量的运用不能不考虑到境内外存在的多元力量的牵扯，因而在政治发展中"协商"与"包容"构成了不少国家处理政务的一项重要内容。其所带来的影响同样也存在两个方面：一方面，通过协商和包容有效地缓和了国内族群方面的冲突，在一定的时期保证了国家的政治稳定；另一方面，多元力量发展上的不平衡，一些力量，尤其是多党政治的趋势而为、迅速崛起又影响着国家凝聚性的质量，从而成为新的政治发展的推手。

综上所述，东南亚国家的政治发展是一个复杂的进程。在此进程中，"国家建构"是基础，权威进化、经济发展、国家治理、内外融合相互调试，构成了政治发展的重要机制。凭借这些机制，东南亚国家在政治发展中初步建立了具有本国特点的现代国家形态。但也要看到，在国家改变社会、改变传统时代遗留下来的力量的同时，各种传统的多元力量也在适应现代社会的条件中既改造着自己，同时也影响着国家的进程。由此也就决定了东南亚国家的政治发展必然是曲折的。"现代"的东西扎下根来，某些旧的势力也会在现代外衣下重现，甚至出现"再封建化"，即使是出现了"民主"的国家，仍有可能出现"后退"。

参考文献

一、中文文献

（一）马克思主义文献

1.《马克思恩格斯选集》（第一——四卷），人民出版社，1972 年。

2.《习近平谈治国理政》（第二卷），外文出版社，2017 年。

（二）著作

1.曹沛霖等主编：《比较政治制度》，高等教育出版社，2005 年。

2.曹云华主编：《东南亚国家联盟：结构、运作与对外关系》，中国经济出版社，2010 年。

3.常士訚主编：《异中求和：当代西方多元文化主义政治思想研究》，人民出版社，2009 年。

4.陈明凡：《越南政治革新研究》，社会科学文献出版社，2012 年。

5.陈明明：《所有的子弹都有归宿——发展中国家军人政治研究》，天津人民出版社，2003 年。

6.陈乔之等：《冷战后东盟国家对华政策研究》，中国社会科学出版社，2001 年。

7.董向荣：《"一带一路"视域下的亚太政治》，中国社会科学出版社，2018 年。

8.范若兰:《东盟十国基本国情及投资风险评估》,中国社会科学出版社,2016年。

9.房宁:《房宁论文选》,中华书局,2009年。

10.房宁等:《自由·威权·多元:东亚政治发展研究报告》,社会科学文献出版社,2011年。

11.高奇琦主编:《比较政治》,高等教育出版社,2016年。

12.龚洁群:《信徒与公民:泰国曲乡的政治民族志》,北京大学出版社,2009年。

13.国防大学课题组:《新加坡发展之路》,国防大学出版社,2016年。

14.黄云静等:《发展与稳定——反思东南亚国家现代化》,时事出版社,2011年。

15.姜永仁等:《东南亚宗教与社会》,国际文化出版公司,2012年。

16.李路曲:《当代东亚政党政治的发展》,学林出版社,2005年。

17.李路曲:《新加坡现代化之路:进程、模式与文化选择》,新华出版社,1996年。

18.李文主编:《东南亚:政治变革与社会转型》,中国社会科学出版社,2006年。

19.刘安:《淮南子·氾论训》,谦德书院注译,团结出版社,2020年。

20.刘优主编:《世界社会文化地理手册》,中国林业出版社,1993年。

21.陆建人主编:《东盟的今天与明天》,经济管理出版社,1999年。

22.罗荣渠:《现代化新论》,北京大学出版社,1993年。

23.骆沙舟、吴崇伯:《当代各国政治体制:东南亚诸国》,兰州大学出版社,2000年。

24.祁广谋、钟智翔主编:《东南亚概论》,世界图书出版公司,2013年。

25.钱其琛:《外交十记》,世界知识出版社,2003年。

26.任一雄:《东亚模式中的威权政治:泰国个案研究》,北京大学出版社,2002年。

27.商鞅:《商君书·开塞》,叶平注译,中州古籍出版社,2019年。

28.商鞅:《商君书·壹言》,叶平注译,中州古籍出版社,2019年。

（三）译著

1.[美]阿伦·利普哈特：《多元社会中的民主：一项比较研究》，刘伟译，上海人民出版社，2013年。

2.[加]阿米塔·阿查亚：《建构安全共同体：东盟与地区秩序》，王正毅、冯怀信译，上海人民出版社，2004年。

3.[美]埃里克·A.诺德林格：《民主国家的自主性》，孙荣飞、朱慧涛等译，江苏人民出版社，2010年。

4.[美]埃伦·格雷斯比：《政治分析——政治科学概论》，姜志达译，人民出版社，2013年。

5.[英]安东尼·D.史密斯：《民族认同》，王娟译，译林出版社，2018年。

6.[英]安东尼·D.史密斯：《全球化时代的民族与民族主义》，龚维斌等译，中央编译出版社，2002年。

7.[英]安东尼·吉登斯：《现代性的后果》，田禾译，译林出版社，2000年。

8.[西]奥尔加特·加塞特：《大众的反叛》，刘训练等译，吉林人民出版社，2004年。

9.[加]贝淡宁：《超越自由民主》，李万全译，上海三联书店，2009年。

10.[英]彼得·丹尼尔斯等：《人文地理学导论》，邹劲风、顾露雯译，南京大学出版社，2014年。

11.[美]查尔斯·蒂利：《民主》，魏洪钟译，上海人民出版社，2015年。

12.[加]查里斯·泰勒：《承认的政治》，载旺辉：《文化与公共性》，生活·读书·新知三联书店，1998年。

13.[美]戴维·莱文森：《世界各国的族群》，葛公尚、于红译，中央民族大学出版社，2009年。

14.[英]戴维·米勒、韦农·波格丹诺编：《布莱克威尔政治学百科全书》，中国问题研究所等组织翻译，中国政法大学出版社，1992年。

15.[美]格蕾欣·卡斯帕：《从对峙到调解：菲律宾的民主巩固之路》，载[美]詹姆斯·F.霍利菲尔德、加尔文·吉尔森主编：《通往民主之路——民主转型的政治经济学》,社会科学文献出版社,2012 年。

16.[美]H. J. 德伯里:《人文地理——文化、社会与空间》,王民、王发曾、程玉申等译,北京师范大学出版社,1998 年。

17.[美]霍华德·威亚尔达:《非西方发展理论——地区模式与全球趋势》,董正华等译,北京大学出版社,2006 年。

18.[美]霍华德·威亚尔达:《新兴国家的政治发展——第三世界还存在吗?》,刘青等译,北京大学出版社,2005 年。

19.[美]加布里埃尔·A.阿尔蒙德、拉塞尔·J. 多尔顿等:《当代比较政治学:世界视野(第八版 更新版)》,杨红伟、吴新叶等译,上海人民出版社,2010年。

20.[美]加布里埃尔·A.阿尔蒙德等:《发展中地区的政治》,任晓晋等译,上海人民出版社,2012 年。

21.[美]加布里埃尔·A.阿尔蒙德、小 G.宾厄姆·鲍威尔:《比较政治学:体系、过程和政策》,曹沛霖、郑世平等译,上海译文出版社,1987 年。

22.[美]康灿雄:《裙带资本主义:韩国和菲律宾的腐败与发展》,李巍等译,上海人民出版社,2017 年。

23.[美]克利福德·格尔茨:《文化的解释》,韩莉译,译林出版社,1999年。

二、外文文献

1. Alison Broinowski, ed., *Understanding ASEAN*, London: Macmillan Press, 1982.

2. Amitav Acharya, *A New Regional Order in Southeast Asia: ASEAN in the Post-Cold War Era*, London: Institute for Strategic Studies, 1993.

3. Amitav Acharya, *Constructing a Security Community in Southeast Asia: ASEAN and the Problem of Regional Order*, London: Routledge, 2001.

4. Andrew Heywood, *Global Politics*, Hampshire & New York: Palgrave Macmillan, 2011.

5. Angel Rabasa and Peter Chalk, *Indonesia's Transformation and the Sta-*

bility of Southeast Asia, Santa Monica: Rand Corporation, 2001.

6. Arnold Wolfers, *Discord and Collaboration:Essays on International Politics*, Baltimore: The Johns Hopkins University Press, 1962.

7. Aurel Croissant and Marco Bünte, *The Crisis of Democratic Governance in Southeast Asia*, New York: Palgrave Macmillan, 2011.

8. Baogang He, *Federalism in Asia*, Cheltenham: Edward Elgar, 2007.

9. Benjamin Reilly, *Democracy and Diversity: Political Engineering in the Asia-Pacific*, Oxford: Oxford University Press, 2006.

后 记

目前呈现在读者面前的《东南亚国家政治发展研究》，为南开大学周恩来政府管理学院谭融教授主持的国家社科基金重大项目"非西方国家政治发展道路"（15ZDA033）之子课题的成果。该课题于2015年6月立项，2021年结项。在完成该课题的六年时间中，天津师范大学科研处，天津师范大学政治文化与政治文明建设研究院、政治与行政学院资料室、研究生办、教学办、实验室给予了大力支持和帮助。天津人民出版社的王康总编辑，林雨、武建臣编辑做了大量的工作，在此表示由衷的感谢。

本课题为集体创作的结果。具体撰写分工为：王海洋第四章，郭小虎第五章，孙宏伟第六章，张鑫第七章，王传剑第九章，孙其宝第八章第一节（以上人名按章节先后排序）。课题的理论设计、课题框架，以及导论、第一章、第二章、第三章、第八章第二、三、四节和全书结论，由常士闇教授完成，并对全书做了统稿。

由于我们的能力和水平有限，书中难免存在不足，敬请读者不吝赐教。

常士闇

2022年4月20日